MARY L. TRUMP
ZU VIEL UND NIE GENUG

MARY L. TRUMP

ZU VIEL UND NIE GENUG

Wie meine Familie
den gefährlichsten Mann
der Welt erschuf

Aus dem Amerikanischen von
Christiane Bernhardt, Pieke Biermann,
Gisela Fichtl, Monika Köpfer und Eva Schestag

WILHELM HEYNE VERLAG
MÜNCHEN

Die Originalausgabe erschien 2020 unter dem Titel
Too Much and Never Enough; How My Family Created the World's Most Dangerous Man bei Simon & Schuster, New York.

Sollte diese Publikation Links auf Webseiten Dritter enthalten,
so übernehmen wir für deren Inhalte keine Haftung,
da wir uns diese nicht zu eigen machen, sondern lediglich
auf deren Stand zum Zeitpunkt der Erstveröffentlichung verweisen.

Verlagsgruppe Random House FSC® N001967

Deutsche Erstausgabe 2020

© 2020 by Compson Enterprises LLC
© der deutschsprachigen Ausgabe 2020
by Wilhelm Heyne Verlag, München,
in der Verlagsgruppe Random House GmbH,
Neumarkter Straße 28, 81673 München
Redaktion: Kristian Wachinger
Umschlaggestaltung: Hauptmann und Kompanie,
Zürich unter Verwendung eines
Fotos von: Archivio GBB/contrasto/laif/
Satz: Satzwerk Huber, Germering
Druck und Bindung: GGP Media GmbH, Pößneck
Printed in Germany
ISBN: 978-3-453-21815-4

www.heyne.de

Für meine Tochter Avary
und
für meinen Vater

Ist eine Seele umnachtet,
so schleicht sich die Sünde in sie hinein.
Nicht derjenige ist der Schuldige,
der die Sünde begeht,
sondern der die Nacht geschaffen hat.

Victor Hugo, *Die Elenden*

Inhalt

Vorbemerkung 9
Prolog 11

Teil Eins
Es geht um Grausamkeit

Kapitel Eins	The House	35
Kapitel Zwei	Der Erstgeborene	56
Kapitel Drei	Der große »Hier-bin-ich«	66
Kapitel Vier	Am Abflug	83

Teil Zwei
Auf der falschen Seite des Lebens

Kapitel Fünf	Am Boden	97
Kapitel Sechs	Nullsummenspiel	109
Kapitel Sieben	Parallelen	119
Kapitel Acht	Fluchtgeschwindigkeit	143

Teil Drei
Schall und Rauch

Kapitel Neun	Die Kunst des Freikaufs............	175
Kapitel Zehn	Die Nacht bricht nicht sofort herein .	205
Kapitel Elf	Die einzige Währung............	220
Kapitel Zwölf	Rechtsstreit..................	230

Teil Vier
Die schlechteste Investition aller Zeiten

Kapitel Dreizehn	Das Politische ist persönlich........	239
Kapitel Vierzehn	Staatsdiener im öffentlichen Bau....	257

Epilog Der zehnte Kreis........................ 271

Dank 277

Register 279

Vorbemerkung

Vieles in diesem Buch entstammt meiner Erinnerung. Für Ereignisse, bei denen ich nicht zugegen war, habe ich mich auf Unterhaltungen und Interviews gestützt, großenteils mit Mitgliedern meiner Familie, Freunden der Familie, Nachbarn und Weggefährten. Einige Gespräche habe ich aus meiner Erinnerung und aus dem, was mir andere erzählt haben, rekonstruiert. Bei den Dialogen geht es mir nicht so sehr um wortgetreue Zitate, sondern darum, die Essenz der Unterhaltungen sichtbar zu machen. Ich stütze mich auch auf juristische Dokumente, Kontoauszüge, Steuererklärungen, private Aufzeichnungen, Familiendokumente, Briefe, E-Mails, Textnachrichten, Fotos und andere Quellen.

Für allgemeine Hintergrundinformationen habe ich auf die *New York Times* zurückgegriffen, insbesondere auf den investigativen Artikel von David Barstow, Susanne Craig und Russ Buettner, der am 2. Oktober 2018 veröffentlicht wurde; auf die *Washington Post*; die *Vanity Fair*; *Politico*; die Homepage des TWA-Museums und Norman Vincent Peales Buch *Die Kraft positiven Denkens*. Für die Informationen über den Steeplechase Park gilt mein Dank der Website des Coney Island History Project sowie einem Artikel von Dana Schulz, der am 14. Mai 2018 auf 6sqft.com erschienen ist. Für seine Erkenntnisse über den »episodischen Mann« danke ich Dan P. McAdams. Was die Familienhistorie und Informationen über die Trump'schen Familiengeschäfte und mutmaßlichen Verbrechen betrifft, bin ich den

Berichten des verstorbenen Wayne Barrett, David Corn, Michael D'Antonio, David Cay Johnston, Tim O'Brien, Charles P. Pierce und Adam Serwer zu Dank verpflichtet. Danke auch an Gwenda Blair, Michael Kranish und Marc Fisher – mein Vater war allerdings zweiundvierzig, nicht dreiundvierzig, als er starb.

Prolog

Früher mochte ich meinen Namen. Als Kind in den 1970ern wurde ich im Segelcamp von allen Trump genannt. Es machte mich stolz, nicht weil der Name mit Macht und Immobilien verbunden war (damals war meine Familie außerhalb von Brooklyn und Queens unbekannt), sondern weil mir der Klang gefiel. Er passte zu mir, einer toughen Sechsjährigen, die sich vor nichts fürchtete.

In den 1980ern, als ich aufs College ging und mein Onkel Donald damit begonnen hatte, all seine Gebäude in Manhattan mit seinem Warenzeichen zu versehen, wurden meine Gefühle für meinen Namen komplizierter.

Dreißig Jahre später, am 4. April 2017, befand ich mich in dem ruhigen Waggon eines Amtrak-Zuges auf dem Weg nach Washington, D.C. zu einem Dinner im Kreis der Familie im Weißen Haus. Zehn Tage zuvor hatte ich eine E-Mail erhalten, in der ich zur Feier anlässlich des fünfundsiebzigsten und achtzigsten Geburtstags meiner Tanten Elizabeth und Maryanne eingeladen wurde. Im Januar war ihr kleiner Bruder Donald ins Oval Office eingezogen.

Als ich aus der Union Station mit ihrer Gewölbedecke und den schwarz-weißen Marmorböden trat, lief ich an einem Verkaufsstand mit Ansteckern vorbei, die meinen Namen rot durchgestrichen in einem roten Kreis zeigten: »DEPORT TRUMP«, »DUMP TRUMP«, »TRUMP IS A WITCH«. – »TRUMP AUSWEISEN«, »TRUMP LOSwerden« und »trump ist eine hexe«. Ich setzte meine Sonnenbrille auf und legte einen Schritt zu.

Ich nahm ein Taxi zum Trump International Hotel, in dem meine Familie für eine Nacht gratis untergebracht war. Nachdem ich eingecheckt hatte, lief ich durch den Innenhof und blickte nach oben, zu der gläsernen Decke und dem blauen Himmel darüber. Die dreistöckigen Kristallkronleuchter, die am Mittelbalken einer bogenbrückenförmigen Stahlkonstruktion hingen, tauchten die Halle in ein sanftes Licht. Auf einer Seite waren Lehnsessel, Polsterbänke und Sofas – in Königsblau, Cyan- und Elfenbeinfarben – zu kleinen Sitzgruppen arrangiert; auf der anderen standen Tische und Stühle um eine große Bar, an der ich später mit meinem Bruder verabredet war. Ich hatte erwartet, das Hotel wäre vulgär und protzig. Weit gefehlt.

Auch mein Zimmer war geschmackvoll eingerichtet. Doch mein Name war überall, einfach alles war damit zugekleistert: trump-Shampoo, trump-Spülung, trump-Pantoffeln, trump-Duschhaube, trump-Schuhputzmittel, trump-Nähetui, trump-Bademantel. Ich öffnete den Kühlschrank, nahm mir eine kleine Flasche von dem trump-Weißwein und schüttete ihn in meinen Trump-Rachen, damit er durch meine Trump-Blutbahn direkt ins Lustzentrum meines Trump-Gehirns fließen konnte. Eine Stunde später traf ich meinen Bruder Frederick Crist Trump III., den ich seit unserer Kindheit Fritz nenne, und seine Ehefrau Lisa. Bald schon gesellten sich die anderen Mitglieder unserer Runde dazu: meine Tante Maryanne, die Älteste der fünf Kinder von Fred und Mary Trump, eine angesehene Bundesrichterin; mein Onkel Robert, das Nesthäkchen der Familie, der für kurze Zeit einer von Donalds Angestellten in Atlantic City war, bevor sie Anfang der 1990er im Streit auseinandergingen, und seine Partnerin; meine Tante Elizabeth, die Mittlere der Trump-Kinder, und ihr Ehemann Jim; mein Cousin David Desmond

(Maryannes einziges Kind und der älteste Trump-Enkel) und seine Frau und ein paar der engsten Freunde meiner Tanten. Der Einzige der Trump-Geschwister, der bei der Feier fehlte, war mein Vater, Frederick Crist Trump Junior, der älteste Sohn, den alle Freddy genannt hatten. Er war bereits seit mehr als fünfunddreißig Jahren tot.

Als schließlich alle da waren, meldeten wir uns bei den Sicherheitsbeamten vom Weißen Haus an, die draußen warteten. Dann quetschten wir uns wie die Spieler aus der zweiten Reihe eines Lacrosse-Schulteams in die beiden Vans des Weißen Hauses. Ein paar der betagteren Gäste hatten Schwierigkeiten beim Einsteigen. Keiner fühlte sich sonderlich wohl, wie wir da eng aneinandergedrückt auf den Rückbänken saßen. Ich fragte mich, warum das Weiße Haus nicht wenigstens für meine Tanten eine Limousine geschickt hatte.

Als wir zehn Minuten später auf die Zufahrt zum South Lawn einbogen, kamen zwei Sicherheitsbeamte aus ihrer Wachhütte, um die Unterseite des Vans zu inspizieren. Erst dann durften wir das Eingangstor passieren. Wenige Augenblicke später hielten wir an einem kleinen, an den West Wing grenzenden Sicherheitsgebäude und stiegen aus. Während unsere Namen aufgerufen wurden, gingen wir einer nach dem anderen hinein, wir gaben unsere Telefone und Taschen ab und liefen durch einen Metalldetektor.

Als wir dann im Inneren des Weißen Hauses waren, wandelten wir zu zweit oder dritt durch lange Korridore, an Fenstern mit Blick auf die Gärten und Rasenflächen vorbei und entlang lebensgroßer Gemälde der ehemaligen First Ladies. Vor dem Porträt Hillary Clintons blieb ich stehen und hielt eine Minute lang inne. Wieder einmal ging mir die Frage durch den Kopf, wie es nur so weit hatte kommen können.

Ich hatte nie auch nur den geringsten Grund gehabt, mir vorzustellen, einmal das Weiße Haus zu betreten, und schon gar nicht unter diesen Umständen. Die ganze Sache fühlte sich surreal an. Ich sah mich um. Das Weiße Haus war elegant, erhaben und vornehm, und gleich sollte ich zum ersten Mal seit acht Jahren meinen Onkel treffen, den Mann, der hier wohnte.

Wir traten aus dem Halbdunkel des Flurbereichs in die Säulenhalle, die den Rosengarten umgibt, und standen vor dem Oval Office. Durch die Glastüren konnte ich sehen, dass noch eine Sitzung im Gange war. Vizepräsident Mike Pence stand ein wenig abseits, aber der Sprecher des Repräsentantenhauses, Paul Ryan, Senator Chuck Schumer sowie ein Dutzend andere Kongressabgeordnete und Mitarbeiter waren um Donald versammelt, der hinter dem Resolute Desk saß.

Die Szene erinnerte mich an eine Taktik meines Großvaters: Ob in seinem Büro in Brooklyn oder in seinem Haus in Queens, Bittsteller ließ er immer antanzen und blieb sitzen, wohingegen sie stehen mussten. Im Spätherbst 1985, ein Jahr nachdem ich mich von der Tufts University hatte beurlauben lassen, nahm ich vor ihm Platz und bat um Erlaubnis, mein Studium wieder aufnehmen zu dürfen. Er blickte auf und sagte: »Das ist doch albern. Warum denn? Geh doch einfach auf die Berufsschule und werde Empfangsdame.«

»Weil ich meinen Abschluss machen will.« Ich muss es mit einem Hauch von Unmut gesagt haben, denn mein Großvater zog die Augenbrauen zusammen und sah mich für einen Moment abschätzig an. Sein Mundwinkel verzog sich zu einem höhnischen Grinsen, und er lachte. »Wie garstig«, war sein Kommentar.

Ein paar Minuten danach war die Sitzung zu Ende.

Das Oval Office war kleiner und zugleich weniger privat, als ich es mir vorgestellt hatte. Mein Cousin Eric und seine Frau Lara, die ich noch nicht kannte, standen an der Tür, und so sagte ich: »Hi, Eric. Ich bin's, deine Cousine Mary.«

»Na klar, ich weiß, wer du bist«, erwiderte er.

»Na ja, es ist eine Weile her«, sagte ich, »ich glaube, als wir uns das letzte Mal gesehen haben, warst du noch auf der Highschool.«

Er zuckte die Achseln und sagte: »Das stimmt wahrscheinlich.« Dann ging er mit Lara weg, ohne dass er uns miteinander bekannt gemacht hätte. Ich ließ meinen Blick durch den Raum wandern. Melania, Ivanka, Jared und Donny waren zwischenzeitlich eingetroffen und standen neben Donald, der sitzen blieb. Mike Pence schlich noch immer durch die andere Hälfte des Raums, auf seinem Gesicht ein eingefrorenes Lächeln, wie eine Aufsichtsperson, der man lieber aus dem Weg geht.

Ich starrte ihn an in der Hoffnung, dass ich Blickkontakt herstellen könnte, doch er sah kein einziges Mal in meine Richtung.

»Bitte alle mal herhören«, verkündete die Fotografin des Weißen Hauses, eine zierliche junge Frau im dunklen Hosenanzug, mit fröhlicher Stimme. »Stellen Sie sich bitte alle zusammen, damit ich ein paar Fotos von Ihnen machen kann, bevor wir nach oben gehen.« Sie wies uns an, uns um Donald herum zu postieren, der noch immer nicht vom Schreibtisch aufgestanden war.

Die Fotografin zückte die Kamera. »Eins, zwei, drei, lächeln.«

Nach dem Fotografieren erhob sich Donald und zeigte auf ein gerahmtes Schwarzweißfoto meines Großvaters, das auf einem Tisch hinter dem Schreibtisch aufgestellt war. »Maryanne, ist das nicht ein großartiges Bild von Dad?« Es handelte sich um das gleiche Foto, das auf dem Tischchen in der Bibliothek im Haus meiner Großeltern gestanden hatte. Darauf war mein Großvater noch ein junger Mann mit dunklen Haaren und Geheimratsecken, einem Schnauzbart und einem herrischen Gesichtsausdruck. Bis er dement wurde, habe ich kein einziges Mal erlebt, dass dieser Ausdruck ins Wanken geriet. Wir alle hatten ihn Tausende Male gesehen.

»Vielleicht solltest du auch ein Bild von Mom aufstellen«, schlug Maryanne vor.
»Das ist eine tolle Idee«, sagte Donald, als ob ihm das noch nie in den Sinn gekommen wäre. »Besorg mir doch jemand ein Bild von Mom.«

Wir verbrachten noch ein paar Minuten im Oval Office, wo wir abwechselnd hinter dem Resolute Desk Platz nahmen. Mein Bruder fotografierte mich dabei, und als ich mir das Bild später ansah, bemerkte ich, dass mein Großvater wie ein Geist über mir schwebte.

Der Historiker des Weißen Hauses stieß vor dem Oval Office zu uns, und wir begaben uns für eine Hausführung, die es vor dem Dinner geben sollte, in den Wohnbereich im zweiten Stock. Oben gingen wir in den Lincoln Bedroom. Ich sah mich rasch um und war erstaunt, einen halb gegessenen Apfel auf einem Nachttisch zu sehen. Während der Historiker uns Geschichten darüber erzählte, was sich in dem Raum über die Jahre alles zugetragen hatte, deutete Donald ab und zu vage auf Gegenstände und erklärte: »Dieser Ort hat, seit George Washington hier lebte, nie besser ausgesehen.« Der Historiker war zu höflich, darauf hinzuweisen, dass das Haus erst nach dem Tod von George Washington eröffnet worden war. Die Gruppe bewegte sich in Richtung des Treaty Room und des Executive Dining Room.

Donald stand in der Tür und begrüßte die Gäste beim Eintreten. Ich war eine der Letzten. Ich hatte ihn noch nicht begrüßt, und als er mich sah, zeigte er mit einem überraschten Gesichtsausdruck auf mich und sagte dann: »Ich habe ganz speziell darum gebeten, dass auch du eingeladen wirst.« So etwas sagte er oft, um anderen zu schmeicheln, und er hatte ein Talent, seinen Kommentar der jeweiligen Situation anzupassen, was umso beeindruckender war, da ich wusste, dass es nicht stimmte. Er kam auf mich zu, und dann, zum ersten Mal in meinem Leben, umarmte er mich.

Das Erste, was mir am Executive Dining Room auffiel, war seine Schönheit: das dunkle, hochglanzpolierte Holz, die exquisiten Gedecke und die kalligrafisch beschrifteten Tisch- und Speisekarten (Eisbergsalat und Kartoffelbrei, die Grundnahrungsmittel der Familie Trump, und dazu Wagyu-Filets). Das Zweite, was mir auffiel, nachdem ich Platz genommen hatte, war die Sitzordnung. In meiner Familie konnte man schon immer seinen Wert daran ablesen, wie man gesetzt wurde, aber das war in dem Fall kein Problem, denn alle, mit denen ich gerne zusammen war – mein Bruder, meine Schwägerin, Maryannes Stieftochter und ihr Ehemann – saßen in meiner Nähe.

Jeder der Kellner trug eine Flasche Rot- und eine Flasche Weißwein. Echten Wein, keinen TRUMP-Wein. Das kam unerwartet. Ich hatte noch nie erlebt, dass es bei einem Familienfest Alkohol gab. Im Haus meiner Großeltern wurden nur Cola und Fruchtsäfte ausgeschenkt.

Mitten während des Essens kam Jared hereinspaziert.

»Oh, schaut mal«, sagte Ivanka und klatschte in die Hände, »Jared ist von seiner Nahostreise zurück«, als hätten wir ihn nicht gerade eben noch im Oval Office gesehen. Er ging zu seiner Frau, gab ihr einen flüchtigen Kuss auf die Wange und beugte sich dann zu Donald, der neben Ivanka saß. Für ein paar Minuten redeten die beiden leise miteinander. Und dann ging Jared wieder. Er würdigte keinen, nicht einmal meine Tanten, eines Blickes. Als er über die Schwelle trat, sprang Donny auf und stürzte hinter ihm her wie ein aufgeregtes Hündchen.

Als das Dessert aufgetragen wurde, erhob sich Robert, das Weinglas in der Hand, von seinem Platz. »Es ist eine solche Ehre, heute mit dem Präsidenten der Vereinigten Staaten hier zu sein«, sagte er. »Danke, Mr. President, dass Sie es uns ermöglichen, heute an diesem Ort die Geburtstage unserer Schwestern zu feiern.«

Ich dachte an den letzten Vatertag, den die Familie gemeinsam im Peter Luger Steak House in Brooklyn gefeiert hatte. Damals wie heute saßen Donald und Rob nebeneinander und ich genau ihnen gegenüber. Ohne irgendeine Erklärung hatte sich Donald damals zu Rob gedreht und gesagt:»Schau mal.« Er bleckte die Zähne und wies auf seinen Mund.

»Was ist?«, hatte Rob gefragt.

Donald hatte seine Lippen einfach noch weiter zurückgezogen und noch energischer in Richtung seines Mundes gestikuliert.

Rob wurde nervös. Ich hatte keine Ahnung, was sich da gerade abspielte, aber ich beobachtete das Ganze amüsiert, während ich an meiner Cola nippte.

»Schau doch!«, sagte Donald durch seine zusammengebissenen Zähne. »Wie findest du es?«

»Was meinst du?« Robs Verlegenheit war greifbar. Er hatte sich umgeblickt, um sicherzugehen, dass keiner ihn ansah, und flüsterte:»Hängt etwas zwischen meinen Zähnen?« Die Schüsseln mit Rahmspinat, die auf dem Tisch verteilt waren, legten dies nahe.

Donald hatte seinen Mund wieder entspannt und aufgehört, darauf zu zeigen. Sein geringschätziger Blick fasste die gesamte Geschichte ihrer Beziehung zusammen. »Ich habe mir die Zähne bleichen lassen. Was hältst du davon?«, fragte er trocken.

Nach Robs Kommentar bedachte Donald ihn mit dem gleichen verächtlichen Blick, den ich beinahe zwanzig Jahre zuvor im Lugers gesehen hatte. Dann machte er, seine Diät-Cola in der Hand, ein paar flüchtige Bemerkungen über die Geburtstage meiner Tanten und wandte sich in Richtung seiner Schwiegertochter.»Lara, dort«, sagte er.»Bevor sie mich beim Wahlkampf in Georgia mit einer großartigen Rede unterstützt hat, wusste ich noch nicht einmal, wer zum Teufel sie eigentlich ist.«Zu dem Zeitpunkt waren Lara und Eric beinahe acht Jahre zusammen, man kann also davon ausgehen, dass Donald sie zumindest bei ihrer Hochzeit getroffen hatte. Doch es klang, als hätte er nicht gewusst, wer sie war, bis sie bei einer Wahlkampfveranstaltung etwas Nettes über ihn gesagt hatte. Wie für Donald üblich, war die Story wichtiger als die Wahrheit, die leichtherzig geopfert wurde, vor allem, wenn eine Lüge die Geschichte besser klingen ließ.

Als Maryanne an der Reihe war, sagte sie:»Ich möchte euch dafür danken, dass ihr für unsere Geburtstagsfeier extra angereist seid. Wir haben es weit gebracht, seit der Nacht, in der Freddy Donald eine Schüssel mit Kartoffelbrei an den Kopf geworfen hat, weil er so ein Rotzbengel war.«Alle, die die Kartoffelbrei-Anekdote kannten, lachten − alle, außer Donald, der mit fest verschränkten Armen und düsterer Miene zuhörte, so wie immer, wenn Maryanne den Vorfall erwähnte. Es ärgerte ihn, als wäre er noch immer der siebenjährige Junge. Ganz offensichtlich spürte er den Stachel dieser lang zurückliegenden Demütigung.

Plötzlich erhob sich mein Cousin Donny, der inzwischen von seiner Verfolgungsjagd auf Jared zurückgekehrt war, um ein paar Worte zu sagen. Statt auf das Wohl unserer Tanten anzustoßen, hielt er eine Art Wahlkampfrede.»Letzten November erkannte das amerikanische Volk etwas Außergewöhnliches und wählte einen Präsidenten, von dem es sich verstanden fühlte. Die Menschen sahen, was für eine großartige Familie das hier ist, und schlossen sich unseren Werten an.«Ich blickte zu meinem Bruder und verdrehte die Augen.

Ich winkte einem der Kellner zu.»Kann ich bitte noch etwas Wein haben?«

Er kam rasch mit zwei Flaschen zurück und fragte, ob ich lieber den Roten oder den Weißen wolle.

»Egal«, sagte ich.

Nach dem Dessert standen alle unverzüglich auf. Es waren nur zwei Stunden vergangen, seit wir das Oval Office betreten hatten, aber die Mahlzeit war vorüber, und es war Zeit zu gehen.

Insgesamt hatten wir etwa doppelt so viel Zeit im Weißen Haus verbracht wie je bei meinen Großeltern für Thanksgiving oder Weihnachten, aber dennoch weniger Zeit mit Donald als zwei Wochen später Kid Rock, Sarah Palin und Ted Nugent.

Jemand schlug vor, wir alle sollten uns einzeln mit Donald fotografieren lassen (nicht jedoch mit unseren Geburtstagskindern). Als ich an der Reihe war, lächelte Donald für die Kamera und gab grünes Licht, doch ich konnte die Erschöpfung hinter seinem Lächeln erkennen. Es schien, als würde es ihn zermürben, die fröhliche Fassade aufrechtzuerhalten.

»Lass dich nicht unterkriegen«, sagte ich zu ihm, während mein Bruder uns fotografierte. Kurz zuvor war sein erster nationaler Sicherheitsberater unehrenhaft entlassen worden, und es zeigten sich die ersten Risse in seiner Präsidentschaft.

Als Donald sein Kinn nach vorn reckte und die Zähne zusammenbiss, sah er für einen Moment aus wie der Geist meiner Großmutter. »Sie werden mich nicht rankriegen«, sagte er.

Als Donald am 16. Juni 2015 seine Präsidentschaftskandidatur bekannt gab, nahm ich das nicht ernst. Ich dachte auch nicht, dass er selbst es ernst nahm. Er war einfach nur auf die kostenlose Publicity für seine Marke aus. So etwas hatte er früher auch schon gemacht. Doch als seine Umfragewerte stiegen und er vom russischen Präsidenten Wladimir Putin möglicherweise die stillschweigende Zusage bekam, Russland würde alle Hebel in Bewegung setzen, dass sich die Wahl zu seinen Gunsten entschied, wuchs der Reiz am Gewinnen.

»Er ist ein Clown«, sagte Maryanne während einer unserer Verabredungen zum Lunch. »Das wird niemals passieren.«

Wir waren einer Meinung.

Wir redeten darüber, dass seine Kandidatur aufgrund seines Rufs als verblassender Reality-TV-Star und schiffbrüchiger Geschäftsmann zum Scheitern verurteilt wäre. »Nimmt ihm irgendjemand überhaupt diesen Mist ab, er sei ein Selfmademan? Hat er je etwas aus eigener Kraft erreicht?«, fragte ich.

»Nun«, sagte Maryanne trocken wie die Sahara, »er hat es fünf Mal bis zum Bankrott gebracht.«

Als Donald das Gespräch auf die Opioidkrise lenkte, indem er die Suchtgeschichte meines alkoholabhängigen Vaters ins Feld führte, um sich als Kämpfer gegen Drogensucht zu profilieren und einfühlsamer zu wirken, waren wir beide wütend.

»Er benutzt das Andenken an deinen Vater für politische Zwecke«, sagte Maryanne, »und das ist eine Sünde, vor allem, weil Freddy der Star der Familie hätte sein sollen.«

Wir dachten, der offenkundige Rassismus, der in Donalds Rede zur Bekanntgabe seiner Kandidatur zum Vorschein gekommen war, wäre ein K.-o.-Kriterium, doch wir wurden eines Besseren belehrt, als Jerry Falwell Jr. und andere weiße Evangelikale anfingen, ihn zu unterstützen. Maryanne, seit ihrer fünf Jahrzehnte zurückliegenden Konversion eine fromme Katholikin, war aufgebracht. »Was zum Teufel ist mit denen eigentlich los?«, sagte sie. »Donald ist nur ein einziges Mal zur Kirche gegangen, und zwar genau dann, als Kameras dort waren. Es ist unfassbar. Er hat keine Prinzipien. Überhaupt keine!«

Nichts von dem, was Donald während des Wahlkampfs sagte – von seiner Verunglimpfung von Außenministerin Hillary Clinton, die wohl qualifizierteste Präsidentschaftskandidatin in der Geschichte des Landes, als eine »garstige Frau« bis zu seinem Spott über Serge Kovaleski, einen Reporter der *New York Times* mit Körperbehinderung –, wich ab von meinen Erwartungen an ihn. Genau genommen erinnerte es mich an jedes Familienessen, bei dem Donald über all die Frauen geredet hatte, die er als eklige fette Schlampen ansah, oder die Männer, meist erfolgreicher und mächtiger, die er als Verlierer bezeichnete, worüber mein Großvater und Maryanne, Elizabeth und Robert alle beifällig lachten. Diese Art hemdsärmelige Entwürdigung anderer war Alltag am Esstisch der Trumps. Was mich aber überraschte, war, dass er damit durchkam.

Dann erhielt er die Nominierung. Was ihn meiner Meinung nach hätte disqualifizieren müssen, schien ihn für seine Fangemeinde nur noch attraktiver zu machen. Noch machte ich mir keine Sorgen – ich war überzeugt, dass er niemals gewählt werden würde –, doch allein der Gedanke, dass er eine Chance bekommen hatte, war beunruhigend.

Im Spätsommer 2016 dachte ich darüber nach, mich dazu zu äußern, warum ich Donald für absolut ungeeignet hielt. Zu diesem Zeitpunkt stand er gut da nach dem Parteitag der Republikaner und seinem Ruf nach »Anhängern für den 2. Zusatzartikel«, um Hillary Clinton zu stoppen, die angeblich den Waffenbesitz einschränken wollte. Selbst seine Verbalattacke gegen Khizr und Ghazala Khan, Gold-Star-Eltern, deren Sohn Humayun, ein ranghoher US-Offizier, im Irak gestorben war, schien keinerlei Bedeutung zu haben. Als eine Mehrheit befragter Republikaner ihn auch nach der Veröffentlichung des *Access-Hollywood*-Videos noch unterstützte, wusste ich, dass ich die richtige Entscheidung getroffen hatte.

Mich beschlich das Gefühl, dabei zuzusehen, wie meine Familiengeschichte und Donalds zentrale Rolle darin in großem Maßstab nachgespielt wurden. Während man an Donalds Rivalen im Rennen um die Präsidentschaft höhere Maßstäbe anlegte, wie das auch bei meinem Vater gewesen war, kam er nicht nur ungeschoren davon, sondern wurde für sein immer extremeres, unverantwortliches und abstoßendes Verhalten sogar belohnt.

Das kann doch nicht noch mal passieren, dachte ich. Doch es passierte.

Den Medien entging, dass sich außer seinen Kindern, seinem Schwiegersohn und seiner derzeitigen Ehefrau nicht ein einziges Mitglied aus Donalds Familie während seines Wahlkampfes für ihn aussprach. Maryanne sagte zu mir, sie habe Glück, da sie als Bundesrichterin zur Unparteilichkeit verpflichtet sei. Als seine Schwester und aufgrund ihrer beruflichen Reputation war sie im ganzen Land vielleicht die einzige Person, die, hätte sie sich über Donalds vollkommene Untauglichkeit für das Amt geäußert, etwas hätte ausrichten können. Aber sie hatte ihre eigenen Geheimnisse, und ich war nicht sonderlich überrascht, als sie mir nach der Wahl erzählte, sie habe aus »familiärer Loyalität« ihre Stimme ihrem Bruder gegeben.

In der Familie Trump aufzuwachsen, vor allem als Freddys Kind, brachte gewisse Herausforderungen mit sich. In mancher Hinsicht war ich vom Glück extrem begünstigt. Ich besuchte exzellente Privatschulen und war die meiste Zeit meines Lebens durch eine erstklassige Krankenversicherung abgesichert. Doch es gab da auch ein Gefühl des Mangels, das außer Donald uns alle betraf. Nachdem mein Großvater 1999 verstarb, erfuhr ich, dass die Nachkommen meines Vaters aus dem Testament gestrichen worden waren, als hätte Fred Trumps ältester Sohn nie existiert, und es folgte ein Rechtsstreit. Letzten Endes kam ich zu dem Schluss, dass ich, sobald ich mich öffentlich über meinen Onkel äußerte, als frustrierte, enterbte Nichte hingestellt würde, die abkassieren oder sich rächen wollte.

Um zu verstehen, was Donald – und uns alle – an diesen Punkt gebracht hat, müssen wir bei meinem Großvater und dessen Bedürfnis nach Anerkennung anfangen; ein Bedürfnis, das ihn dazu trieb, Donalds tollkühne Übertreibungen und sein unbegründetes Selbstvertrauen zu befeuern, hinter denen sich Donalds krankhafte Schwächen und Unsicherheiten versteckten.

Als Donald heranwuchs, musste er sich selbst zujubeln. Zum einen, weil er seinen Vater davon überzeugen musste, ein besserer und selbstsicherer Sohn zu sein als Freddy; zum anderen, weil Fred es von ihm verlangte und schließlich auch, weil er anfing, an seinen eigenen Schwindel zu glauben, auch wenn er auf einer tieferen Bewusstseinsebene paradoxerweise den Verdacht gehabt haben mag, dass sonst niemand darauf hereinfiel. Zur Zeit seiner Wahl begegnete Donald jedem Zweifel an seiner Überlegenheit mit Zorn; seine Ängste und Schwachstellen hatte er so erfolgreich verdrängt, dass er nicht einmal mehr anerkennen musste, dass es sie gab. Und das würde er auch nie.

In den 1970ern, nachdem mein Großvater Donald bereits jahrelang den anderen vorgezogen und ihn nach vorn gepusht hatte, übernahmen die New Yorker Medien den Stab und fingen damit an, den unbegründeten Hype um Donalds Person zu verbreiten. In den 1980ern stiegen die Banken mit ein, indem sie seine Unternehmungen finanzierten. Ihre Bereitschaft (und später die Notwendigkeit), seine immer haltloseren Erfolgsbehauptungen zu protegieren, hing an der Hoffnung, ihre Verluste wieder hereinzuholen.

Nach einem Jahrzehnt, in dem Donald ins Schwimmen gekommen war, von Insolvenzen nach unten gezogen wurde und sein Gesicht für das Scheitern einer ganzen Reihe von Produkten von Steaks bis Wodka stand, gab ihm der Fernsehproduzent Mark Burnett dennoch eine weitere Chance. *The Apprentice* machte sich Donalds Image des dreisten, Selfmade-Dealmakers zunutze, ein Mythos, der bereits fünf Jahrzehnte zuvor von meinem Großvater in die Welt gesetzt worden war und der trotz der erdrückenden Beweislage, die ihn widerlegte, erstaunlicherweise fast unbeschadet bis ins neue Jahrtausend überdauert hatte. Als Donald im Jahr

2015 sein Rennen um die Kandidatur der Republikaner bekannt gab, war ein erheblicher Anteil der amerikanischen Bevölkerung bereits darauf vorbereitet, diesen Mythos zu glauben.

Bis zum heutigen Tag werden die Unwahrheiten, Falschdarstellungen und Lügenmärchen, die meinen Onkel in Summe ausmachen, von der Partei der Republikaner und den Evangelikalen verbreitet. Menschen, die es besser wissen müssten wie der Parteiführer des Senats Mitch McConnell; treue Gefolgsleute wie der Fraktionsvorsitzende Kevin McCarthy, Außenminister Mike Pompeo und Justizminister William Barr und unzählige andere haben sich, unwissentlich oder auch wider besseres Wissen, an ihrer Weiterverbreitung mitschuldig gemacht.

Keines der Trump-Geschwister ging unbeschadet aus der Soziopathie meines Großvaters und den sowohl physischen als auch psychischen Erkrankungen meiner Großmutter hervor, aber mein Onkel Donald und mein Vater Freddy hatten mehr darunter zu leiden als die anderen. Wenn wir ein Gesamtbild von Donald und seinen psychopathologischen Symptomen erhalten und sein dysfunktionales Verhalten verstehen wollen, erfordert das eine eingehende Betrachtung der Familiengeschichte.

Im Lauf der vergangenen drei Jahre habe ich zugesehen, wie zahlreiche Experten, Laienpsychologen und Journalisten bei dem Versuch, Donalds oft seltsames und sinnloses Benehmen zu erklären, mit Begriffen wie »maligner Narzissmus« und »narzisstische Persönlichkeit« das Thema verfehlten. Ich habe kein Problem damit, Donald als Narzissten zu bezeichnen – alle neun Merkmale, wie sie im *Diagnostic and Statistical Manual of Mental Disorders* (DSM-5) dargelegt sind, treffen auf ihn zu – aber diese Rubrizierung allein reicht nicht.

Ich habe am Derner Institute of Advanced Psychological Studies in klinischer Psychologie promoviert. Während ich für meine Dissertation forschte, arbeitete ich zugleich in der Aufnahmestation des Manhattan Psychiatric Centers, einer staatlichen Einrichtung, wo wir schwer kranke und stark gefährdete Patienten diagnostizierten, begutachteten und behandelten. Zusätzlich zu meiner Lehrtätigkeit in Psychologie für höhere Semester, die Kurse über Trauma, Psychopathologie und Entwicklungspsychologie beinhaltete, bot ich den Patienten einer auf Suchterkrankungen spezialisierten städtischen Klinik als Juniorprofessorin auch Therapiestunden und psychologische Diagnostik an.

Diese Erfahrungen zeigten mir immer wieder, dass Diagnostik nicht im luftleeren Raum stattfindet. Hat Donald möglicherweise andere Symptome, von denen wir nichts wissen? Liegen weitere Krankheiten vor, die ebenso aussagkräftig oder sogar aussagekräftiger sind? Vielleicht. Man könnte argumentieren, dass er auch die Kriterien für eine Antisoziale Persönlichkeitsstörung erfüllt, die in ihrer massivsten Ausprägung allgemein als Psychopathie bekannt ist, sich aber auch auf chronische Kriminalität, Arroganz und die Missachtung der Rechte anderer bezieht. Liegt eine Begleiterkrankung vor? Wahrscheinlich. Donald erfüllt auch einige der Kriterien, die eine Abhängige Persönlichkeitsstörung auszeichnen, wozu die Unfähigkeit, Entscheidungen zu treffen oder Verantwortung zu übernehmen, zählt, ebenso wie die Angst vor dem Alleinsein und übermäßige Bemühungen, die Unterstützung anderer zu gewinnen. Gibt es weitere Faktoren, die berücksichtigt werden sollten? Absolut. Möglicherweise hat er eine seit langer Zeit unbemerkte Lernschwäche, die seine Fähigkeit, Informationen zu verarbeiten, bereits seit Jahrzehnten beeinträchtigt. Er soll außerdem bis zu zwölf Diät-Colas am Tag trinken und sehr wenig schlafen. Leidet er an einer durch Drogen (in diesem Fall durch Koffein) hervorgerufenen Schlafstörung? Seine Ernährung ist miserabel, und er macht keinen Sport, was zu seinen sonstigen möglichen Gesundheitsstörungen beitragen oder diese sogar verschlimmern könnte.

Fakt ist, dass Donalds Pathologien so komplex sind und sein Verhalten oft so unerklärbar, dass es für eine genaue und umfassende Diagnose einer ganzen Batterie an psychologischen und neuropsychologischen Tests bedürfte, auf die er sich niemals einlassen würde. Derzeit ist es unmöglich, seine Alltagstauglichkeit zu überprüfen, da er im West Wing fest institutionalisiert ist. Die meiste Zeit seines Erwachsenenlebens hat Donald in goldenen Käfigen zugebracht, sodass man nicht sagen kann, ob er auf sich gestellt in der realen Welt gedeihen, ja, ob er überhaupt überleben würde.

Am Ende der Geburtstagsfeier meiner Tanten im Jahr 2017, als wir auf unsere Fotos warteten, konnte ich sehen, dass Donald bereits unter einer Art Stress stand, die er noch nie zuvor gekannt hatte. Da der Druck auf ihn im Laufe der letzten drei Jahre stetig zugenommen hatte, vertiefte sich die Kluft zwischen der Kompetenz, die die Voraussetzung ist, um ein Land zu führen, und seiner Inkompetenz, wodurch sein Größenwahn stärker denn je zum Vorschein kam.

Viele von uns, aber beileibe nicht alle, wurden bisher von seinen Pathologien durch eine stabile Wirtschaft und das Ausbleiben ernsthafter Krisen verschont. Aber die außer Kontrolle geratene Corona-Pandemie, eine drohende Wirtschaftskrise, die Gräben zwischen den politischen Fronten, die dank Donalds Vorliebe zu spalten tiefer werden, und die niederschmetternde Unsicherheit über die Zukunft des Landes haben sich zu einer katastrophalen Großwetterlage zusammengebraut, der niemand schlechter gewachsen ist als mein Onkel. Sich dem zu stellen, würde Mut erfordern, Charakterstärke, Respekt vor Experten, das Selbstbewusstsein, Verantwortung zu übernehmen und den Kurs zu korrigieren, nachdem man seine Fehler eingestanden hat.

Sein Talent, ungünstige Situationen durch Lügen, Verwirrung und Verschleierung zu meistern, hat inmitten der Tragödien, mit denen wir gegenwärtig konfrontiert sind, seine Wirkung verloren und ihn bis zur Ohnmacht geschwächt. Sein ungeheuerliches, womöglich vorsätzliches Fehlverhalten in der aktuellen Katastrophe hat zu einem Ausmaß an Gegenwind und kritischen Fragen geführt, wie er es noch nie zuvor erlebt hat. All das führt jedoch dazu, dass seine Aggressivität, sein Bedürfnis nach kleinlichen Racheakten zugenommen haben, was sich darin äußert, dass er in Bundesstaaten, deren Gouverneure ihm nicht tief genug in den Arsch kriechen, lebenswichtige Finanzmittel, Schutzkleidung und Beatmungsgeräte zurückhält, für die wir alle mit unseren Steuergeldern bezahlt haben.

In dem 1994 erschienenen Film, der auf Mary Wollstonecraft Shelleys Roman basiert, sagt Frankenstein: »Ich weiß, dass ich um des Mitgefühls eines einzigen Lebewesens willen, Frieden mit allen anderen schließen würde. Ich habe Liebe in mir, von der du keine Vorstellung hast, und Furcht, wie sie deinesgleichen nicht fassen würde. Wenn mir das eine nicht erfüllt werden kann, dann werde ich mich dem anderen hingeben ...«

Unter Bezugnahme auf genanntes Zitat schrieb Charles P. Pierce im *Esquire*, »[Donald] quält sich nicht mit Zweifeln über das, was er um sich herum erschafft. Er ist stolz auf sein Monster. Er kostet dessen Zorn und Zerstörungswut aus, wohingegen er sich dessen Liebe nicht vorstellen kann, er glaubt von ganzem Herzen an dessen Wut. Er ist ein Frankenstein ohne Bewusstsein.«

Diese Aussage hätte Donalds Vater Fred sogar noch treffender beschrieben, mit einem wichtigen Unterschied: Freds Monster – das einzige Kind, das ihm etwas bedeutete – wurde letztendlich genau wegen der Art von Freds Bevorzugung nicht liebenswert.

Am Ende gab es für Donald keinerlei Liebe, nur seinen schmerzhaften Hunger danach. Der ungehemmt wuchernde Zorn sollte alles andere überschatten.

Als Donalds langjährige Vorzimmerdame Rhona Graff mir und meiner Tochter eine Einladung zukommen ließ, Donalds Wahlparty in New York beizuwohnen, sagte ich ab. Ich hätte meine Freude über einen Sieg von Clinton nicht verbergen können und wollte nicht unhöflich sein. Am nächsten Morgen um fünf Uhr, nur wenige Stunden nachdem das Ergebnis verkündet worden war, wanderte ich durchs Haus, genauso traumatisiert wie viele, nur war es für mich persönlicher: Es fühlte sich so an, als hätten 62 979 636 Wähler entschieden, das Land in eine Makroversion unserer unheilbar dysfunktionalen Familie zu verwandeln.

Binnen eines Monats nach der Wahl konsumierte ich wie besessen die Nachrichten und checkte meinen Twitter-Account. Ich war nervös und konnte mich auf nichts anderes konzentrieren. Obwohl mich nichts von dem, was Donald tat, überraschte, überwältigte mich die schiere Geschwindigkeit und das Ausmaß, in dem er nun das Land mit seinen schlimmsten Impulsen malträtierte: von der Lüge über die Größe der Menschenmenge bei seiner Amtseinführung und seinem Jammern darüber, wie gemein er behandelt würde, über die Maßnahmen, den Umweltschutz zurückzufahren, und seinen Angriff auf den Affordable Care Act, um Millionen von Menschen eine erschwingliche Krankenversicherung zu entziehen, bis hin zur Verordnung seines rassistischen Einreiseverbots gegen Muslime. Kleinigkeiten – wie Donalds Gesicht zu sehen oder meinen Namen zu hören, was beides Dutzende Male am Tag geschah – versetzten mich zurück in die Zeit, als mein Vater unter der Grausamkeit und der Geringschätzung meines Großvaters verkümmerte und starb. Ich hatte ihn verloren, als er gerade zweiundvierzig und ich selbst sechzehn war. Wie unter einer Lupe wurde der Schrecken, der Donalds grausamem Handeln innewohnte, vergrößert, da alles, was er tat, nun offizielle US-Politik war, die sich auf Millionen Menschen auswirkte.

Die Atmosphäre der Spaltung, die mein Großvater in der Familie Trump erzeugte, ist das Wasser, in dem Donald schon immer geschwommen ist, und Menschen zu entzweien kommt ihm noch immer zugute, auch wenn es zulasten aller anderen geht. Es zermürbt das Land, wie es schon meinen Vater zermürbte; es verändert uns, während Donald davon völlig unberührt bleibt. Es schwächt unsere Fähigkeit, gütig zu sein oder an Vergebung zu glauben, Konzepte, die für ihn nie von Bedeutung waren. Seine Regierung und seine Partei haben sich seiner Politik der Kränkung und des Anspruchsdenkens untergeordnet. Schlimmer noch, Donald, der nichts von Geschichte, Verfassungsgrundsätzen, Geopolitik, Diplomatie (oder ehrlich gesagt sonst irgendetwas) versteht, hat alle Allianzen und alle Sozialprogramme des Landes einzig aus der Perspektive des Geldes bewertet, ganz so, wie sein Vater es ihm beigebracht hat. Die Verluste und Profite des Regierens werden in rein finanziellen Begriffen betrachtet, als wären die Staatskassen sein privates Sparschwein. Für ihn ist jeder Dollar, der ausgegeben wurde, sein Verlust, jeder gesparte Dollar sein Zugewinn. Inmitten eines obszön anmutenden Reichtums sollte dieser eine Mensch alle Schalthebel der Macht betätigen und jede sich ihm bietende Möglichkeit nutzen, um sich und unter Vorbehalt auch seinen engsten Angehörigen, seinen Spezis und seinen Speichelleckern einen Vorteil zu verschaffen; für alle anderen sollte nie genug da sein – das entspricht genau dem, wie mein Großvater seine Familie führte.

Es erscheint ungewöhnlich angesichts all der Aufmerksamkeit und Berichterstattung in den Medien, dass Donald innerhalb der letzten fünfzig Jahre so selten kritisch hinterfragt wurde. Obwohl seine Charakterschwächen und sein abnormes Verhalten kommentiert wurden und man sich darüber lustig machte, gab es nur äußerst wenige Versuche, zu verstehen, warum er zu dem wurde, der er heute ist, und auch wie er es schaffte, trotz offenkundiger Unzulänglichkeiten immer weiter nach oben zu gelangen.

Auf gewisse Weise war Donald immer von einer Institution geschützt, abgeschirmt von seiner Begrenztheit oder seinem Bedürfnis, es auf eigene Faust zu etwas in der Welt zu bringen. Ehrliche Arbeit wurde von ihm nie gefordert, und wie dramatisch er auch versagte, wurde er auf fast unvorstellbare Weise belohnt. Auch im Weißen Haus wird er weiterhin vor seinem Versagen geschützt. Seine treuen Claqueure applaudieren jeder seiner Verkündungen und decken seine potenziell kriminelle Fahrlässigkeit dadurch, dass sie sie bis zu dem Punkt normalisieren, an dem wir gegenüber seinen immer häufigeren Überschreitungen beinahe empfindungslos geworden sind. Allerdings steht heute sehr viel mehr auf dem Spiel als je zuvor; es geht buchstäblich um Leben und Tod. Anders als in anderen Phasen seines Lebens können Donalds Fehlschläge heute weder versteckt noch ignoriert werden, da sie uns alle bedrohen.

Auch wenn meine Tanten und Onkel das anders sehen werden, schreibe ich dieses Buch nicht, um abzukassieren oder mich zu rächen. Wäre dies meine Intention gewesen, hätte ich bereits vor Jahren ein Buch über unsere Familie geschrieben, als nicht absehbar war, dass Donald seinen Ruf als laufend insolventer Geschäftsmann und irrelevanter Reality-TV-Show-Moderator für einen Aufstieg ins Weiße Haus nutzen würde; als es weniger gefährlich gewesen wäre, weil mein Onkel nicht in einer Position war, von wo aus er Whistleblower und Kritiker bedrohen oder in Gefahr bringen kann. Die Ereignisse der letzten drei Jahre haben mich jedoch zum Handeln gezwungen, und ich kann nun nicht mehr schweigen. Wenn dieses Buch erscheint, werden

Hunderttausende Amerikaner ihr Leben auf dem Altar von Donalds Hybris und mutwilliger Ignoranz geopfert haben. Wenn ihm eine zweite Amtszeit gewährt wird, bedeutet das das Ende der amerikanischen Demokratie.

Niemand weiß besser als seine Familie, wie Donald zu dem Mann wurde, der er heute ist. Bedauerlicherweise schweigen beinahe alle von ihnen aus Loyalität oder Angst. Mich hindert keins von beidem. Zusätzlich zu meiner Darstellung aus erster Hand, als Tochter meines Vaters und einzige Nichte meines Onkels, habe ich die Perspektive einer erfahrenen klinischen Psychologin. *Zu viel und nie genug* ist die Geschichte der mächtigsten und sichtbarsten Familie der Welt. Und ich bin die Einzige der Trumps, die dazu bereit ist, sie zu erzählen.

Ich hoffe, dieses Buch wird der Praxis ein Ende setzen, die auf Donalds »Strategien« oder »Agenden« verweist, als würde er gemäß irgendeinem Ordnungsprinzip handeln. Das tut er nicht. Donalds Ego war und ist eine verletzliche und unscharfe Grenze zwischen ihm und der realen Welt, die er dank des Geldes und der Macht seines Vaters niemals selbst verhandeln musste. Donald brauchte stets nur das Märchen weiterzuführen, mit dem bereits mein Großvater angefangen hatte. Das Märchen, dass er stark, schlau und überhaupt außergewöhnlich ist. Es würde ihn zu sehr ängstigen, der Wahrheit ins Auge zu blicken: dass er nichts von alldem ist.

Nach dem Vorbild meines Großvaters und unter Mittäterschaft, durch das Schweigen und die Tatenlosigkeit seiner Geschwister zerstörte Donald meinen Vater. Ich kann nicht zulassen, dass er auch mein Land zerstört.

TEIL EINS

GRAUSAMKEIT IST ENTSCHEIDEND

Kapitel Eins
The House

»Daddy, Mom blutet!«

Sie wohnten jetzt fast ein Jahr in der Villa, die einfach nur »The House« hieß, aber noch immer fühlte es sich fremd an, erst recht nachts. Maryanne war zwölf und nicht die Stabilste, als sie ihre Mutter in einem der Badezimmer im Obergeschoss fand – nicht im Hauptbadezimmer, sondern im Bad ganz hinten im Flur, das sie sich mit ihrer Schwester teilte. Die Mutter lag bewusstlos am Boden, überall war Blut. Normalerweise hätte Maryanne nicht gewagt, ihren Vater zu stören, aber jetzt war sie so entsetzt, dass sie von einem Ende des Hauses zum anderen in sein Schlafzimmer rannte und ihn weckte.

Fred stand auf, lief los und fand seine Frau. Sie war nicht ansprechbar. Er lief zurück, mit Maryanne im Schlepptau, um zu telefonieren. Sein Schlafzimmer hatte einen Nebenapparat.

Fred war inzwischen ein mächtiger Mann, er hatte einen direkten Draht zum Jamaica Hospital und wurde sofort mit jemandem verbunden, der einen Notarztwagen schicken und dafür sorgen konnte, dass die besten Ärzte bereit standen, wenn Mary in der Notaufnahme eintraf. Fred beschrieb am Telefon, so gut er konnte, ihren Zustand. »Menstruation«, schnappte Maryanne auf, ein fremdes, aus dem Mund ihres Vaters merkwürdig klingendes Wort.

Mary wurde sofort notoperiert. Die Ärzte hatten schwere Komplikationen festgestellt, die nach der Geburt von Robert eingetreten und neun Monate lang nicht diagnostiziert worden waren, und entfernten ihr die Gebärmutter. Der Eingriff führte erst zu einer Unterleibsinfektion, dann zu weiteren Komplikationen.

Eines Tages saß Fred am Tischchen in der Bibliothek, von dem aus er zu telefonieren pflegte, sprach kurz mit einem von Marys Ärzten und rief dann Maryanne zu sich.

»Sie sagen, deine Mutter wird die Nacht nicht überleben.«

Bevor er zu seiner Frau ins Krankenhaus fuhr, trug er seiner Tochter auf: »Geh morgen zur Schule. Ich sage dir Bescheid, wenn sich etwas ändert.«

Maryanne wusste genau, was er meinte: Ich sage dir Bescheid, wenn deine Mutter stirbt.

Den Rest der Nacht lag sie weinend in ihrem Zimmer, während ihre jüngeren Geschwister weiterschliefen, sie hatten von all dem Horror nichts mitbekommen. Morgens ging sie zur Schule, mit bangen Gefühlen. Dann holte Dr. James Dixon sie aus der Freistunde. Er war Rektor der privaten Kew-Forest School, auf die sie ging seit ihr Vater dem Vorstand beigetreten war. »Ein Anruf für dich, in meinem Büro.«

Maryanne war sicher, dass ihre Mutter tot war. Der Weg zum Rektoratszimmer kam ihr vor wie ein Gang zum Schafott. Sie war zwölf, aber ihr ging nur eins durch den Kopf: Ab sofort war sie wohl die Ersatzmutter für vier Kinder.

Sie nahm den Hörer, ihr Vater sagte schlicht: »Sie kommt durch.«

In der folgenden Woche wurde Mary noch zweimal operiert, aber sie kam tatsächlich durch. Dass Fred mit seinem Draht zur Klinik für erstklassige Ärzte und Pflege sorgen konnte, hatte seiner Frau vermutlich das Leben gerettet. Aber es war noch ein langer Weg bis zur Genesung.

In den sechs Monaten danach musste Mary immer wieder ins Krankenhaus. Die Langzeitfolgen waren heftig. Man hatte ihr mitsamt der Gebärmutter auch die Eierstöcke entfernt, ein seinerzeit übliches, aber oft unnötiges Verfahren. Der dadurch verursachte Östrogenabfall führte bald zu einer massiven Osteoporose. Marys Knochen wurden immer brüchiger, brachen auch spontan, und sie litt oft grauenhafte Schmerzen.

Wenn wir Glück haben, haben wir als Säuglinge und Kleinkinder mindestens einen Elternteil, der emotional erreichbar ist, verlässlich besorgt um alles, was wir brauchen, und auf unser Aufmerksamkeitsbedürfnis eingeht. Ein fester Halt, Geborgenheit und die Erfahrung, dass jemand unsere Gefühle anerkennt und unsere Enttäuschungen lindert, ist fundamental für eine gesunde frühkindliche Entwicklung. Aufmerksamkeit zu bekommen verschafft uns das Gefühl, beschützt und in Sicherheit zu sein. Nur so können wir die Welt um uns herum ohne übermäßige Angst oder unkontrollierbare Panik erkunden. Wir müssen wissen, dass wir uns grundsätzlich auf die Unterstützung durch mindestens eine Betreuungsperson verlassen können.

Ebenso wesentlich für die frühkindliche Entwicklung ist die Spiegelung. So heißt der Prozess, bei dem ein zugewandter Elternteil die Gefühle des Babys reflektiert, verarbeitet und ihm zurückspiegelt. Ohne Spiegelung bleiben dem Kind entscheidende Erkenntnisse verwehrt, darüber, wie sein Hirn funktioniert, und darüber, wie die Welt zu verstehen ist. So wie die sichere Bindung an eine Ur-Bezugsperson zu höherer emotionaler Intelligenz führen kann, ist die Spiegelung das Fundament der Empathie.

Mary und Fred waren von Anfang an Problemeltern. Meine Großmutter hat selten mit mir über ihre eigenen Eltern gesprochen, ich kann also nur spekulieren. Ich weiß aber, dass sie das letzte von zehn Kindern war – einundzwanzig Jahre jünger als das älteste und vier Jahre jünger als das zweitjüngste – und in den 1910ern in oft nicht sehr menschenfreundlichen Umgebungen aufwuchs. Ob ihre eigenen Bedürfnisse als Kind nicht genügend berücksichtigt wurden oder ob es andere Gründe hatte: Mary war die Art Mutter, die nicht ihre Kinder tröstet, sondern sich an ihnen tröstet. Sie kümmerte sich um sie, wenn es ihr passte, nicht wenn sie das brauchten. Sie war oft unausgeglichen und bedürftig, hatte einen Hang zu Selbstmitleid und, flüchtete sich in Märtyrertum und war sich selbst die Nächste. Vor allem ihre Söhne behandelte sie, als wäre sie partout nicht zuständig.

Im Leben der Kinder erzeugte Marys Abwesenheit während der Operationen und danach ein Vakuum im wörtlichen wie im emotionalen Sinn. Das war schon schwer genug für Maryanne, Freddy und Elizabeth, aber sie waren in einem Alter, in dem sie das Geschehen begreifen und einigermaßen für sich selbst sorgen konnten. Richtig schlimm traf es den zweieinhalbjährigen Donald und den neun Monate alten Robert, die beiden waren am verletzlichsten und hatten niemanden, der das Vakuum füllte. Die im Haus wohnende Haushälterin war mit Sicherheit überfordert von der schieren Arbeitsmenge. Die Großmutter väterlicherseits lebte zwar nicht weit weg und kochte ihnen Essen, aber sie war ebenso barsch und unfähig zu körperlicher Zuneigung wie ihr Sohn. Die Betreuung der Kleinen hatte weitgehend Maryanne zu übernehmen, wenn sie nicht gerade in der Schule war. (Von Freddy erwartete niemand Mithilfe, er war ja ein Junge.) Maryanne badete die Kleinen und machte sie bettfein, aber was konnte ein zwölfjähriges Mädchen sonst groß tun? Im Grunde waren alle fünf Kinder ohne Mutter.

So übermäßig emotional bedürftig Mary war, so ohne jedes Bedürfnis wirkte Fred. Und in der Tat, Fred war ein hochfunktionaler Soziopath. Antisoziale Persönlichkeitsstörungen kommen gar nicht so selten vor, über drei Prozent der Bevölkerung sind davon betroffen, und fünfundsiebzig Prozent der Diagnostizierten sind Männer. Symptome für Soziopathie sind unter anderem der Mangel an Empathie, ein Talent zum Lügen, Soziopathen haben keinen Sinn für Richtig und Falsch und für die Rechte anderer Leute. Ein Soziopath in der Elternrolle ist ein Garant für schwere Störungen im kindlichen Selbstverständnis, der Emotionssteuerung und der Beziehungen zur Welt, schon gar wenn niemand da ist, der die Auswirkungen abfedern kann. Freds emotionale Hornhaut, seine Indifferenz und sein Kontrollverhalten führte zu Eheproblemen, mit denen meine Großmutter kaum zurechtkommen konnte. Sein Mangel an echtem menschlichen Gefühl, seine Rigidität als Vater und Ehemann und seine sexistische Einstellung, Frauen seien von Natur aus minderwertig, haben wahrscheinlich zu ihrem andauernden Unsicherheitsgefühl geführt.

Da Mary wegen ihrer schlechten Gesundheit regelmäßig emotional wie physisch abwesend war, rückte Fred automatisch in die Elternposition, als Betreuungsperson allerdings darf man ihn sich nicht vorstellen. Er war der Ansicht, Umgang mit Kindern zähle nicht zu seinen Pflichten, und hielt stur an seiner Routine fest – Zwölfstundentage, Sechstagewochen bei Trump Management –, als würden seine Kinder schon selbst für sich sorgen. Er konzentrierte sich auf die Dinge, die *ihm* wichtig waren: seine florierende Immobilienfirma und die beiden bis dato bedeutendsten Projekte seines Lebens, Shore Haven und Beach Haven, zwei riesige Wohnkomplexe in Brooklyn.

Wieder hatten Donald und Robert die schlechtesten Karten. Fred interessierte sich einfach nicht für sie. Aber kindliches Verhalten ist immer Bindungsverhalten, kleine Kinder heischen nach positiven, beruhigenden Reaktionen ihrer Bezugsperson – mit einem Lächeln, das ein Lächeln auslösen soll, mit Tränen, damit man in den Arm genommen wird. Derlei hätte Fred schon unter normalen Umständen für eine Belästigung gehalten. Donald und Robert aber waren vermutlich besonders bedürftig, sie standen durch die Abwesenheit der Mutter unter besonderem Stress. Doch je heftiger ihr Bedürfnis, desto heftiger Freds Zurückweisung. Er mochte nicht, dass jemand etwas von ihm forderte, für ihn waren die Nöte seiner Kinder eine Zumutung, und das führte zu gefährlichen Spannungen im Trump'schen Haushalt: Die kleinen Jungen agierten wie biologisch vorgesehen, um lindernde, beruhigende elterliche Reaktionen zu provozieren, aber was sie, just wenn sie am verletzlichsten waren, stattdessen provozierten, waren väterliche Wut oder Indifferenz. Für Donald und Robert wurde »etwas brauchen« gleichbedeutend mit Demütigung, Verzweiflung und Hoffnungslosigkeit. Fred wollte zu Hause nicht gestört werden, ihm kam es zupass, dass seine Kinder lernten, nichts zu brauchen, egal wie.

Freds Erziehungsstil machte die Abwesenheit der Mutter nur noch schlimmer. Er zwang die Geschwister in die Isolation, nicht nur vom Rest der Welt, sondern auch voneinander. Solidarität mit anderen Menschen zu empfinden fiel ihnen bald immer schwerer. Das ist einer der Gründe, warum Freddy am Ende von allen Brüdern und Schwestern im Stich gelassen wurde. Es hätte den Zorn des Vaters erregt, wenn sie für ihn eingetreten wären, ihm auch nur geholfen hätten.

Donald war, als Mary krank wurde, plötzlich seines Hauptquells für Geborgenheit und menschliche Nähe beraubt. Jetzt war nicht nur niemand da, der ihm hätte helfen können, das alles zu begreifen. Nicht dass jemand vor der Erkrankung seiner Mutter verlässlich auf Donalds Bedürfnisse eingegangen wäre, aber von seinem Vater kam praktisch überhaupt nichts mehr. Dass er, wenn er Trost brauchte, ausgerechnet auf den abweisenden, Furcht einflößenden Fred angewiesen war, brachte Donald in eine fürchterliche Zwickmühle: die totale Abhängigkeit von einem Vater, der ihn vor allem in Angst und Schrecken versetzte.

In gewissem Sinn ist Kindesmisshandlung auch ein Hin und Her zwischen »Zuviel« oder »Nicht genug«. Das »Nicht genug« erlebte Donald in einer entscheidenden Entwicklungsphase durch den Verlust der Verbindung zur Mutter. Es kam ohne Vorwarnung und war zutiefst traumatisch. Plötzlich stand der kleine Junge mit all seinen Bedürfnissen, Ängsten und Sehnsüchten allein da. Mindestens ein Jahr lang von der Mutter verlassen, mit diesem Vater, der ihn ebenfalls im Stich ließ, seine Bedürfnisse ignorierte, ihm das Gefühl, geschützt, geliebt und wertgeschätzt zu sein, und jede Spiegelung verweigerte – das war eine Deprivation, die ihn fürs Leben zeichnen sollte. Aus ihr entwickelten sich die Persönlichkeitszüge – narzisstisches Auftreten, Mobbing, Großmannssucht –, die schließlich auch mein Großvater zur Kenntnis nahm, allerdings nicht so, dass irgendeine der vorausgegangenen Grausamkeiten hätte bewältigt werden können. Das »Zuviel« meines Großvaters erlebte Donald, sozusagen aus zweiter Hand, mit, als er älter wurde: Er musste mit ansehen, was mit Freddy passierte, wenn der zu viel Aufmerksamkeit, zu viel Erwartung und insbesondere zu viel Demütigung abbekam.

Freds Prioritäten waren stets an seinen Interessen ausgerichtet. Was er spiegelte, wenn er sich seinen Kindern mal zuwandte, waren nicht ihre Bedürfnisse, sondern seine eigenen. Liebe bedeutete ihm nichts, Mitgefühl für ihre Nöte konnte er nicht aufbringen – auch das ein klassisches Merkmal der Soziopathie. Er erwartete Gehorsam, basta. Kinder können noch nicht unterscheiden, und so glaubten Freds Kinder, dass ihr Vater sie liebte oder dass sie irgendwie seine Liebe verdienen könnten. Gleichzeitig lernten sie aus Erfahrung, wenn auch unterbewusst, dass die »Liebe« ihres Vaters immer an Bedingungen geknüpft war.

Maryanne, Elizabeth und Robert wurden im Wesentlichen ähnlich behandelt wie Donald, denn Fred hatte für Kinder an sich nichts übrig. Sein ältester Sohn, nach ihm selbst benannt, bekam seine Aufmerksamkeit nur, weil er als Nachfolger für Freds Vermächtnis vorgesehen war. Um damit klarzukommen, fuhr Donald immer schwerere primitive Abwehrgeschütze auf, er gebärdete sich immer feindseliger gegenüber anderen und immer indifferenter gegenüber der abwesenden Mutter und dem vernachlässigenden Vater. Die Indifferenz war eine Art angelernte Hilflosigkeit, die ihn einerseits gegen den schlimmsten Schmerz abschottete, es ihm andererseits aber auch immer schwerer (und aus meiner Sicht langfristig unmöglich) machte, überhaupt ein emotionales Bedürfnis erfüllt zu bekommen, denn er konnte bald viel zu gut allen weismachen, dass er keine Bedürfnisse habe. Statt ihrer entwickelte er Groll und Verhaltensweisen – bis hin zu Mobbing, Respektlosigkeit und Aggressivität –, die momentan ihren Zweck erfüllten, aber auf Dauer immer problematischer wurden. Vielleicht wären sie durch angemessene Betreuung und Aufmerksamkeit zu überwinden gewesen. Aber zu Donalds Unglück und dem der Welt wuchsen sich seine Verhaltensweisen zu Charakterzügen aus, denn er fing an sie für wertvoll zu halten, als sein Vater den lauten, schwierigen zweiten Sohn endlich beachtete. Mit anderen Worten, Fred Trump lobte, ermutigte und förderte just die Dinge an Donald, die ihn im Grunde unliebbar machten und zum Teil direkte Folgen der väterlichen Misshandlungen waren.

Mary wurde nie wieder ganz gesund. Sie war immer schon unruhig gewesen, jetzt kam Schlaflosigkeit dazu. Die älteren Kinder sahen sie zu jeder Tages- und Nachtzeit im Haus herumwandern, geräuschlos wie ein Gespenst. Freddy entdeckte sie einmal mitten in der Nacht auf einer Leiter, sie malte gerade den Flur.

Morgens lag sie manchmal bewusstlos in irgendeiner Ecke, und immer wieder musste sie ins Krankenhaus. Ihr Verhalten war integraler Bestandteil des Lebens in The House. Für Marys körperliche Verletzungen gab es Hilfe, nicht aber für die vielleicht dahinterliegenden psychischen Probleme, deretwegen sie sich so oft in gefährliche Situationen brachte.

Fred bekam, abgesehen von gelegentlichen Verletzungen seiner Frau, nichts von alldem mit, er hätte auch weder damals noch später eingesehen, wie negativ sich seine Art von Erziehung auf die Kinder auswirkte, selbst wenn er sie ernstgenommen hätte. Er war überhaupt nur einmal und ganz kurz mit den Grenzen seines Reichtums und seiner Macht konfrontiert gewesen, als er vor der Krise stand, bei der seine Frau fast gestorben wäre. Aber Marys Gesundheitsprobleme waren letztlich nur ein winziger Stolperer im großen Lauf der Welt. Als sie auf dem Weg der Besserung war und seine beiden phänomenal erfolgreichen Bauprojekte Shore Haven und Beach Haven sich der Vollendung näherten, schien alles wieder nach seiner Pfeife zu tanzen.

Die Gespräche am Abendbrottisch verstummten jäh, als der achtjährige Freddy fragte, wieso seine hochschwangere Mutter so fett geworden sei. 1948 war das, in ein paar Wochen würde die Trump-Familie mit allen inzwischen vier Kindern – Maryanne war zehn, Elizabeth fünf und Donald anderthalb – in ein Haus mit dreiundzwanzig Zimmern umziehen, das Fred gerade bauen ließ. Mary starrte auf ihren Teller, Freds Mutter Elizabeth, die fast täglich zu Besuch kam, hörte auf zu essen.

Bei meinen Großeltern herrschten strenge Tischsitten, bestimmte Dinge duldete Fred nicht. »Nimm die Ellbogen vom Tisch, wir sind hier nicht im Pferdestall.« Das kam oft, und dazu gab Fred dem jeweiligen Missetäter mit dem Messergriff einen Klaps auf den Unterarm. (Die Sitte übernahmen Rob und Donald, als Fritz, David und ich Kinder waren, etwas zu enthusiastisch.) Über bestimmte Dinge hatten Kinder auch nicht zu reden, schon gar nicht in Gegenwart von Vater und Großmutter.

Als Freddy noch wissen wollte, wie das Baby denn da reingekommen sei, standen Fred und seine Mutter gleichzeitig vom Tisch auf und verließen wortlos den Raum. Fred war eigentlich nicht prüde, die gestrenge, förmliche Elizabeth, Anhängerin viktorianischer Sitten und Gebräuche, vermutlich schon. Sie hatte rigide Ansichten über Geschlechterrollen, von denen sie allerdings einmal abgerückt war, für Fred. Ein paar Jahre nach dem plötzlichen Tod ihres Mannes war Elizabeth Geschäftspartnerin ihres erst fünfzehnjährigen Sohns geworden.

Möglich wurde das, weil ihr ihr Mann Friedrich Trump, auch eine Art Unternehmer, Geld und Grundbesitz im Wert von etwa 300 000 Dollar in heutiger Kaufkraft hinterlassen hatte.

Friedrich stammte aus Kallstadt, einem kleinen Ort in Südwestdeutschland, und war 1885 mit achtzehn Jahren in die Vereinigten Staaten ausgewandert, um der Wehrpflicht zu entgehen. Sein Vermögen hatte er zum großen Teil als Besitzer von Restaurants und Bordellen in British Columbia (Kanada) gemacht. Als der Goldrausch einsetzte, war er in die Yukon Territories gezogen und hatte bis kurz vor der Jahrhundertwende, just als der Boom abbrach, seinen Reibach gemacht.

1901 fuhr Friedrich zu einem Besuch bei seiner Familie in Deutschland, lernte eine zwölf Jahre jüngere zierliche Blondine kennen und heiratete sie. Er nahm Elizabeth Christ mit nach New York, das Paar kehrte aber einen Monat nach der Geburt des ersten Kindes – das Mädchen wurde auch Elizabeth genannt – nach Deutschland zurück. Eigentlich wollten sie sich dauerhaft niederlassen, aber die Behörden verweigerten Friedrich wegen der Umstände, deretwegen er das Land einst verlassen hatte, das Bleiberecht. Im Juli 1905 kamen Friedrich, seine

Frau, die im vierten Monat schwanger war mit dem zweiten Kind, und die zweijährige Tochter endgültig zurück in die Vereinigten Staaten. Zwei Söhne wurden geboren, Frederick 1905 und John 1907. Schließlich ließ sich die Familie in Woodhaven, Queens, nieder, wo die drei Kinder mit der deutschen Sprache aufwuchsen.

Als Friedrich an der Spanischen Grippe starb, war Fred zwölf und plötzlich Herr des Hauses. Elizabeth kam trotz des Erbes nur schwer mit dem Geld aus. Die Grippe-Epidemie hatte über fünfzig Millionen Todesopfer auf der ganzen Welt gefordert und die Wirtschaft destabilisiert, die eigentlich kriegsbedingt hätte boomen müssen. Fred ging auf die Highschool, jobbte hier und da, um seine Mutter finanziell zu unterstützen, und begann sich für Bauwirtschaft zu interessieren. Bauunternehmer zu werden, war seit jeher sein Traum. Er nutzte jede Gelegenheit zum Lernen, er fand jeden Aspekt am Baugewerbe faszinierend und baute und verkaufte, mit Billigung seiner Mutter, schon in der zehnten Klasse die ersten Garagen in der Nachbarschaft. Er merkte, wie sehr ihm das lag, und interessierte sich fortan für nichts anderes – gar nichts. Zwei Jahre nach Freds Highschool-Abschluss gründete Elizabeth die Firma E. Trump & Son. Sie hatte seine Begabung erkannt und wickelte die finanzielle Seite des Geschäfts ab. So unterstützte sie ihn, denn Fred war noch minderjährig, Anfang des zwanzigsten Jahrhunderts wurde man erst mit einundzwanzig Jahren geschäftsfähig. Firma und Familie florierten.

Mit fünfundzwanzig lernte Fred bei einer Tanzveranstaltung Mary Anne MacLeod kennen, die vor Kurzem aus Schottland gekommen war. Laut Familienlegende kam er nach Hause und erklärte seiner Mutter, er habe gerade das Mädchen kennen gelernt, das er heiraten werde.

Mary war das jüngste von zehn Kindern und 1912 in Tong geboren, einem Dorf auf der Isle of Lewis, die vierzig Meilen nordwestlich von Schottland liegt und zu den Äußeren Hebriden gehört. Ihre Kindheit stand im Schatten zweier Welttragödien, des Ersten Weltkriegs und der Spanischen Grippe, von der auch ihr zukünftiger Mann betroffen sein sollte. Die Isle of Lewis hatte schon durch den Krieg überproportional viele Männer verloren, aber es kam noch eine grausame Laune des Schicksals: In den frühen Morgenstunden des 1. Januar 1919 kam ein Schiff mit schätzungsweise 280 Heimkehrern an Bord vom Festland zurück und lief direkt vor der Küste auf einen Felsen. Gerade mal zwei Monate nach Unterzeichnung des Waffenstillstands im November 1918 starben mehr als zweihundert Soldaten in den eiskalten Fluten, weniger als eine Meile entfernt vom sicheren Hafen Stornoway. Die Insel hatte einen großen Teil der jungen Männer verloren. Junge Frauen, die auf einen Ehemann hofften, mussten ihr Glück anderswo suchen.

Mary, eine von sechs Töchtern, wurde nach Amerika geschickt, wo es reichlich Männer und insgesamt bessere Aussichten gab.

Sie war das klassische Beispiel des heute als *chain migration* bekämpften »Familiennachzugs«. Anfang Mai 1930 ging sie an Bord der RMS *Transylvania*, vor ihr waren schon zwei Schwestern in die Vereinigten Staaten ausgewandert. Mary war zwar nur eine kleine Hausangestellte, aber weiß und angelsächsisch – damit wäre sie sogar unter den drakonischen Einwanderungsgesetzen ins Land gelassen worden, die ihr Sohn fast neunzig Jahre später einführen sollte. Einen Tag vor ihrer Ankunft in New York war sie achtzehn geworden, bald danach lernte sie Fred Trump kennen.

Fred und Mary heirateten an einem Samstag im Januar 1936. Nach der Hochzeitsparty im Hotel Carlyle in Manhattan fuhren sie auf Hochzeitsreise nach Atlantic City. Sie dauerte eine Nacht. Am Montagmorgen saß Fred wieder in seinem Büro in Brooklyn.

Das Paar zog in die Wareham Road, nicht weit entfernt von dem Haus in der Devonshire Road, wo Fred mit seiner Mutter gewohnt hatte. In den ersten Jahren war Mary voller Ehrfurcht angesichts der schwindelerregenden Wende, die ihr Schicksal finanziell und gesellschaftlich genommen hatte. Plötzlich *war* sie nicht mehr im Haus wohnendes Personal, sondern *hatte* Personal. Außerdem viel freie Zeit für ehrenamtliche Aktivitäten und Geld zum Ausgeben. Sie schaute nie zurück, was vielleicht erklärt, warum sie aus ähnlichen Verhältnissen kommende Leute schnell verurteilte. Sie und Fred zimmerten sich ein ganz und gar konventionelles Leben mit streng festgelegten Rollen für Mann und Frau. Er führte die Firma, die ihn an sechs Tagen jeweils für zehn, manchmal zwölf Stunden in Brooklyn festhielt. Sie kümmerte sich um das Haus, wo allerdings auch er das Sagen hatte – und zumindest am Anfang auch seine Mutter. Elizabeth war eine tyrannische Schwiegermutter, sie machte Mary in den ersten Jahren der Ehe ihres Sohnes sehr klar, wer das Sagen hatte. Sie trug stets weiße Handschuhe, wenn sie zu Besuch kam und ihre Schwiegertochter über ordentliche Haushaltsführung belehrte. Für Mary muss sich das angefühlt haben wie kaum verhohlener Spott über ihre frühere Tätigkeit.

Trotz Elizabeths Schikanen war diese erste Zeit energiegeladen und vielversprechend. Fred kam pfeifend die Treppe herunter, wenn er zur Arbeit fuhr, und ging, wenn er wieder nach Hause kam, pfeifend hoch in sein Zimmer, um vor dem Abendessen ein frisches Hemd anzuziehen.

Über Babynamen hatten sich Mary und Fred nie Gedanken gemacht. Das erste Kind war eine Tochter und wurde einfach Maryanne genannt, kombiniert aus Marys erstem und zweitem Namen. Der erste Sohn kam anderthalb Jahre später zur Welt, am 14. Oktober 1938, und wurde mit einer kleinen Variation nach dem Vater benannt: Fred Seniors mittlerer Name war

Christ, wie der Geburtsname seiner Mutter, aber sein Sohn sollte Frederick Crist heißen. Er war für alle nur Freddy, außer für seinen Vater.

Allem Anschein nach hatte Fred, bevor sein Sohn überhaupt geboren war, schon genau dessen Zukunft geplant. Als Freddy älter wurde, empfand er die großen Erwartungen als Last, als Kind dagegen genoss er seinen Status, was Maryanne und die anderen Kinder nie konnten. Er hatte nun mal einen Sonderstatus in den väterlichen Planungen: Mit ihm sollte das Trump-Imperium bis in alle Ewigkeit expandieren und florieren.

Es vergingen dreieinhalb Jahre, bis Mary wieder ein Kind bekam, Elizabeth. Kurz vor der Geburt musste Fred wegen eines Bauprojekts für längere Zeit nach Virginia Beach. Es gab nicht genug Wohnungen für die vielen aus dem Zweiten Weltkrieg zurückkehrenden Militärangehörigen, und Wohnraum für Marinesoldaten und ihre Familien zu bauen war die Chance für Fred. Er hatte genug Zeit gehabt, um sein Können zu schärfen und sich den Namen zu machen, der ihm den Auftrag einbrachte. Während andere durchaus qualifizierte Männer sich zum Kriegsdienst gemeldet hatten, war Fred den Weg seines Vaters gegangen und hatte nicht gedient.

Seine Erfahrungen damit, viele Häuser gleichzeitig zu bauen, und sein angeborenes Talent, die lokalen Medien für seine Interessen zu nutzen, verschafften ihm Kontakt zu Politikern mit vielfältigen Verbindungen, von denen er sich abguckte, wie man zur richtigen Zeit einen Gefallen einfordert und, das Wichtigste: wie man an staatliche Gelder kommt. In Virginia Beach lernte er, wie leicht sich ein Immobilienimperium mit staatlichen Geldern aufziehen lässt. Hergelockt hatte ihn die großzügige Förderung durch die Federal Housing Administration (FHA). Diese Bundeswohnungsbehörde war 1934 von Präsident Franklin D. Roosevelt gegründet worden, hatte sich aber zu der Zeit, als Fred sich großräumig daran bediente, weit von ihrem ursprünglichen Auftrag entfernt. Eigentlich sollte sie hauptsächlich für genügend Wohnraum sorgen, denn die Bevölkerung wuchs ständig. Anscheinend hatte sie nach dem Zweiten Weltkrieg zusätzlich die Aufgabe, Immobilienunternehmer wie Fred Trump reich zu machen.

Bei dem Projekt in Virginia konnte Fred auch seine in Brooklyn erworbenen Kompetenzen erweitern: Wie lassen sich großräumige Projekte so schnell, so reibungslos und so billig wie möglich bauen und werden gleichzeitig attraktiv für Mieter. Als ihm das Pendeln zwischen Virginia Beach und Queens zu unbequem wurde, zog Fred mit der ganzen Familie nach Virginia. Elizabeth war noch ein Säugling.

Mary musste zwar plötzlich mit einer fremden Umgebung klarkommen, aber im Grunde lebte sie ihr Leben in Virginia ziemlich ähnlich wie in Queens. Fred war die meiste Zeit weg, und sie saß da mit drei Kindern unter sechs Jahren. Ihr gesellschaftliches Leben kreiste um Leute, mit denen Fred arbeitete oder deren Dienste er brauchte. Als die FHA-Förderung 1944 auslief, zog die Familie zurück nach Jamaica Estates in Queens, New York.

Kaum wieder da, hatte Mary eine Fehlgeburt. Sie brauchte Monate, um sich von den schweren Folgen zu erholen. Die Ärzte rieten dringend von weiteren Schwangerschaften ab, aber ein Jahr später war Mary wieder in anderen Umständen. Wegen der Fehlgeburt gab es zwischen den älteren und den jüngeren Geschwistern eine Alterskluft. Elizabeth lag genau dazwischen, sie war fast vier Jahre älter beziehungsweise jünger als die jeweils nächsten. Maryanne und Freddy und Donald und Robert waren so weit auseinander, dass sie fast zwei Generationen angehörten.

Donald, viertes Kind und zweiter Sohn, kam 1946 zur Welt. Fred plante gerade ein neues Haus für die Familie. Er kaufte zweieinhalbtausend Quadratmeter Land hinter dem Haus in der Wareham Road, ein Hügelgrundstück oberhalb des Midland Parkway, einer baumbestandenen Durchgangsstraße, die durch das ganze Viertel lief. Als die Kinder vom bevorstehenden Umzug erfuhren, witzelten sie, da bräuchte man ja keinen Umzugswagen zu mieten, man könnte alles den Hügel runterrollen. The House hatte eine Grundfläche von fast vierhundert Quadratmetern und war die imposanteste Residenz des Blocks, aber bei Weitem nicht so groß und grandios wie manche der Villen, die die Hügel im nördlichen Teil von Jamaica Estates beherrschten. The House lag oben auf der Anhöhe, nachmittags warf es seinen Schatten auf die Treppenstufen, die vom Bürgersteig zum vorderen Eingang führten. Der wurde aber nur zu besonderen Anlässen benutzt. Die *lawn jockeys*, rassistische Überbleibsel der Jim-Crow-Ära, eine Art schwarze Gartenzwerge, wurden erst rosa übermalt und später durch Blumen ersetzt. Das imitierte Wappen am Giebel über der Haustür blieb.

Aus Queens wurde sehr viel später einer der buntesten Bezirke auf dem Planeten – in den 1940ern, als mein Großvater das Grundstück kaufte und eine imposante Villa im Georgian-Colonial-Stil mit sechs Meter hohen Säulen draufstellte, war er zu fünfundneunzig Prozent weiß. Die obere Mittelschicht von Jamaica Estates war noch weißer. Fred war empört, als in den 1950ern die erste italoamerikanische Familie zuzog.

1947 begann er das bis dato wichtigste Großprojekt seiner Baukarriere: Shore Haven in Bensonhurst, Brooklyn, geplant als Komplex aus zweiunddreißig sechsstöckigen Gebäuden mit Einkaufszentrum auf einer Fläche von mehr als zwölf Hektar. Anreiz war diesmal ein direkt von der FHA an Fred überwiesener Betrag von neun Millionen Dollar. Genau so schlug Donald später Kapital aus Steuervergünstigungen, die ihm Stadt und Bundesstaat hinterherschmissen. Die für seine 2201 Apartments infrage kommenden Mieter hatte Fred früher als »unappetitlich« bezeichnet. Nach seiner Ansicht wohnten anständige Leute in Einfamilienhäusern, seiner früheren Spezialität. Aber neun Millionen Dollar sind ein überzeugendes Argument. Etwa um diese Zeit zeichnete sich ab, dass Freds Vermögen einfach immer weiter wachsen würde, und er und seine Mutter legten Fonds für die Kinder auf, um Geld vor der Steuer zu bewahren.

Zu Hause und in seiner Firma war Fred ein Autokrat der eisernen Faust, aber inzwischen war er auch Experte dafür, wie man an immer mächtigere und besser vernetzte Männer herankommt und wie man Kotaus macht. Ich weiß nicht, wie er die Fähigkeit erwarb, jedenfalls gab er sie später an Donald weiter. Nach und nach knüpfte er feste Verbindungen zu den Spitzen der Demokratischen Partei in Brooklyn, im politischen Apparats des Staates New York und der Bundesregierung, von denen etliche auch ganz oben in der Immobilienbranche mitspielten. Wenn Zugriff auf Fördergeld bedeutete, um die Lokalpolitiker, die auf den FHA-Töpfen saßen, herumzuscharwenzeln – bitte sehr. Fred wurde Mitglied in einem exklusiven Beach Club an der Südküste von Long Island, später im North Hills Country Club. Beide galten als exzellent zum Antichambrieren und Eindruckschinden bei Männern in den Positionen, über die Staatsgelder am schnellsten in seine Richtung flossen. So machte es Donald in den 1970ern im New Yorker Le Club und allen möglichen Golfclubs.

Auch Fred soll, genauso wie Donald mutmaßlich später beim Trump Tower und seinen Casinos in Atlantic City, damals mit der diskreten Hilfe der organisierten Kriminalität für geräuschlose Abwicklung gesorgt haben. Und er bekam grünes Licht für ein weiteres Projekt; sein Modell, Bauen mit den Groschen vom Steuerzahler, war ein voller Erfolg. Für Beach Haven, sechzehn Hektar mit dreiundzwanzig Gebäuden in Coney Island, machte die FHA sechzehn Millionen Dollar locker.

Fred bekam sein Geschäft durch Geld vom Staat finanziert, aber Steuern zahlen war nicht seine Sache, das vermied er mit allen Mitteln. Auch auf dem Gipfel der Expansion seines Imperiums gab er keinen Cent aus, wenn es nicht unbedingt nötig war. Er machte auch *nie* Schulden, ein Prinzip, das sich allerdings nicht auf seine Söhne übertrug. Freds Mentalität war geprägt von der Mangelwirtschaft während des Zweiten Weltkriegs und der Depression, er war alleiniger Besitzer und schuldenfrei. Seine Firma generierte enorme Mieteinnahmen, aber gemessen an seinen Vermögensverhältnissen lebte Fred relativ bescheiden. Laut seinen Kindern war er ein alter Geizhals. Die beiden ältesten bekamen zwar Klavierstunden und fuhren in private Sommerlager – weil das nach Freds Auffassung von einem Mann in seiner Position erwartet wurde –, empfanden sich selbst aber als »arme Weiße«. Zur Schule, der Public School 131, gingen Maryanne und Freddy eine Viertelstunde zu Fuß, und wenn sie in die Stadt wollten – so hieß Manhattan allgemein in den Außenbezirken –, nahmen sie die U-Bahn an der 169th Street. Arm waren sie natürlich keineswegs, so wenig wie Fred, wenn man von den frühen Jahren nach dem Tod seines Vaters absieht.

Bei seinem Reichtum hätte sich Fred überall niederlassen können, aber er wohnte fast sein ganzes Erwachsenenleben lang keine zwanzig Minuten entfernt von der Gegend, in der er aufgewachsen war. Und abgesehen von ein paar Wochenenden mit Mary auf Kuba am Anfang ihrer Ehe fuhr er auch nicht ins Ausland. Nach Abschluss des Projekts in Virginia bewegte er sich nicht mal mehr aus New York City fort.

Genauso provinziell, wenn auch riesig und lukrativ, war sein Firmenimperium. Er besaß bald mehr als vier Dutzend Wohnhäuser, aber alle hatten nur wenige Stockwerke und waren durchweg zweckmäßig. Sie lagen fast ausschließlich in Brooklyn und Queens. Manhattan mit seinem Glanz und Glamour und seiner Durchmischung war für Fred im Grunde ein anderer Kontinent und in seinen frühen Jahren auch anscheinend außer Reichweite.

Als die Familie The House bezog, wusste die ganze Nachbarschaft, wer Fred Trump war. Mary übernahm begeistert die Rolle der Gattin eines wohlhabenden, einflussreichen Unternehmers. Sie ging auf in der Arbeit für allerlei Wohltätigkeitsvereine, unterstützte die Frauenhilfe im Jamaica Hospital und die Kindertagesstätte Jamaica, organisierte Mittagstische und ging zu feinen Spendengalas.

Sie waren beide höchst erfolgreich, aber sowohl Fred wie Mary wurden die Spannung zwischen ihren Ansprüchen und ihren Instinkten nie ganz los. Bei Mary lag der Ursprung wahrscheinlich in ihrer Kindheit, die von Entbehrungen, ja regelrechter Deprivation geprägt war. Freds Übervorsicht entsprang wohl dem Erlebnis des Massensterbens durch den Ersten Weltkrieg und die Spanische Grippe und den prekären wirtschaftlichen Verhältnissen, in denen er und seine Mutter nach dem Tod von Friedrich Trump lebten. Noch als Jahr für Jahr Millionen Dollar von Trump Management in Freds Tasche flossen, hob er nicht gebrauchte Nägel auf und mischte selber billig ein Pestizid an. Und Mary verbrachte, so angenehm sie ihren neuen Status mit all seinen Vorzügen – einer eigenen Haushälterin zum Beispiel – fand, die meiste Zeit in The House mit Nähen, Kochen, Wäschewaschen. Es war, als ob beide nicht recht wüssten, wie sie das, was sie sich gönnten, in Einklang bringen sollten mit dem, was sie sich hätten leisten können.

Fred war genügsam, aber durchaus nicht still und bescheiden. Am Anfang seiner Karriere hatte er sich jünger gemacht, eine Lüge, um als früh gereift zu erscheinen. Er hatte einen Hang zur Selbstdarstellung und erging sich in Übertreibungen – alles war

»großartig«, »fantastisch«, »perfekt«. Er flutete Lokalzeitungen mit Pressemeldungen über seine eben fertig gewordenen Wohnungen und rühmte seine tollen Immobilien in zahllosen Interviews. Er pflasterte Süd-Brooklyn mit Reklameplakaten und ließ einen mit Werbung beklebten gemieteten Lastkahn die Küste entlangschippern. Aber er war nicht annähernd so gut wie später Donald. Von Mann zu Mann verhandeln, sich bei Geschäftsleuten mit politischen Verbindungen anbiedern, damit kam er klar, aber vor vielen Leuten zu reden oder Fernsehinterviews zu geben überstieg seine Kapazitäten. Er versuchte, Rhetorik nach Dale Carnegie zu lernen, aber selbst seine sonst so gehorsamen Kinder spotteten, wie schlecht er redete. Manche Leute haben nun mal ein Radiogesicht, und Freds Auftreten passte besser zu Hinterzimmern und Printmedien. Das führte später dazu, dass er seinen zweiten Sohn auf Kosten des ersten protegierte.

In den 1950ern stieß Fred auf Norman Vincent Peale, dessen seichte Selbstgenügsamkeitsbotschaft ihn sofort ansprach. Peale war Pfarrer der Marble Collegiate Church in Midtown Manhattan und schätzte erfolgreiche Geschäftsleute.

Laut Peale war man nicht Kaufmann, um Geld zu machen, sondern um dem Volk zu dienen. Peale war ein Scharlatan, aber er war auch der Kopf einer reichen, mächtigen Kirche, und er hatte eine Botschaft zu verkaufen. Fred las keine Bücher, aber Peales rasend populärer Bestseller *Die Kraft positiven Denkens* war in aller Munde. Der Titel genügte Fred schon – er trat der Marble Collegiate Church bei, ging allerdings ebenso selten hin wie der Rest der Familie.

Positiv gestimmt und randvoll mit Selbstvertrauen war Fred immer schon gewesen. Er konnte seriös und förmlich auftreten oder Leute rausschmeißen, die ihn nicht interessierten – wie die Freunde seiner Kinder –, aber er lächelte gern, selbst wenn er jemandem ins Gesicht sagte, er oder sie sei garstig, und hatte meistens gute Laune. Er hatte allen Grund dazu, alles in seiner Welt war unter seiner Kontrolle. Abgesehen vom Tod des Vaters war es mit seinem Erfolg stetig aufwärts gegangen. Er arbeitete hart, aber im Gegensatz zu den meisten hart arbeitenden Menschen wurde er belohnt mit Rückhalt in der Familie, mit staatlichen Fördergeldern, mit fast grenzenloser Hilfe von gut nach oben vernetzten Kumpanen – und mit Riesenglück. Fred brauchte das Buch nicht zu lesen, um Peales höchst oberflächliche, eigennützige Floskeln für seine Zwecke zu übernehmen.

Peales Doktrin nahm sozusagen die Heilsbotschaft vom Wohlstand vorweg: Um den von Gott gewünschten Wohlstand zu erlangen, brauche man einzig und allein Selbstvertrauen. Man dürfe sich Glück und Wohlergehen durch kein Hindernis kaputtmachen lassen, verkündete er, scheitern könne man nur, wenn man das zulasse. Fred sah sich bestätigt, er hatte schon immer gedacht, dass er reich war, weil er es verdient hatte. Und dieser Peale predigte, man müsse an sich glauben und sich auf seine Fähigkeiten verlassen, denn wer sich klein mache, hindere sich selbst am Verwirklichen seiner Hoffnungen, Selbstvertrauen dagegen führe zu Selbstverwirklichung und Erfolg. Selbstzweifel gehörten ohnehin nicht zu Freds Innenausstattung, und dass er scheitern könnte, kam ihm nicht in den Sinn. Er litt nicht unter Minderwertigkeitskomplexen, die Peale bloß für eine hinderliche, haarsträubende Modekrankheit hielt.

Peales Proto-Erfolgstheologie ergänzte Freds mangelwirtschaftsgestählte Mentalität. Für ihn galt nicht: »Je mehr man hat, desto mehr kann man geben«, sondern: »Je mehr man hat, desto mehr hat man.« Für Fred Trump waren Geldwert, Selbstwert und menschliche Werte ein und dasselbe. Je mehr er hatte, desto besser war er. Denn wenn er jemand anderem etwas gäbe, wäre derjenige mehr wert und er selber weniger. Diese Einstellung bekam Donald schaufelweise von ihm eingetrichtert.

Kapitel Zwei

Der Erstgeborene

Freddys Stellung in der Familie als ältester Sohn, die ihn bislang vor Freds schlimmsten erzieherischen Anwandlungen bewahrt hatte, verkehrte sich nun in eine immense Belastung. Je älter er wurde, desto mehr fühlte er sich hin- und hergerissen zwischen der Verantwortung, die sein Vater ihm auferlegte, und dem natürlichen Bedürfnis, sein Leben auf seine Weise zu führen. Für Fred war die Sache eindeutig: Sein Sohn sollte seine Zeit im Büro von Trump Management in der Avenue Z verbringen und nicht mit seinen Freunden in der Peconic Bay, wo er das Bootfahren, Fischen und Wasserskifahren für sich entdeckt hatte. Freddy war damals ein Teenager, er wusste, wie seine Zukunft aussah und was sein Vater von ihm erwartete. Und er wusste, dass er dem nicht gewachsen war. Seinen Freunden fiel auf, dass ihr sonst so entspannter und lebenslustiger Freund in Gegenwart seines Vaters, den sie nur den »Alten« nannten, verunsichert und gehemmt wirkte. Von mächtiger Statur und einsachtzig groß, war Fred eine eindrucksvolle Gestalt mit glatt nach hinten gekämmtem Haar und großen Geheimratsecken. Er trug ausschließlich perfekt geschnittene dreiteilige Anzüge. Seinen Kindern gegenüber verhielt er sich förmlich und steif. Nie spielte er mit ihnen Ball oder irgendwelche Spiele, als wäre er selbst nie jung gewesen.

Wenn die Jungs im Souterrain mit dem Ball kickten, genügte schon das Geräusch der sich öffnenden Garagentür, und Freddy erstarrte. »Aufhören! Mein Vater kommt nach Hause.« Betrat Fred den Raum, standen die Jungs auf, um ihn zu grüßen.

»So, was gibt's?«, fragte er dann und reichte jedem der Jungs die Hand.

Und Freddy antwortete darauf mit: »Ach nichts, Dad. Sie sind alle schon im Aufbruch.«

Solange der Alte zu Hause war, verhielt Freddy sich still und in höchster Alarmbereitschaft.

Im frühen Teenageralter begann Freddy, seinen Vater über sein Leben außer Haus zu belügen, um den Sticheleien und der Missbilligung zu entgehen, die ihm die Wahrheit beschert hätte. Er erzählte Lügen, was er und seine Freunde nach der Schule unternommen hätten. Er verheimlichte das Rauchen – eine Angewohnheit, in die Maryanne ihn eingeführt hatte, als er zwölf und sie dreizehn war. Seinem Vater erzählte er, er würde mal eben um die Ecke gehen und mit seinem besten Freund, Billy Drake, einen nicht existenten Hund spazieren führen. Fred erfuhr zum Beispiel auch nie, dass Freddy und sein Kumpel Homer von der St.-Paul's-Schule einen Leichenwagen für eine Spritztour entwendet hatten. Bevor sie den Wagen zum Bestattungsunternehmen zurückbrachten, fuhr Freddy zur Tankstelle und tankte voll. Als er ausstieg und Richtung Zapfsäule ging, setzte sich Homer auf; er hatte hinten im Wagen gelegen, weil er herausfinden wollte, wie sich das anfühlte. Ein Mann an der Zapfsäule gegenüber dachte, er hätte gerade eine Leiche gesehen, die von den Toten auferstanden war, und stieß einen Schrei aus. Freddy und Homer lachten, bis ihnen die Tränen kamen. Bei dieser Art Streich war Freddy ganz in seinem Element. Seinen Geschwistern tischte er seine Heldentaten allerdings nur auf, wenn der Vater außer Haus war.

Für manche der Trump-Kinder war Lügen eine Daseinsform. Freds Ältestem diente Lügen als Schutz – nicht nur, um der Missbilligung des Vaters auszuweichen oder einer Strafe zu entgehen wie bei seinen Geschwistern, sondern als Überlebensstrategie. Maryanne etwa hat sich nie gegen ihren Vater gestellt, wohl aus Angst vor banalen Strafen wie Hausarrest oder aufs Zimmer geschickt werden. Für Donald war das Lügen vor allem eine Methode der Selbstverherrlichung, mit der er andere davon überzeugen wollte, er sei besser, als er tatsächlich war. Bei Freddy waren die Konsequenzen eines Aufbegehrens gegen den Vater anderer Art, nicht nur ihrem Ausmaß, sondern auch ihrem Wesen nach. Lügen wurden seine einzige Verteidigung gegen die Versuche des Vaters, seinen angeborenen Sinn für Humor, seine Abenteuerlust und Sensibilität zu ersticken.

Norman Vincent Peales Thesen über Minderwertigkeitskomplexe trugen mit zu Freds hartem Urteil über Freddy bei und erlaubten ihm gleichzeitig, sich der Verantwortung für seine Kinder zu entziehen. Schwäche war offenbar die größte aller Sünden, und Fred war in Sorge, Freddy könnte nach seinem eigenen Bruder John, dem MIT-Professor, geraten: weich und, wenn auch nicht unambitioniert, so doch an den falschen Dingen, wie Technik und Physik, interessiert. Fred hielt das für abseitig und unwichtig. Solcher Art Weichheit war bei seinem Namensvetter undenkbar. Schon als sie nach The House gezogen waren, Freddy war damals zehn, hatte Fred beschlossen, ihn abzuhärten. Doch wie die meisten Menschen, die nicht darauf achten, wohin ihr Tun führt, hat er seine Maßnahmen übertrieben.

»Das ist albern«, pflegte Fred zu sagen, egal ob Freddy den Wunsch nach einem Haustier geäußert oder einen Streich gespielt hatte. »Was willst du damit?«, fragte Fred mit solcher Verachtung in der Stimme, dass Freddy zusammenzuckte und seinen Vater damit umso mehr erboste. Fred hasste es, wenn sein ältester Sohn etwas verbockte oder nicht gleich erfasste, was von ihm gefordert war. Aber noch schlimmer fand er es, wenn Freddy sich auch noch entschuldigte, nachdem ihm eine Lektion erteilt wurde. »Entschuldige, Dad«, höhnte Fred. Sein Ältester sollte sich anhören wie ein »Killer« (wozu das gut sein sollte, bleibt ein Rätsel – in Coney Island Mieten einzutreiben war in den 1950ern nicht gerade ein besonders riskantes Unterfangen), doch Freddy war charakterlich eher das Gegenteil.

Killer zu sein stand für Unverwundbarkeit. Auch wenn Fred beim Tod seines Vaters keinerlei Gefühlsregung gezeigt hatte, so hatte ihn die Plötzlichkeit doch überrascht und aus der Bahn geworfen. Jahre später, als die Rede darauf kam, sagte er: »Dann starb er. Einfach so. Es erschien völlig unwirklich. Ich war gar nicht so traurig. Ihr wisst ja, wie Kinder sind. Aber meine Mutter so weinen und so unglücklich zu sehen, das machte mich traurig. Ihr Anblick machte mir zu schaffen, nicht meine eigenen Gefühle.«

Mit anderen Worten, der Verlust hatte ihn verwundbar gemacht, nicht der eigenen, sondern der Gefühle seiner Mutter wegen, als würden sie ihm auf diese Weise auferlegt, obwohl er sie nicht teilte. Das muss sehr schmerzlich für ihn gewesen sein. In diesem Moment war er nicht mehr das Zentrum des Universums, und das war nicht hinnehmbar. Von da an weigerte er sich, Verluste einzugestehen und als solche zu empfinden. (Ich habe ihn oder jemand anderen in meiner Familie nie über meinen Urgroßvater sprechen hören.) Was Fred anging, konnte er einfach weitermachen, schließlich *war* nichts besonders Wichtiges verloren gegangen.

Fred, als Anhänger der Thesen von Norman Vincent Peale über menschliches Versagen, begriff nicht, dass das ständige Lächerlichmachen und Infragestellen bei Freddy unausweichlich zu einem schwachen Selbstbewusstsein führen musste. Fred vermittelte seinem Sohn gleichzeitig, dass er ein Erfolgsmensch zu sein hätte und dass er das nie werden würde. Freddy wuchs in einem System auf, das nur Bestrafung kannte, keine Belohnung. Den anderen Kindern, allen voran Donald, konnte das nicht verborgen bleiben.

Für Donald war die Situation etwas anders. Mit dem Vorsprung von siebeneinhalb Jahren Altersunterschied hatte er mehr als genug Zeit, seine Lehren daraus zu ziehen, wenn er beobachtete, wie Fred den älteren Bruder demütigte und wie Freddy sich daraufhin schämte. Die einfachste Lektion, die er daraus lernte, war, dass es falsch war, wie Freddy zu sein: Fred respektierte seinen ältesten Sohn nicht, also respektierte auch Donald ihn nicht. Fred hielt Freddy für schwach, also tat Donald das auch. Es sollte noch viel Zeit vergehen, bis sich die beiden Brüder, auf höchst unterschiedliche Weise, mit dieser Wahrheit einrichteten.

Zu verstehen, was in einer Familie vorgeht, ist nie leicht – und für die Betroffenen vielleicht am schwersten. Egal wie ein Kind von den Eltern behandelt wird, zu glauben, dass ihm ein Elternteil Schaden zufügen will, ist für ein Kind so gut wie unmöglich. Für Freddy war es leichter anzunehmen, dass seinem Vater das Wohl seines Sohnes am Herzen lag und dass er, Freddy, das Problem war. Anders ausgedrückt, die Liebe zu seinem Vater zu schützen war wichtiger, als sich vor den Misshandlungen des Vaters zu schützen. Donald nahm für bare Münze, wie sein Vater den Bruder behandelte: »Dad will Freddy nicht verletzen. Er versucht nur, uns zu zeigen, wie man ein richtiger Mann wird. Und Freddy versagt.«

Misshandlung kann genauso oft, wenn nicht gar öfter, still und verdeckt ablaufen, wie laut und gewalttätig. Soweit mir bekannt ist, war mein Großvater weder physisch gewalttätig noch neigte er zu Wutanfällen. Das war gar nicht nötig; er erwartete zu bekommen, was er wollte, und bekam es auch nahezu immer.

Es war nicht seine Unfähigkeit, seinem Ältesten die Schwächen auszutreiben, die ihn so wütend machten, es war die Tatsache, dass Freddy schlicht nicht der war, den er sich gewünscht hatte. Fred demontierte seinen ältesten Sohn, indem er ihn herabwürdigte und sämtliche Aspekte seiner Persönlichkeit und seine natürlichen Talente abwertete, bis ihm nur noch Selbstvorwürfe blieben und das verzweifelte Bedürfnis, einem Mann zu gefallen, der keine Verwendung für ihn hatte.

Der einzige Grund, warum Donald diesem Schicksal entging, liegt in seiner Persönlichkeit. Sie entsprach den Vorstellungen des Vaters. Es ist genau das, was Menschen mit einer Antisozialen Persönlichkeitsstörung tun: Sie vereinnahmen andere und setzen Sie für die eigenen Ziele ein – rücksichtslos und wirkungsvoll, ohne Toleranz für eine abweichende Meinung oder Widerstand. Fred zerstörte auch Donald, aber nicht, indem er ihn auslöschte, wie er es mit Freddy tat, sondern indem er Donalds Möglichkeiten beschnitt, das gesamte Spektrum menschlicher Gefühle zu entwickeln und zu durchleben. Donald wurde der Zugang zu seinen eigenen Gefühlen verwehrt, Fred erklärte viele davon als inakzeptabel. So pervertierte er Donalds Wahrnehmung der Welt und beeinträchtigte seine Fähigkeit, in dieser Welt zu leben. Seine Möglichkeiten, eine eigene Persönlichkeit zu entwickeln, nicht nur eine Verlängerung des väterlichen Ehrgeizes zu sein, waren stark eingeschränkt. Deutlicher wurden die Auswirkungen dieser Einengung, als Donald zur Schule kam. Seine Eltern hatten beide nicht auf eine Weise mit ihm interagiert, die ihm geholfen hätte, seine Welt zu verstehen. Das trug zu seiner Unfähigkeit bei, mit anderen Menschen zurechtzukommen, und führte zu einer bleibenden Mauer zwischen ihm und seinen Geschwistern. Soziale Signale zu erkennen wurde für ihn damit extrem schwierig, wenn nicht gar unmöglich – ein Problem, das ihn bis heute begleitet.

Idealerweise spiegeln die Regeln zu Hause die der Gesellschaft wider, und wenn die Kinder in die Welt hinausgehen, wissen sie, wie man sich zu verhalten hat. Kinder, die zur Schule kommen, sollten wissen, dass sie anderen Kindern nicht ihre Spielsachen wegnehmen dürfen, dass sie andere nicht schlagen oder ärgern sollen. Donald verstand gar nichts mehr, denn die Regeln daheim in The House, zumindest soweit sie die Söhne betrafen – um jeden Preis Härte zeigen, Lügen sind erlaubt, Fehler zugeben oder sich entschuldigen bedeutet Schwäche –, kollidierten mit den Regeln, denen er in der Schule begegnete. Freds grundlegende Überzeugungen, wie die Welt funktionierte, waren eindeutig: Es kann nur einen Sieger im Leben geben, alle anderen sind Verlierer (eine Ansicht, die mit der Fähigkeit zu teilen grundsätzlich unvereinbar ist), und Freundlichkeit ist Schwäche. Donald wusste – schließlich hatte er das bei Freddy beobachten können –, dass ein Versagen, den Regeln des Vaters zu entsprechen, mit schwerer und nicht selten öffentlicher Demütigung bestraft wurde. Also hielt er sich auch außerhalb der Reichweite seines Vaters daran. Es wird kaum überraschen, dass sein Verständnis von Richtig und Falsch in Widerspruch stand zu dem, was in den meisten Grundschulen vermittelt wird.

Donalds zunehmende Arroganz, die zudem der Abwehr gegen das Gefühl des Verlassenseins und als Gegengift für sein mangelndes Selbstwertgefühl diente, bot ihm Schutz vor seinen Unsicherheiten, die sich weiter vertieften. Mit ihr konnte er die meisten Menschen auf Distanz halten. So war es für ihn leichter. Das Leben in The House führte bei allen Kindern auf diese oder jene Art dazu, sich in Gefühlsdingen unbehaglich zu fühlen – egal, ob man selbst Emotionen zeigte oder damit konfrontiert wurde. Für die Jungen dürfte es noch schlimmer gewesen sein, denn für sie war die Spanne menschlicher Regungen besonders begrenzt. (Ich sah keinen Mann in meiner Familie je weinen oder einem anderen Zuneigung zeigen, es gab nur den Handschlag, mit dem jede Begegnung begann und endete.) Mit anderen Kindern oder Autoritätspersonen vertrauter zu werden, dürfte sich wie ein gewagter Verrat am Vater angefühlt haben. Dennoch wirkten Donalds nach außen getragenes Selbstvertrauen, seine Überzeugung, dass soziale Regeln für ihn nicht galten, und seine übertriebene Zurschaustellung von Selbstwertgefühl auf manche anziehend. Noch immer hält eine große Minderheit von Leuten seine Arroganz für Stärke, seine Prahlerei für echten Erfolg und empfindet sein oberflächliches Interesse für sie als Charisma.

Donald merkte früh, wie leicht es war, Robert aus der Fassung und an seine Grenzen zu bringen. Es war ein Spiel, dessen er nie müde wurde. Niemand sonst hätte sich die Mühe gemacht – Robert war so schmächtig und still, es war ein Leichtes, ihn zu quälen –, aber Donald genoss es, seine Macht spielen zu lassen, auch wenn es nur die über seinen jüngeren, kleineren und dünnhäutigeren Bruder war. Einmal schlug Robert aus Frust und Hilflosigkeit mit dem Fuß ein Loch in die Badezimmertür. Den Ärger dafür bekam er, obwohl Donald es gewesen war, der ihn so weit getrieben hatte. Wenn Donald von seiner Mutter, Maryanne oder Freddy aufgefordert wurde, aufzuhören, machte er einfach weiter.

Einmal, zu Weihnachten, bekamen die Jungen drei Tonka-Spielzeuglastwagen, die bald zu Roberts Lieblingsspielzeug wurden. Kaum hatte Donald das bemerkt, begann er sie vor dem kleinen Bruder zu verstecken und zu behaupten, er habe keine Ahnung, wo sie sein könnten. Bei der letzten dieser Aktionen, als Roberts Wutanfall außer Kontrolle geriet, drohte Donald, die Laster vor seinen Augen zu zerlegen, wenn er nicht aufhörte zu heulen. In seiner Verzweiflung, sie zu retten, rannte Robert zu seiner Mutter. Marys Lösung bestand darin, die Laster auf dem Dachboden zu verstauen, womit sie faktisch Robert bestrafte, der nichts Falsches getan hatte. Donald dagegen konnte sich unbesiegbar fühlen. Er wurde zwar nicht direkt belohnt für seine Selbstbezogenheit, seinen Starrsinn und seine Grausamkeit, aber bestraft wurden diese Fehler auch nicht.

Mary blieb bloße Zuschauerin. Sie griff in akuten Situationen nicht ein und tröstete ihren Sohn auch nicht, als wäre das nicht ihre Aufgabe. Sogar für die 1950er war in der Familie ein tiefer Graben zwischen den Geschlechtern. Obwohl Freds Mutter seine Geschäftspartnerin gewesen war, waren Fred und seine Frau eindeutig nie so etwas wie Partner. Ihr Zuständigkeitsbereich waren die Mädchen, seiner die Jungen. Wenn Mary ihre alljährliche Reise nach Hause zur Isle of Lewis unternahm, begleiteten sie nur Maryanne und Elizabeth. Mary bekochte die Jungen und kümmerte sich um ihre Wäsche, aber sie sah sich nicht in der Rolle, sie zu erziehen. Mit den Freunden ihrer Söhne hatte sie so gut wie keinen Kontakt, und die Beziehung zu ihren Söhnen, die ohnehin durch die frühen Erfahrungen mit ihr getrübt war, kühlte immer mehr ab.

Als Freddy mit vierzehn seinem damals sieben Jahre alten Bruder eine Schüssel Kartoffelpüree auf den Kopf kippte, verletzte das Donalds Stolz so tief, dass er sich immer noch darüber ärgerte, als Maryanne diese Geschichte in ihrer Tischrede beim Geburtstagsessen 2017 im Weißen Haus erwähnte. Der Vorfall war eigentlich kein großes Ding – oder sollte es nicht sein. Donald war mal wieder dabei, Robert zu quälen, und keinem gelang es, ihn zu bremsen. Schon im Alter von sieben Jahren schien es ihm nicht nötig, seiner Mutter zu gehorchen. Nachdem sie es versäumt hatte, den Riss zwischen ihnen zu heilen, der nach ihrer Krankheit entstanden war, behandelte er sie mit Geringschätzung. Irgendwann wurden Roberts Weinen und Donalds

Sticheleien zu viel, und Freddy – in einem Moment zielbewusster Improvisation, der zur Familienlegende wurde – griff sich das Erstbeste, das er in die Finger bekam und das keinen allzu großen Schaden anrichten konnte: die Schüssel mit dem Kartoffelpüree.

Alle lachten und konnten gar nicht mehr aufhören zu lachen. Und sie lachten über Donald. Das war das erste Mal, dass Donald von jemandem gedemütigt worden war, auf den er sogar damals schon herabblickte. Er hatte nicht verstanden, dass Demütigung eine Waffe ist, die im Kampf von einer Person allein geführt werden kann. Dass ausgerechnet Freddy ihn einer Welt aussetzen konnte, in der *er* erniedrigt wurde, machte es umso schlimmer. Von nun an würde er sich dieses Gefühl nie wieder erlauben. Von nun an würde er es sein, der die Waffe führt, und nie würde *er* an deren scharfem Ende stehen.

KAPITEL DREI

Der große »Hier-bin-ich«

Als Maryanne das Elternhaus verließ, um in Mount Holyoke zu studieren, und ein paar Jahre später Freddy sein Studium an der Lehigh University begann, hatte Donald bereits ausgiebig seinen älteren Bruder dabei beobachten können, wie er sich bemühte, den Erwartungen seines Vaters gerecht zu werden, und damit scheiterte. Wobei diese recht vage waren. Fred hatte die typische Angewohnheit eines autoritären Menschen, davon auszugehen, die von ihm abhängigen Personen wüssten schon, was sie tun sollten, ohne dass er es ihnen sagen müsste. Normalerweise war die einzige Möglichkeit, herauszufinden, ob man etwas richtig gemacht hatte, dass man nicht von ihm abgekanzelt wurde.

Aber nicht von ihm ins Visier genommen zu werden, war eine Sache – sich bei ihm lieb Kind zu machen eine ganz andere. Um dieses Ziel zu erreichen, arbeitete Donald daran, fast sämtliche Eigenschaften, die er möglicherweise mit seinem älteren Bruder gemeinsam hatte, auszumerzen. Abgesehen von einem gelegentlichen Angelausflug mit Freddy und dessen Freunden entwickelte er sich zu einem Menschen, der seine Zeit zwischen Country Clubs, dem Büro und Golf teilte; Golf war das Einzige, worin er von seinem Vater abwich. Daneben übte er sich mit doppelter Kraft in Verhaltensweisen, mit denen er bislang immer ungestraft davongekommen war: andere zu mobben und anzuschwärzen, sich zu weigern, Verantwortung zu übernehmen, und jede Form von Autorität zu missachten. Er selbst behauptet, dass er sich gegen seinen Vater »auflehnte« und Fred das »respektierte«. In Wahrheit war es ihm nur möglich, sich gegen seinen Vater aufzulehnen, weil Fred dies zuließ. Als Donald noch sehr klein war, schenkte ihm sein Vater kaum Aufmerksamkeit; er fokussierte sich auf anderes – seine Geschäfte und seinen ältesten Sohn, und sonst nichts. Erst als er Donald mit dreizehn auf ein militärisch geprägtes Internat schickte, keimte in Fred Bewunderung für Donalds Respektlosigkeit gegenüber jeder Art von Autorität auf. Obgleich normalerweise ein überaus strenger Vater, akzeptierte er – als er diese Tendenzen an seinem Sohn wahrzunehmen begann – Donalds Arroganz und tyrannische Art, identifizierte er sich doch mit diesen Verhaltensweisen.

Von seinem Vater ermutigt, begann Donald allmählich an seine eigene Großartigkeit zu glauben. Bereits als er zwölf war, konnte man an ihm beobachten, wie er fast permanent den rechten Mundwinkel zu einem selbstgefälligen spöttisch-arroganten Grinsen hochzog, nicht von ungefähr hatte Freddy ihm den Spitznamen der große »Hier-bin-ich« verpasst, indem er sich eine Stelle aus der Bibelerzählung »Exodus« ins Gedächtnis rief, die er in der Sonntagsschule durchgenommen hatte und worin sich Gott zum ersten Mal gegenüber Moses zu erkennen gibt.

Aufgrund der verhängnisvollen Umstände, in denen er aufwuchs, und der ausgiebigen Erfahrungen, die er gesammelt hatte, wusste Donald, dass er niemals getröstet oder beruhigt werden würde, vor allem nicht dann, wenn er es am dringendsten gebraucht hätte. Also war es auch sinnlos, zu zeigen, wenn er des Trosts bedurft hätte. Und ob er sich dessen bewusst war oder nicht, so ahnte er vermutlich, dass weder Vater noch Mutter ihn je so sehen würden, wie er war oder hätte sein können – Mary war zu ausgelaugt, und Fred interessierte nur, welcher seiner Söhne ihm von Nutzen sein würde –, und so wurde Donald das, was am zweckmäßigsten war: Die unerbittliche Persönlichkeit, zu der er sich folglich entwickelte, war eine Rüstung, die ihn nicht selten vor Schmerz und Verlusten schützte. Aber sie hinderte ihn auch daran, herauszufinden, wie er Vertrauen in Menschen fassen und Nähe zu ihnen aufbauen konnte.

Freddy hatte viel zu viel Angst, Fred um irgendetwas zu bitten. Und das Ergebnis dieser Zurückhaltung stand Donald lebhaft vor Augen. Wann immer Freddy Freds unausgesprochenen Erwartungen nicht ganz entsprach, wurde er gedemütigt oder bloßgestellt. Also probierte Donald etwas ganz anderes aus: Er erwarb die Gunst seines Vaters, indem er jede Grenze übertrat, die auszutesten sein älterer Bruder nicht einmal gewagt hatte. Donald wusste haargenau, was er tun musste: Wo Freddy ängstlich zurückwich, zuckte er lediglich mit den Schultern. Er nahm sich, was er wollte, ohne zuvor um Erlaubnis zu bitten, und zwar nicht, weil er so mutig war, sondern weil er Angst davor hatte, als Feigling dazustehen. Ob Donald die unterschwellige Botschaft verstanden hatte oder nicht, Fred jedenfalls wusste genau, worum es ging: In der Familie wie im Leben konnte es nur einen Gewinner geben; alle anderen mussten verlieren. Freddy bemühte sich immer wieder, das Richtige zu tun, und scheiterte jedes Mal aufs Neue; Donald dämmerte allmählich, dass er nichts Falsches tun konnte, also versuchte er erst gar nicht, das »Richtige« zu tun. Er wurde immer kühner und aggressiver, weil er selten Widerspruch bekam und der einzige Mensch, der für ihn zählte – sein Vater –, ihn fast nie zur Rechenschaft zog. Fred wiederum gefiel Donalds Killerinstinkt, auch wenn er sich in schlechtem Benehmen niederschlug.

Jede weitere Grenzüberschreitung Donalds wurde zu einer Art Vorsprechen um die Gunst seines Vaters, als würde er ihm bedeuten: »Schau, Dad, ich bin der starke von uns Brüdern. Ich bin der Killer.« Und so setzte er unaufhörlich eins drauf, weil er keinen Widerstand zu spüren bekam – bis es eines Tages dann doch geschah. Allerdings nicht von Seiten seines Vaters.

Während Fred Donalds Verhalten nicht weiter störte – da er bis spätabends im Büro war, bekam er kaum mit, was zu Hause vorging –, trieb der Junge seine Mutter in den Wahnsinn. Mary wurde einfach nicht mit ihm fertig, Donald gehorchte ihr überhaupt nicht mehr. Mit jedem ihrer Versuche, ihn zu disziplinieren biss sie auf Granit. Er gab ihr Widerworte. Nie konnte er ein Fehlverhalten zugeben; stets widersprach er ihr, selbst wenn sie ganz offensichtlich im Recht war; und nie machte er Anstalten, einzulenken. Er drangsalierte seinen jüngeren Bruder, stahl ihm dessen Spielsachen. Er weigerte sich, seine Pflichten zu erfüllen oder was immer man ihm auftrug. Und vor allem war er – womöglich das Allerschlimmste für eine Frau, die so etepetete war wie Mary – ein Schlamper, hinter dem man ständig herräumen musste, ganz gleich, welche Strafen man ihm androhte. »Du wirst schon sehen, was passiert, wenn dein Vater nach Hause kommt«, hatte bei Freddy immer wunderbar funktioniert, aber für Donald war es eine Art Witz und für seinen Vater ja ganz offensichtlich auch.

Schließlich – 1959 – trieb Donald es dann doch zu weit mit seinem Prügeln, Mobbing und dem Streiten mit den Lehrern. Der Schulleitung von Kew-Forest reichte es jedenfalls. Die Tatsache, dass Fred dem Stiftungsrat der Schule angehörte, entpuppte sich als zweischneidiges Schwert: Einerseits hatte man Donalds Treiben länger zugesehen, als man es normalerweise getan hätte, aber andererseits brachte es Fred irgendwann in die Bredouille. Hatte sich sein Spross anfangs damit begnügt, Mitschüler mit Schimpfnamen zu belegen und kleine Kinder, die sich nicht wehren konnten, zu drangsalieren, so artete es immer mehr in Prügeleien aus. Im Grunde störte es Fred nicht, dass sich Donald auf diese Weise austobte, aber die Beschwerden über ihn nahmen zu und raubten ihm immer mehr Zeit. Als einer seiner Stiftungsratskollegen von Kew-Forest ihm vorschlug, Donald auf die New York Military Academy zu schicken, um ihn zu disziplinieren, folgte Fred seinem Rat. Ihn der Aufsicht militärischer Ausbilder und älterer Schüler zu unterstellen, die ihm seine Eskapaden gewiss nicht durchgehen lassen würden, käme seinen aufblühenden Protegé gewiss zugute, dachte er. Fred hatte Wichtigeres zu tun, als sich mit Donald abzugeben.

Ich habe keine Ahnung, ob Mary in dieser Angelegenheit etwas mitzureden hatte, jedenfalls kämpfte sie nicht darum, dass Donald zu Hause bleiben konnte, und das blieb von Donald natürlich nicht unbemerkt. Er muss sich von ihr verlassen gefühlt haben, wie schon etliche Male zuvor.

Kurzum, gegen seinen Protest wurde Donald an der New York Military Academy angemeldet, einem privaten Jungeninternat ungefähr hundert Kilometer nördlich von New York. Die anderen Kinder der Familie bezeichneten die NYMA als »Besserungsanstalt« – sie genoss nicht das gleiche Renommee wie St. Paul's, das Internat, das Freddy besucht hatte. Man schickte seine Söhne nicht auf die NYMA, um ihnen eine ausgezeichnete Ausbildung zu ermöglichen, und Donald begriff diesen Schritt zu Recht als Strafe.

Als Freddy davon erfuhr, war er nicht wenig erstaunt und erzählte seinen Freunden: »Na ja, sie werden einfach nicht mit ihm fertig.« Trotzdem ergab es für ihn irgendwie keinen Sinn. Sein Vater schien doch mit *jedem* Menschen fertigzuwerden. Freddy verstand nicht, dass sein Vater sich nicht ebenso für Donald interessierte wie für ihn. Hätte Fred versucht, Donald zu disziplinieren, dann wäre ihm das gewiss gelungen, aber bevor er Donald wegschickte, hatte er sich einfach nicht um ihn und die anderen Kinder gekümmert.

Das Verhalten der Eltern wirkt sich auf ihre Kinder immer unterschiedlich aus, gleich welche Dynamik in der jeweiligen Familie herrscht, aber die Auswirkungen der krankhaften Verhaltensweisen von Fred und Mary auf ihre Sprösslinge waren extrem. Als sich die fünf Kinder zu verschiedenen Zeiten und auf verschiedene Weise anschickten, in die Welt hinauszugehen, war der Schaden, den sie jeweils genommen hatten, augenscheinlich:

Maryanne, die Erstgeborene, war ein kluges, ehrgeiziges Mädchen mit dem Schicksal, in einer frauenfeindlichen Familie aufzuwachsen. Sie war zwar die Älteste, aber weil sie ein Mädchen war, bekam Freddy, der älteste Junge, die ganze Aufmerksamkeit des Vaters. So blieb ihr nichts anderes übrig, als sich ihrer Mutter anzuschließen, die keinerlei Macht im Haus hatte. Umso niederschmetternder war es für sie, als ihre Bewerbung um einen Studienplatz in Hauswirtschaftslehre am Dartmouth College abgelehnt wurde und sie sich mit dem Mount Holyoke College zufriedengeben musste, »im Grunde ein Frauenkonvent«, wie sie es nannte. Letztlich tat sie, wovon sie dachte, dass man es von ihr erwartete, weil ihr Vater es am besten für sie fand.

Freddys Problem war, dass er es nicht schaffte, jemand völlig anderes zu sein, als der, der er war.

Elizabeth wiederum litt unter der Gleichgültigkeit der Familie ihr gegenüber. Nicht nur war sie ein mittleres Kind (und ein Mädchen), sondern der Altersabstand zu ihrem älteren und jüngeren Bruder war noch dazu beträchtlich. Nachdem sie die Erfahrung gemacht hatte, dass ihre Eltern ihr ohnehin nie zuhörten, sprach sie als schüchterne, zurückhaltende Heranwachsende kaum mehr. Dennoch blieb sie ihren Eltern auch noch als Frau in mittleren Jahren treu ergeben; jedes Wochenende kam sie nach Hause und lechzte nach wie vor nach »Poppys« Aufmerksamkeit.

Donalds Problem war indes, dass die kämpferische, harte Persona, die er aufgrund des traumatischen Gefühls von Verlassensein, im Verein mit der Tatsache, dass er mit ansehen hatte müssen, wie sein Vater Freddy misshandelte, entwickelt hatte, keine echten menschlichen Bindungen zuließ.

Und Roberts Schwierigkeit war, dass er der Jüngste war, ein Nachzügler.

Maryanne, Elizabeth und Robert gelang es nicht, Freds Anerkennung zu gewinnen, wie sehr sie sich auch anstrengten; sie interessierten ihn ganz einfach nicht. Wie kleine Satelliten, die eine Sonne umkreisen, wurden sie kraft seines Willens getrennt gehalten, obwohl sie sich genau auf den von ihm vorbestimmten Bahnen bewegten.

Freddy hatte trotz allem immer noch vor, die rechte Hand seines Vaters bei Trump Management zu werden, aber als er 1961 zum ersten Mal am Steuerknüppel einer Cessna 170 von der Holperpiste des Slatington Flying Club abhob, fand bei ihm ein Perspektivenwechsel statt.

Solange er gute Leistungen in seinem Hauptfach Wirtschaftswissenschaften erbrachte, durfte er fliegen, einer Studentenverbindung beitreten und sich dem US Air Force Reserve Officer Training Corps (ROTC) anschließen. Aufs Geratewohl entschied er sich für die Sigma Alpha Mu, historisch gesehen eine jüdische Studentenverbindung. Ob es ein bewusster Seitenhieb gegen seinen Vater war, der häufig Sprüche wie »jew me down« (wenn ihn jemand runterzuhandeln versuchte) benutzte, sei dahingestellt, jedenfalls wurden Freddys Verbindungsbrüder mit der Zeit seine besten Freunde. Dass er sich dem ROTC anschloss, diente einem völlig anderen Zweck. Freddy lechzte nach einer sinnvollen Form der Disziplin. In dem transparenten System von Leistung und Belohnung, das im Reserveoffizierskorps der US Air Force herrschte, blühte er förmlich auf. Wenn man tat, was einem gesagt wurde, erntete man Anerkennung. Wenn man die an einen gestellten Erwartungen erfüllte oder übertraf, wurde man belohnt. Machte man einen Fehler oder führte einen Befehl nicht aus, wurde man angemessen bestraft. Er liebte die Hierarchie; er liebte Uniformen; er liebte Orden, symbolisierten sie doch eine besondere Leistung. Wenn man Uniform trägt, können andere Menschen auf Anhieb erkennen, wer man ist und was man erreicht hat, und man genießt ein entsprechendes Ansehen. Ganz anders bei Fred Trump, der zwar ebenfalls hervorragende Arbeit erwartete, aber sie nicht entsprechend honorierte; bei ihm wurden nur Fehler benannt und bestraft.

Den Pilotenschein zu machen war für Freddy ebenso sinnstiftend wie sein Engagement beim ROTC: Man absolvierte eine gewisse Anzahl von Stunden, erwarb ein Zertifikat für die Beherrschung bestimmter Instrumente und schließlich den Pilotenschein. Und so wurden seine Flugstunden bald zu seiner obersten Priorität. Genau wie das Bootfahren nahm er auch das Fliegen sehr ernst; um zu lernen oder ein paar weitere Stunden in der Flugschule zu nehmen, verzichtete er auf die ein oder andere Kartenpartie mit seinen Verbindungsbrüdern. Nicht nur, dass er endlich etwas gefunden hatte, was ihm Spaß machte und worin er gut war, sondern er empfand auch Freude über diese totale Freiheit, etwas, das er nie zuvor gekannt hatte.

Den Sommer über arbeitete Freddy wie immer in Freds Firma, aber an den Wochenenden fuhr er mit Freunden in dem Boot, das er sich noch in seiner Highschool-Zeit gekauft hatte, zum Angeln oder Wasserskifahren hinaus. Hin und wieder bat Mary ihn, auch Donald mitzunehmen. Dann sagte er zu seinen Freunden: »Tut mir leid, Jungs, aber ich muss leider auch meinen kleinen Bruder, die Nervensäge, mitschleppen.« Vermutlich war Donald genauso begeistert wie Freddy genervt. Was immer der Vater von seinem ältesten Sohn hielt, Freddys Freunde mochten ihn und hatten Spaß mit ihm – eine Wirklichkeit, die dem, was

Donald stets vermittelt worden war, klar widersprach.

Im August 1958, vor dem Beginn seines dritten Studienjahrs, flogen Freddy und Billy Drake für einen Kurzurlaub vor dem Semesterbeginn nach Nassau auf den Bahamas. Dort mieteten sie ein Boot und verbrachten ihre Zeit mit Angeln und dem Erkunden der Insel. Eines Abends im Hotel lernte Freddy in der Hotelbar ein hübsches, zierliches blondes Mädchen namens Linda Clapp kennen. Zwei Jahre später sollte er sie heiraten.

Im selben September wechselte Donald auf die NYMA. Aus einer Welt kommend, in der er tun und lassen konnte, was ihm beliebte, fand er sich in einer Umgebung wieder, in der er dafür bestraft wurde, wenn er sein Bett nicht gemacht hatte, und es sich gefallen lassen musste, von älteren Schülern gegen die Wand geschubst zu werden. Vielleicht weil er seinen Vater bereits mit zwölf verloren hatte, erkannte Fred, wie isoliert sein Sohn war, und besuchte Donald von seinem Eintritt ins Militärinternat in der achten Klasse bis zu seinem Highschool-Abschluss im Jahre 1964 fast jedes Wochenende. Das linderte ein bisschen Donalds Gefühl des Verlassenseins und dämpfte seinen Groll, und zum ersten Mal ahnte er, dass er im Gegensatz zu seinem älteren Bruder einen besonderen Draht zu seinem Vater hatte. Hin und wieder kam auch Donalds Mutter ihn besuchen, aber im Grunde war sie erleichtert, ihn nicht mehr um sich haben zu müssen.

Obwohl er nur widerstrebend auf die NYMA gewechselt war, leuchteten ihm einige Aspekte dort ein, so wie Freddy beim ROTC. Hier gab es Struktur, und seine Handlungen hatten Konsequenzen. Das System aus Bestrafung und Belohnung war logisch nachvollziehbar. Zugleich bekräftigte der Alltag in der NYMA eine von Freds Lektionen: Die Person, die die Macht hatte (ganz egal, wie willkürlich diese Macht verliehen oder erlangt worden war), durfte entscheiden, was richtig und falsch war. Alles, was einem half, die Macht zu erhalten, war per Definition richtig, auch wenn es nicht immer gerecht war.

In der NYMA verstärkte sich auch Donalds Widerwille gegen Verletzlichkeit, die unabdingbar ist zum Erwerb von Liebesfähigkeit und Kreativität, indem sie einen auch einmal der Scham aussetzen kann – etwas, das er gar nicht ertrug. Er musste dort seine Impulskontrolle verbessern, nicht nur, um Bestrafung zu vermeiden, sondern auch um sich Übertretungen erlauben zu können, die etwas mehr Raffinesse erforderten.

Freddys viertes Studienjahr war das beste und produktivste Jahr seines ganzen Lebens. Dabei spielte sein B.A. in Wirtschaftswissenschaften die geringste Rolle. Wichtiger war für ihn, dass er zum Vorsitzenden der Studentenverbindung Sigma Alpha Mu worden war und seine ROTC-Ausbildung abgeschlossen hatte, sodass er nach dem College-Abschluss als Second Lieutenant in die Nationalgarde der Air Force eintreten konnte. Und er erhielt, am allerwichtigsten, die volle Pilotenlizenz für kommerzielle Flüge. Allerdings beabsichtigte er nicht, davon Gebrauch zu machen; er würde, wie geplant, bei seinem Vater in Brooklyn arbeiten und eines Tages die Firma übernehmen.

Als Freddy im Sommer 1960 ins Immobilienunternehmen seines Vaters eintrat, umfasste es mehr als vierzig Gebäude und Gebäudekomplexe mit Tausenden Wohnungen und Büros, verteilt auf Brooklyn und Queens. Schon seit Jahren nahm Fred seinen ältesten Sohn auf die Baustellen mit; seine größten Objekte, darunter Shore Haven und Beach Haven in Brooklyn, ebenso wie kleinere Projekte, die näher an seinem Wohnsitz Jamaica Estates lagen, waren in Freddys Kindheit und Jugend in den 1940ern und 1950ern erbaut worden. Während dieser Baustellenbesuche wurde ihm eingebläut, wie wichtig die Kostenreduzierung war (wenn es billiger ist, mach es selbst, falls nicht, ist es besser outzusourcen) und Kostenersparnis (rote Ziegelsteine waren einen Penny billiger als weiße Ziegelsteine). Fred nahm ihn auch zu Besprechungen der Brooklyner Sektion der Demokratischen Partei und zu politischen Fundraisern mit, um sicherzustellen, dass er die wichtigsten und einflussreichsten Politiker der Stadt kennenlernte.

Nunmehr fest angestellt, begleitete Freddy seinen Vater auf seinen Runden zu den einzelnen Gebäuden, Terminen mit den Hausmeistern und bei der Aufsicht von Reparaturen. »Draußen an der Front« zu sein gefiel ihm besser als in der ehemaligen Zahnarztpraxis in der Avenue Z in South Brooklyn, wo sich die Firmenzentrale meines Großvaters befand, mit ihren engen Räumlichkeiten und dem schummrigen Licht. Obgleich Freds Firma inzwischen Millionen von Dollar im Jahr scheffelte, gab er sich noch immer persönlich mit den Mietern ab, wenn er meinte, dass die Umstände dies erforderten. Wenn sich zum Beispiel ein Mieter ein bisschen zu häufig und zu laut beschwerte, stattete Fred ihm einen Besuch ab, wohl wissend, welcher Ruf ihm vorauseilte. Hin und wieder nahm er Freddy mit, um ihm zu zeigen, wie man mit solchen Situationen umging.

Rief ein Mieter etwa mehrmals im Büro an, um sich zu beschweren, dass die Heizung zu niedrig eingestellt sei, begab sich Fred zu ihm. Nachdem er angeklopft hatte, zog er sich das Jackett aus, was er normalerweise nur vor dem Zubettgehen tat. Sobald man ihn in die Wohnung hereingelassen hatte, wo es in der Tat kalt war, krempelte er die Ärmel seines Hemds hoch (auch das tat er sonst nur höchst selten) und äußerte dem Mieter gegenüber sein Unverständnis bezüglich dessen Beschwerde. »Ich weiß gar nicht, was Sie haben«, sagte er. »Hier drinnen ist es warm wie in den Tropen.«

Freddy hatte seinen Dienst in der Nationalgarde angetreten. Ein Wochenende im Monat musste er sich zur Armory in Manhattan begeben. Seine Abwesenheit an diesen Wochenenden ließ Fred unkommentiert, aber die beiden Wochen, die Fred jedes Jahr freinehmen musste, um in Fort Drum in Upstate New York Dienst zu tun, ärgerten ihn. In den Augen von Fred, der nichts für den Militärdienst übrighatte, war das eine Verschwendung der Arbeitszeit seines Angestellten.

Eines Abends nach einem langen Tag in Brooklyn erhielt Freddy einen Anruf von Linda. Sie hatten seit einem Jahr nicht mehr miteinander gesprochen. Sie erzählte ihm, sie sei jetzt Stewardess bei United Airlines und ihr Heimatflughafen sei Idlewild Airport (heute John F. Kennedy International Airport). Und sie habe sich daran erinnert, dass Freddy ihr erzählt habe, sein Vater besitze etliche Gebäude mit Mietwohnungen in Queens. Ob er ihr vielleicht helfen könne, eine Wohnung nicht allzu weit vom Flughafen zu finden? Fred besaß mehrere Gebäude in Jamaica, mit dem Bus nur fünfzehn Minuten vom Idlewild entfernt. Und so fand sich eine Einzimmerwohnung im Saxony-Gebäude in der Highland Avenue direkt neben einem baumbestandenen Park mit einem großen Teich in der Mitte. Sie zog sofort ein. Bald darauf begannen Linda und Freddy miteinander auszugehen.

Ein Jahr später, im August 1961, führte Freddy Linda zum Abendessen in ihr gemeinsames Lieblingsrestaurant in Manhattan aus. Während des Aperitifs ließ er einen Verlobungsring in Lindas Glas gleiten und machte ihr einen Heiratsantrag. Nach dem Abendessen fuhren sie zu den Jamaica Estates, um es seinen Eltern zu erzählen. Fred und Mary nahmen die Neuigkeit mit kühler Zurückhaltung auf.

Aufgrund von Lindas einfacher Herkunft (ihr Vater war Lastwagenfahrer gewesen, und später hatten ihre Eltern einen Muschelimbissstand an einem Strand in Florida aufgemacht) und ihrem vermeintlichen Mangel an Vornehmheit und Bildung dachten sie, sie sei lediglich hinter ihrem Geld her. Das war ein Irrtum, ein absichtlich herbeigeführtes Missverständnis, die Wahrheit wurde ausgeblendet. Linda hatte vermutlich keine Ahnung, wie wohlhabend ihr künftiger Schwiegervater wirklich war; wäre sie tatsächlich auf Geld aus gewesen, hätte sie sich ganz schön dumm angestellt.

In Anbetracht ihrer eigenen bescheidenen schottischen Herkunft hätte meine Großmutter Lindas Verbündete werden können, aber als Mary MacLeod auf der obersten Sprosse der Gesellschaftsleiter angekommen war, hatte sie diese Leiter kurzerhand hinter sich hochgezogen. Und was Fred betraf, so mochte er Linda ganz einfach nicht. Allein schon die Tatsache, dass sich Freddy für sie entschieden hatte, machte sie in seinen Augen suspekt.

Indessen herrschten zu jener Zeit strenge Vorschriften für Stewardessen: Wer das Haar zu lang wachsen ließ oder zunahm, konnte bereits nach Hause geschickt werden, und als verheiratete Frauen durfte man den Beruf nicht mehr ausüben. So verfügte Linda nach ihrem letzten Flug an Weihnachten 1962, ein paar Wochen vor ihrer Hochzeit, über kein eigenes Einkommen mehr.

Weil Lindas Mutter aufgrund von fortgeschrittenem Gelenkrheumatismus an den Rollstuhl gefesselt war, hatten Linda und Freddy beschlossen, die Hochzeit in Florida zu feiern. Im Pier Sixty-Six Hotel & Marina am Inland Waterway in Fort Lauderdale sollte nach der kirchlichen Trauung eine schlichte Cocktailparty stattfinden. Fred und Mary gefiel das gar nicht, aber da sie nicht anboten, sich an den Kosten zu beteiligen, hatten sie nicht groß mitzureden. Weder Elizabeth, die in Virginia auf dem College war, noch Donald, der noch immer auf die NYMA ging, kamen zur Hochzeit. Die Trumps begnügten sich damit, in New York einen Empfang zu geben, nachdem das Paar von der Hochzeitsreise zurück war.

1963 sollte der Spatenstich für Trump Village auf Coney Island stattfinden – das bis dahin größte Projekt von Trump Management –, und Freddy sollte bei den Vorbereitungen helfen. Fred erwartete, dass sein Sohn eine Wohnung in einem seiner Gebäude in Brooklyn beziehen würde, um in der Nähe zu sein für den Fall, dass irgendwelche Probleme auftauchten, aber Freddy und Linda zogen stattdessen in eine Zweizimmerwohnung in der East 56th Street in der Stadt, zwischen der First Avenue und Sutton Place gelegen. Sie kauften einen Pudel – für Freddy das erste Haustier. Und ein paar Monate später wurde Linda schwanger.

Im November wurde Frederick Crist Trump III. geboren. Einen Monat später kaufte Freddy sein erstes Flugzeug – eine Piper Comanche 180. Kurz nach Weihnachten flog er es gemeinsam mit Linda nach Fort Lauderdale hinunter, um es – genau wie ihren kleinen Sohn – stolz Lindas Eltern zu präsentieren. Ihr Vater, Mike, der häufig im Auto neben dem Rollfeld des Fort Lauderdale Airport saß, um zuzusehen, wie Flugzeuge starteten und landeten, staunte natürlich nicht schlecht.

Während eines der gemeinsamen wöchentlichen Abendessen des Paars mit Maryanne und ihrem Mann, David Desmond, den sie 1960 geheiratet hatte, erzählte Freddy von seinem Flugzeug und fügte hinzu: »Aber sag Dad nichts. Der würde es nicht verstehen.«

Im September 1963 zogen sie in »The Highlander«, eines von Freds Mietshäusern in Jamaica, in der Nähe des Blocks, wo Linda gewohnt hatte, als sie drei Jahre zuvor in die Stadt gekommen war – das Sprungbrett zu einem Haus auf Long Island. The Highlander war typisch für Freds Objekte, mit einem großen

Eingang, der von den minderwertigen Mietwohnungen ablenken sollte. Im Foyer befand sich ein abgesenkter Sitzbereich, der auf einer Seite von zwischen Messingständern gespannten Samtkordeln abgegrenzt war und auf der anderen von einem riesigen Schaukasten mit tropischen Pflanzen. Gegenüber dem Sitzbereich gaben riesige deckenhohe Fenster den Blick frei auf eine große gepflasterte Fläche mit Backsteinstufen auf jeder Seite, die zum Gehsteig hinaufführten. Beide Treppen waren von üppigen Pflanzen gesäumt, von hohen Eichen und exotischen Gewächsen mit ausladenden dunkelgrünen Blättern – auch das typisch für Fred Trump. Das Gebäude stand auf einer Anhöhe in der Highland Avenue, die im Grunde Jamaica in zwei Gebiete teilte: den eher vorstädtischen Nordteil mit vorwiegend weißer Bevölkerung und den urbanen Südteil mit mehrheitlich schwarzen Einwohnern. Vorder- und Hintereingang führten somit in zwei völlig verschiedene Welten. Freddy und Linda hatten sich für eine Dreizimmerwohnung im neunten und obersten Stockwerk an der südöstlichen Ecke entschieden; sie lag zum Park hinaus, und man blickte auf der einen Seite auf die Jamaica Highschool in der Ferne und auf der anderen auf South Jamaica.

Anfangs fürchtete Freddy, dass, wenn er als Sohn des Hausbesitzers und Angestellter von dessen Firma in dem Gebäude wohnte, dies die Mieter einladen würde, ihn rund um die Uhr mit Beschwerden zu belästigen. Aber das Gebäude war keine fünfzehn Jahre alt, und der Hausmeister sorgte dafür, dass man ihn in Ruhe ließ.

Nicht lange nach dem Einzug sagte Freddy zu Linda, er wolle Berufspilot werden. Nach dreijähriger Tätigkeit in der Firma seines Vaters kam er sich vor wie in einer Tretmühle. Fast von Anfang an hatte sein Vater ihn aus der Planung und den Baumaßnahmen des Trump Village herausgehalten und ihn stattdessen dazu verdonnert, sich mit den Beschwerden der Mieter und der Überwachung von Instandhaltungsarbeiten herumzuschlagen.

Als Pilot hätte er die Möglichkeit, das zu tun, was er liebte, und noch dazu gut zu verdienen. Vor Beginn des Jet-Zeitalters in den frühen 1960ern hatte es einen siebenjährigen Einstellungsstopp für kommerzielle Piloten gegeben. Doch als die Flugzeugflotten mit der Boeing 707 und der Douglas DC-8 bestückt wurden, explodierte der Flugverkehr förmlich. 1958 startete Pan Am mit Überseeflügen und vermietete ihre Düsenjets an National für ihre Inlandsstrecken. Bereits im folgenden Jahr nutzten TWA, American, Delta und United Düsenjets, die größer, schneller und einfacher zu fliegen waren als ihre Turboprop-Vorgängermaschinen und mehr Passagiere auf größeren Distanzen transportieren konnten.

Durch den rasant zunehmenden Luftverkehr stieg die Nachfrage nach qualifizierten Piloten, die aufgrund ihrer Fähigkeiten schnell für die neuen Jets geschult werden konnten. Die TWA war die letzte Fluggesellschaft, die die 707 einführte, und stand enorm unter Druck, mit den anderen gleichzuziehen. In Idlewild und am MacArthur Airport, wo Freddy seine Comanche stehen hatte, gab es Dutzende Aushänge mit Jobangeboten für Nachwuchspiloten in Linienflugzeugen.

Linda stellte sich jedoch quer. Als ehemalige Stewardess wusste sie, was Piloten auf ihren Zwischenstopps so trieben. Also erklärte sich Freddy bereit, die Idee vorerst auf Eis zu legen und das Beste aus seiner Tätigkeit bei Trump Management zu machen.

Aber die Beziehung zu seinem Vater verschlechterte sich zusehends. Wenn Freddy ihm Vorschläge für Innovationen machte, blockte ihn sein Vater ab. Als er Fred bat, ihm mehr Verantwortung zu übertragen, erteilte er ihm eine brüske Absage.

Um seine Führungsqualitäten unter Beweis zu stellen, gab Freddy eigenmächtig eine Bestellung für neue Fenster für eines der älteren Gebäude auf. Als Fred das erfuhr, wurde er fuchsteufelswild. »Du hättest ihnen verdammt noch mal einen neuen Anstrich verpassen lassen können, statt mein Geld zu verschwenden!«, schrie er, während die anderen Angestellten mithören konnten. »Donald hat's sehr viel besser drauf als du. Er wäre nie im Leben so dumm.« Donald war zu dieser Zeit noch in der Highschool.

Ihn vor seinen Geschwistern zu demütigen war eine Sache, aber die Leute im Büro waren Untergebene seines Vaters, deren Chef Freddy eines Tages sein würde. Zu erleben, wie seine aufkeimende Autorität vor aller Augen untergraben wurde, fühlte sich für ihn wie eine Ohrfeige an.

Als er an diesem Abend nach Hause kam, sagte er zu Linda, er fühle sich wie in einer Falle gefangen und könne sich nicht vorstellen, jemals glücklich zu werden, wenn er weiter für seinen Vater arbeite. Diese Tätigkeit entspreche kein bisschen seinen Erwartungen, und zum ersten Mal sei ihm klar geworden, dass Trump Management womöglich eine Sackgasse für ihn sei. »Ich bewerbe mich bei TWA, Linda. Ich kann nicht anders.« Er bat gar nicht mehr um ihre Zustimmung. Selbst auf die Gefahr hin, dass Fred ihn enterbte, war Freddy fest entschlossen, diesen Schritt zu tun. Piloten, vor allem bei der TWA, bekamen hervorragende Zusatzleistungen und hatten einen sicheren Job. Also würde er in der Lage sein, seine junge Familie aus eigener Kraft zu ernähren, und er würde sein eigener Herr sein.

Als Freddy seinem Vater eröffnete, dass er werde seine Firma verlassen werde, um Linienpilot zu werden, war Fred wie vor den Kopf gestoßen. Für ihn war das Verrat, und er hatte nicht die Absicht, das seinen ältesten Sohn je vergessen zu lassen.

KAPITEL VIER

Am Abflug

Nur die besten Piloten wurden damit beauftragt, die begehrte Strecke Boston-Los Angeles zu fliegen. Und im Mai 1964 befand sich Freddy auf seinem ersten offiziellen Flug als Berufspilot vom Flughafen Boston Logan nach LAX – weniger als sechs Monate nachdem er sich um einen Platz in der ersten Ausbildungsklasse dieses Jahrgangs beworben hatte.

Was Freddy im Cockpit erreichte, machte ihn innerhalb der Familie Trump einzigartig. Kein anderes von Freds Kindern hatte aus eigener Kraft so viel zustande gebracht. Maryanne folgte ihm dichtauf. Sie hatte Anfang der 1970er ein Jurastudium absolviert und im Laufe von neun Jahren beachtliche Erfolge als Staatsanwältin gesammelt. Ihr späterer Wechsel an das Bundesberufungsgericht war jedoch Donalds Verbindungen geschuldet, die er einsetzte, um ihr einen Gefallen zu tun, und jahrzehntelang arbeitete Elizabeth auf einer Stelle bei der Chase Manhattan Bank, die Fred ihr verschafft hatte. Donald war von Anfang an auf andere angewiesen, jedes seiner Projekte wurde von Fred und dann von unzähligen Wegbereitern bis zum heutigen Tag finanziert und unterstützt. Robert arbeitete – außer einem kurzen Intermezzo bei einem Wertpapierhaus in New York nach dem College – für Donald und dann für seinen Vater. Nicht einmal Fred war durch und durch ein Selfmademan, da seine Mutter das Geschäft gegründet hatte, aus dem Trump Management hervorging.

Freddy hatte im College die Flugschule absolviert, widersetzte sich seinem Vater (wofür er den Rest seines Lebens bezahlte) und erhielt von seiner Familie keinerlei Unterstützung, dafür allerdings Hohn und Spott. Ungeachtet aller Hindernisse hatte er den Entschluss gefasst, sich so oft wie nötig bei TWA zu bewerben. Er schaffte es beim ersten Versuch.

In den 1950ern und '60ern hatte der Großteil der neu eingestellten Piloten ihre Ausbildung beim Militär erhalten; im Durchschnitt bestand eine Ausbildungsklasse aus zwanzig Studenten: vier von der Luftwaffe, vier von der Navy, vier von der Armee, vier von den Marines und vier Zivilisten. Mit vierundzwanzig Jahren war Freddy einer von zwölf Männern, die 1964 in die erste Pilotenklasse der Fluggesellschaft aufgenommen wurden. Zehn von ihnen hatten ihre Ausbildung beim Militär erhalten. Wenn man bedenkt, dass es damals keine Flugsimulatoren gab und die gesamte Ausbildung in der Luft stattfand, war diese Leistung umso erstaunlicher. Freddy erntete endlich den Lohn für all die Stunden, die er auf dem Flugplatz gearbeitet hatte, während seine Verbindungsbrüder feiern waren.

Damals waren Flugreisen der Inbegriff von Glamour, und an der Spitze dieses Trends stand die Trans World Airlines von Howard Hughes, dem Liebling der Hollywood-Glitteraten. TWA stellte den Klatschkolumnistinnen Hedda Hopper und Louella Parsons einen Limousinenservice vom und zum Flughafen zur Verfügung; das war so werbewirksam, dass alle mit TWA fliegen wollten. Als eine der größten Fluggesellschaften flog TWA sowohl auf inländischen Strecken als auch international. Der Kapitän war Gott und wurde entsprechend behandelt. Dank Hughes' Vorliebe für schöne Frauen sahen alle Stewardessen wie Filmstars aus.

Die Aufmerksamkeit, die den Piloten von den Passagieren zuteilwurde, wenn sie durch die Terminals gingen, die bewundernden Blicke, die Bitten um Autogramme, all das war für Freddy neu und eine willkommene Abwechslung von Trump Management, wo er hart und vergebens um Respekt gekämpft hatte. Die glänzenden Flughäfen bildeten einen starken Kontrast zu dem dunklen, unwirtlichen Büro und den schmutzigen Baustellen, die er in New York hinter sich gelassen hatte. Anstelle von Planierraupen und Baggern standen Reihen von 707- und DC-8-Maschinen glitzernd auf dem Rollfeld. Anstatt jede seiner Entscheidungen von seinem Vater infrage stellen und kritisieren zu lassen, hatte Freddy im Cockpit alles unter Kontrolle.

Freddy zog mit seiner Familie nach Marblehead, eine kleine Hafenstadt an der Küste von Massachusetts, vierzig Minuten nordöstlich vom Flughafen Logan in Boston. Sie mieteten ein baufälliges Häuschen in einer bunt gemischten Siedlung um den Dorfanger unweit des ausgedehnten Hafens, wo Freddy seine »Yacht« liegen hatte, eine abgetakelte Boston Whaler.

Der Mai in Marblehead war idyllisch. Freddy liebte das Fliegen. Es gab ein reges geselliges Leben mit Barbecues und Hochseeangelausflügen. Fast jedes Wochenende kamen Freunde aus New York zu Besuch. Doch bereits nach einem Monat geriet Freddy bei diesem Programm ins Schleudern. Oft fühlte er sich verloren, wenn er nicht im Cockpit saß. Linda bemerkte, dass er damit begann, mehr als alle anderen zu trinken – was zuvor nie ein Problem gewesen war.

Ihr Ehemann vertraute sich ihr nicht mehr an, vielleicht wollte er sie schonen, und deshalb war Linda in die Einzelheiten des Gesprächs, das er mit Fred im Dezember geführt hatte, nicht eingeweiht. Linda ahnte nichts von den ständigen Schimpftiraden, die Freddy von seinem Vater in New York in Form von

Briefen oder Anrufen über sich ergehen lassen musste. Aber seine Freunde wussten davon. Freddy erzählte ihnen, mit einem Hauch von Unglauben in der Stimme, dass es dem Alten peinlich war, einen ›Busfahrer über den Wolken‹ als Sohn zu haben. Sein Vater hatte mit wenig Worten gesagt, dass Freddys Entscheidung, Trump Management zu verlassen, zum Scheitern verurteilt sei. Wie viel Wert der Sohn auf die Meinung von Fred Trump legte, kapierte Linda nicht ganz und, das sei der Fairness halber gesagt, Freddy selbst wohl ebenso wenig.

Eines Nachts, er war gerade von seinem letzten Einsatz zurückgekommen, schien Freddy ganz besonders gereizt. Beim Abendessen sagte er: »Wir müssen uns scheiden lassen.«

Linda war bestürzt. Ihr Mann stand unter größerem Druck als sonst, aber sie dachte, das könnte daher rühren, dass er bei jedem Flug die Verantwortung für mehr als zweihundert Menschenleben trug.

»Freddy, wovon sprichst du?«

»Es funktioniert nicht, Linda. Ich sehe nicht, wie es mit uns weitergehen kann.«

»Du bist nicht mal die Hälfte der Zeit hier«, sagte sie und rätselte über seinen Ausbruch. »Wir haben ein Baby. Wie kannst du so etwas nur sagen?«

Freddy stand auf und schenkte sich einen Drink ein. »Vergiss es«, sagte er und ging aus dem Zimmer.

Sie sprachen nie wieder davon, und nach ein paar Tagen machten sie weiter, als ob nichts Ungewöhnliches vorgefallen wäre.

Im Juni machten Donald – er war damals achtzehn und gerade von der Military Academy abgegangen – und Robert – er war sechzehn und noch Schüler an St. Paul's, Freddys Alma Mater – einen Besuch in Marblehead. Sie fuhren in Donalds neuem Sportwagen vor, einem Geschenk der Eltern nach der Highschool, das einen Tick besser war als das Reisegepäck-Set, das Freddy für seinen College-Abschluss bekommen hatte.

Freddy war aufgeregt, die beiden zu sehen. Keines seiner Geschwister war je mit ihm geflogen oder hatte irgendein Interesse für seine neue Karriere gezeigt. Er hoffte, dass er, wenn er seinen Brüdern Einblick in seine Welt gewährte, möglicherweise einen Verbündeten hätte. Wenn nur einer aus der Familie an ihn glaubte, wäre seine nachlassende Widerstandskraft gegenüber der Missbilligung des Vaters vielleicht neu gestärkt.

Zur Zeit des Besuchs befand Donald sich an einem Scheideweg. Als Freddy im Dezember 1963 angekündigt hatte, dass er Trump Management verlassen werde, hatte er Donald auf dem falschen Fuß erwischt. Die Entscheidung seines Bruders war am Ende des ersten Semesters von Donalds Abschlussjahr gefallen, und da sein Name nicht Frederick war, hatte er keine Ahnung, welche Rolle er zukünftig im Unternehmen spielen könnte, auch wenn er vorhatte, dort in irgendeiner Funktion tätig zu sein. Wegen dieser Ungewissheit war er, über die Highschool hinaus, auf die Zukunft nicht gut vorbereitet. Als er in jenem Frühjahr von der Military Academy abging, hatte er noch keinen Platz auf einem College. Er bat Maryanne, ihm nach seiner Heimkehr dabei zu helfen, auf einer der örtlichen Schulen unterzukommen.

Freddy und Linda hatten für den Mittag ein Barbecue vorbereitet. Donald erzählte beim Essen, dass er mit ihrem Vater nach Chicago gehen würde, um ihm bei der Entwicklung eines Objekts, das er zu kaufen erwog, zu »helfen«. Freddy war spürbar erleichtert. Vielleicht begann Fred die neue Realität zu akzeptieren und hatte beschlossen, Donald zum Nachfolger zu machen.

Später am Nachmittag nahm Freddy die Jungs zum gemeinsamen Angeln mit auf seine »Yacht«.

Trotz Freddys gut gemeinter Versuche, seinem Bruder die Grundlagen dieses Sports beizubringen, kapierte Donald nie, worum es dabei ging. Das letzte Mal, als sie mit Billy und ein paar anderen von Freddys Verbindungsbrüdern auf einem Boot waren, besuchte Donald noch die NYMA. Als einer von ihnen versuchte, Donald zu zeigen, wie man die Angel richtig hält, wich er zurück und sagte: »Ich weiß, was ich mache.«

»Ja, Kumpel, und du machst es richtig schlecht.« Die übrigen Jungs lachten. Donald schmiss seine Angel aufs Deck und stolzierte in Richtung Bug. Er war so zornig, dass er gar nicht darauf achtete, wohin er trat, und Freddy befürchtete, er würde stracks über Bord gehen. Donalds Angelgeschick hatte sich zwischenzeitlich nicht verbessert. Als die drei Brüder vom Hafen zurückkamen, bereitete Linda gerade das Abendessen zu. Sie konnte die Spannung spüren. Irgendetwas hatte sich verschoben. Freddys gute Stimmung war einer stillen, kaum noch kontrollierten Wut gewichen. Freddy verlor nicht oft die Fassung, nicht damals, und sie nahm es als schlechtes Zeichen. Er schenkte sich einen Drink ein. Ein weiteres schlechtes Zeichen. Noch ehe sie sich zum Essen setzten, ging Donald auf seinen älteren Bruder los. »Du weißt ja, dass Dad es wirklich satthat, wie du dein Leben vergeudest«, erklärte er, als ob ihm plötzlich wieder eingefallen sei, warum er überhaupt da war.

»Du brauchst mir nicht zu sagen, was Dad denkt«, sagte Freddy, der die Ansichten seines Vaters nur allzu gut kannte.

»Er meint, er schämt sich wegen dir.«

»Was geht dich das an?«, antwortete Freddy. »Du willst mit Dad arbeiten, also tu's. Mich interessiert das nicht.«

»Freddy«, sagte er, »Dad hat recht, wenn er sagt, du bist nichts als ein besserer Busfahrer.« Donald hatte den Ursprung der Verachtung, mit der ihr Vater Freddy und dessen Entscheidung, Berufspilot zu werden, strafte, vielleicht gar nicht verstanden, doch er hatte einen unfehlbaren Instinkt dafür, wie sich die Autorität des Gegners durch Mobbing wirksam untergraben ließ.

Freddy verstand, dass seine Brüder geschickt worden waren, um die Botschaft ihres Vaters persönlich zu überbringen – das galt zumindest für Donald. Doch Freds abschätzige Worte aus dem Mund seines kleinen Bruders zu hören nahm ihm allen Mut.

Linda hatte die Unterhaltung zufällig mit angehört und kam rechtzeitig aus der Küche ins Wohnzimmer, um Freddys Gesicht, aus dem alle Farbe gewichen war, zu sehen. Sie knallte den Teller, den sie in der Hand hielt, auf den Tisch und schrie ihren Schwager an: »Du solltest einfach nur deinen Mund halten, Donald! Weißt du, wie hart er arbeiten musste? Du weißt gar nicht, wovon du da redest!«

Freddy sprach den ganzen Abend lang kein Wort mehr mit seinen Brüdern, und am nächsten Tag fuhren die beiden zurück nach New York – einen Tag früher als geplant.

Freddys Trinken wurde schlimmer.

Im Juli bot TWA ihm eine Beförderung an. Die Fluggesellschaft wollte ihn an den Standort in Kansas City versetzen, um ihn dort an den neuen 727 zu schulen, die in die Flotte aufgenommen wurden. Er lehnte ab, obwohl Linda ihn daran erinnerte, dass er nie einen Befehl eines seiner Vorgesetzten bei der Nationalgarde missachtet hätte. Er sagte dem Management, dass er erst vor zwei Monaten einen Einjahresmietvertrag für ein möbliertes Haus in Marblehead unterschrieben habe und es nicht verantworten könne, seine junge Familie schon wieder zu entwurzeln. In Wahrheit ahnte Freddy, dass sein Traum bald zu Ende sein würde. Er verlor die Hoffnung, dass sein Vater ihn als Berufspiloten annehmen würde, und ohne diese Anerkennung würde er wohl nicht weitermachen können. Bis zu dem Zeitpunkt, als er Trump Management verließ, hatte er sein ganzes Leben sein Möglichstes getan, der Mensch zu werden, den sein Vater sich wünschte. Als diese Versuche immer wieder gescheitert waren, hatte er gehofft, dass, wenn er seinen eigenen Traum verwirklichte, sein Vater ihn letztendlich doch als die Person akzeptieren könnte, die er wirklich war. Er hatte seine Kindheit damit verbracht, durch das Minenfeld der bedingten Anerkennung seines Vaters zu navigieren, und er wusste nur allzu gut, dass es nur einen Weg gab, sie zu bekommen – nämlich indem er jemand wurde, der er nicht war –, und dazu würde er nie in der Lage sein. Die Zustimmung seines Vaters war ihm immer noch das Wichtigste überhaupt. Fred war seit je die letzte Instanz, die über den Wert seiner Kinder richtete (aus diesem Grund sehnte sich meine Tante Maryanne selbst in ihren späten Siebzigern noch nach dem Lob ihres längst verstorbenen Vaters).

Als TWA später Freddy die Chance bot, vom Standort Idlewild aus zu fliegen, ergriff er die Gelegenheit, weil er dachte, die Situation sei dadurch zu retten. Dieser Schritt machte aus praktischen Gründen keinen Sinn, da er alle drei oder vier Tage von Marblehead nach New York pendeln musste. Schlimmer noch, er rückte dadurch näher an Fred. Aber vielleicht war das für Freddy genau der Punkt. Selbst wenn er Freds Zustimmung nicht bekam, ließe sein Vater sich vielleicht einfacher davon überzeugen, dass Fliegen das Richtige für ihn war, wenn er das Ganze aus der Nähe betrachten konnte. Zwischen den Flügen brachte Freddy Pilotenkollegen mit nach The House zu seiner Familie in der Hoffnung, Fred zu beeindrucken. Es war ein verzweifelter Schritt, aber Freddy *war* verzweifelt.

Letztendlich machte es keinen Unterschied. Fred konnte diesen Treuebruch nie überwinden. Obwohl Freddy dem Reserveoffizier-Ausbildungskorps beigetreten war sowie einer Verbindung und dem Fliegerclub – was sein Vater verachtet hätte, wovon er aber wahrscheinlich gar nichts wusste –, hatten diese Aktivitäten seinen Plan, für den Vater zu arbeiten, um die Fortdauer des Imperiums zu gewährleisten, nie beeinflusst. Von Freds Standpunkt aus muss sich die Tatsache, dass Freddy Trump Management verließ, wie ein Akt von himmelschreiender Respektlosigkeit angefühlt haben. Ironischerweise war dies genau die Art von Dreistigkeit, die Fred seinem Sohn anerziehen wollte, doch sie war an die falsche Adresse vergeudet. Stattdessen spürte Fred, dass Freddys beispielloser Schritt seine Autorität untergrub und Freds Gefühl minderte, alles – einschließlich des Lebens seines Sohnes – unter Kontrolle zu haben.

Ein paar Wochen nach dem Besuch der Jungs tobte ein Sommergewitter über Marblehead Harbor. Linda war im Wohnzimmer und bügelte die weißen Hemden von Freddys Uniform, als das Telefon klingelte. Als sie die Stimme ihres Mannes hörte, wusste sie sofort, dass irgendetwas nicht stimmte. Er hatte seine Stelle bei TWA gekündigt, teilte er ihr mit. Sie müssten alle drei so schnell wie möglich zurück nach New York ziehen. Linda konnte es nicht fassen. Es machte überhaupt keinen Sinn, dass Freddy alles, wofür er gearbeitet hatte, nach nur vier Monaten aufgab.

Der Grund war, dass TWA ihm ein Ultimatum gestellt hatte: Wenn er kündigte, konnte er seinen Flugschein behalten; sonst wäre das Unternehmen gezwungen, ihn wegen seines schweren Alkoholproblems zu entlassen. Im Falle einer Entlassung würde er wahrscheinlich nie wieder fliegen dürfen. Er entschied sich also für die erste Option, und damit war ihr Leben in Marblehead zu Ende. Am Tag nach Labour Day Anfang September zogen die drei zurück in die Eckwohnung im neunten Stock von The Highlander in Jamaica.

Aber Freddy hatte seine Fliegerkarriere noch nicht gänzlich aufgegeben. Vielleicht könnte er sich, so dachte er, wenn er bei einer kleineren Airline mit kleineren Flugzeugen und kürzeren, weniger anstrengenden Strecken anfinge, wieder nach oben arbeiten. Während Linda und Fritz sich neu einlebten, ging Freddy nach Utica, eine Kleinstadt in Upstate New York, wo er bei Piedmont Airlines arbeitete, die Strecken für Pendler im Nordosten flog. Dieser Job dauerte weniger als einen Monat.

Dann ging er nach Oklahoma und flog für eine andere lokale Gesellschaft. Er war dort, als Fritz seinen zweiten Geburtstag feierte. Im Dezember war er wieder zurück in Queens. Sein Trinken geriet außer Kontrolle, und er wusste, er konnte es als Pilot nicht mehr packen. Der einzige Selfmademan in der Familie, Freddy, wurde langsam aber unaufhaltsam demontiert.

Weniger als ein Jahr nachdem Freddys Fliegerkarriere begonnen hatte, war sie schon wieder zu Ende. Ohne irgendeine andere Option stand er wieder seinem Vater gegenüber. Der saß auf seinem gewöhnlichen Platz auf dem Zweiersofa in der Bibliothek, während sein ältester Sohn um einen Job bat, den er nicht wollte und für den Fred ihn nicht geeignet fand.

Widerwillig ließ Fred sich breitschlagen, stellte aber zugleich klar, dass er seinem Sohn einen Gefallen tat.

Und dann glimmte nochmals ein Hoffnungsschimmer auf. Im Februar 1965 erwarb Fred das Gelände des Steeplechase Park, eines der drei berühmten Vergnügungsparks in Coney Island, die seit der Wende zum zwanzigsten Jahrhundert in Betrieb waren. Steeplechase hatte seine beiden Rivalen um Jahrzehnte überlebt: Dreamland war 1911 abgebrannt, und Luna Park wurde 1944, ebenfalls Opfer von Bränden, geschlossen. Fred besaß einen nach Luna Park benannten Gebäudekomplex mit Einkaufszone unweit des ursprünglichen Geländes. Steeplechase war bis 1964 in Betrieb. Der Vergnügungspark war von Anfang an in Besitz der Familie Tilyou, doch mehrere Faktoren – einschließlich der hohen Kriminalitätsrate und des zunehmenden Wettbewerbs um Unterhaltungsdollars – hatten sie zum Verkauf der Liegenschaft veranlasst. Fred wusste, dass Steeplechase als Entwicklungsobjekt auf den Markt kommen würde, und hatte ein Auge auf diese Akquisition geworfen. Der Plan wäre die Entwicklung einer weiteren Wohnanlage im Stil von Trump Village, doch eine wesentliche Hürde war noch zu überwinden: die Abänderung des geltenden Planungsrechts von einer öffentlichen Nutzung zu privater Bebauung. Während er darauf wartete, dass diese Gelegenheit sich bot, begann Fred mit der Lobbyarbeit bei seinen alten Kumpanen, damit sie sich für ihn einsetzten, und entwarf einen Projektantrag.

Er lockte Freddy mit der Möglichkeit, sich an diesem ehrgeizigen Projekt zu beteiligen, und sein ältester Sohn, der seine derzeitige Lage verzweifelt zu verbessern und TWA hinter sich zu lassen suchte, ergriff die Gelegenheit. Er vermutete, dies könnte seine letzte Chance sein, sich dem Alten zu beweisen.

Um diese Zeit war Linda im sechsten Monat schwanger mit mir.

TEIL ZWEI

AUF DER FALSCHEN SEITE DES LEBENS

Kapitel Fünf

Am Boden

Seit September 1964 hatte Donald in The House gelebt und war eine halbe Autostunde zur Fordham University in der Bronx gependelt, für ein Studium, das er in den folgenden Jahren tunlichst zu erwähnen vermied. Der Übergang von dem reglementierten Leben an der NYMA zu den relativ laxen Strukturen eines College war für Donald hart. Oft hatte er nichts Besseres zu tun, als in der Nachbarschaft herumzustolzieren und nach Mädchen zum Flirten Ausschau zu halten. Eines Tages stieß er zufällig auf Annamaria, die Freundin von Billy Drake. Sie stand auf der Auffahrt und sah ihrem Vater zu, wie er das Familienauto wusch. Donald wusste, wer sie war, aber sie hatten nie miteinander gesprochen. Annamaria wusste von Freddy alles über Donald. Die beiden unterhielten sich, und dabei erwähnte sie, dass sie ein Internat in der Nähe der New York Military Academy besucht hatte.

»Welches?«, fragte er.

Als sie es ihm sagte, schaute er sie eine Sekunde lang an und erwiderte dann: »Ich bin enttäuscht von dir, dass du auf dieser Schule warst.«

Annamaria, die drei Jahre älter als Donald war, sagte: »Wie kommst du dazu, enttäuscht von mir zu sein?« Das war das Ende der Unterhaltung. Seine Vorstellung von einem Flirt war es, sie zu beleidigen und sich überlegen zu fühlen. Ihr kam das kindisch vor, als wäre er ein Zweitklässler, der seine Zuneigung für ein Mädchen dadurch ausdrückte, dass er sie an den Haaren zog.

Nachdem Freddy in Ungnade gefallen war, witterte Donald eine Gelegenheit, seinen Platz als rechte Hand des Vaters bei Trump Management einzunehmen. Donald hatte seine Lektion, dass er der Beste zu sein hatte, gelernt – wenn auch auf eine Weise, die sein Vater nicht vorgesehen hatte – und war entschlossen, sich einen akademischen Grad zu verschaffen, der seinen neuen Ambitionen angemessen war, und wenn auch nur, um damit angeben zu können. Fred hatte keine Ahnung von den jeweiligen Vorzügen der einzelnen Colleges – weder er noch meine Großmutter hatten ein College besucht, deshalb waren die Trump-Kinder bei der Bewerbung um einen Platz an einer Hochschule im Wesentlichen auf sich gestellt. Donald hatte vom guten Ruf der Wharton School gehört und fasste deshalb die University of Pennsylvania ins Auge. Leider konnte Maryanne, auch wenn sie immer die Hausaufgaben für ihn gemacht hatte, nicht die Aufnahmeprüfungen für ihn schreiben. Donald fürchtete, sein schlechter Notendurchschnitt würde seine Bemühungen um einen Platz zunichtemachen. Um auf Nummer sicher zu gehen, engagierte er Joe Shapiro, einen klugen Jungen, der den Ruf hatte, in Prüfungen gut abzuschneiden; er sollte die SATs, die standardisierten Hochschulzugangstests, für ihn schreiben. Das war damals, als es noch keine Lichtbildausweise und computergestützten Unterlagen gab, viel leichter zu bewerkstelligen als heute. Donald, dem es nie an Mitteln fehlte, bezahlte seinen Kumpel gut. Um nichts dem Zufall zu überlassen, bat er noch Freddy, mit James Nolan zu sprechen, einem Freund von St. Paul's, der praktischerweise in der Zulassungsstelle der Penn arbeitete. Vielleicht wäre Nolan ja bereit, ein gutes Wort für Freddys kleinen Bruder einzulegen.

Freddy half gerne, aber er hatte einen Hintergedanken: Er hatte zwar in Donald nie einen Rivalen gesehen oder gedacht, er habe es darauf angelegt, ihn zu ersetzen, aber gleichzeitig war er auch nicht gerne in der Nähe seines immer unerträglicher werdenden jüngeren Bruders. Es wäre eine Erleichterung, Donald los zu sein.

Letztendlich wären Donalds Machenschaften vielleicht gar nicht notwendig gewesen. Die Penn war zu der Zeit viel weniger wählerisch als heute und nahm mehr als die Hälfte aller Bewerber an. Jedenfalls bekam Donald, was er wollte. Im Herbst 1966, seinem dritten Jahr, wechselte er von Fordham an die University von Pennsylvania.

Im Juli 1965, ein paar Monate nachdem ich geboren war, schloss mein Großvater den Kauf von Steeplechase Park für 2,5 Millionen Dollar ab. Ein Jahr später bemühte sich Trump Management immer noch um die zur Entwicklung nötigen Genehmigungen und die Umwidmung des Flächennutzungsplans. Außerdem hatte das Unternehmen mit öffentlichem Widerstand gegen das Projekt zu kämpfen.

Freddy erzählte seinen Freunden, dass sich seit seiner früheren Tätigkeit bei Trump Management nichts geändert habe. Freds ständiges Mikro-Management und sein mangelnder Respekt für den Sohn machten aus dem, was eine interessante Herausforderung hätte sein können, eine trost- und freudlose Aufgabe. Zu scheitern, das verstand sich von selbst, wäre ein Desaster. Freddy glaubte allerdings immer noch, dass er, wenn das Entwicklungsprojekt durch sein Zutun zustande käme, einen viel besseren Stand bei seinem Vater haben würde.

In jenem Sommer mieteten meine Eltern von Ende Mai bis Anfang September ein Häuschen in Montauk, sodass mein Dad dem Dampfdrucktopf in Brooklyn entfliehen konnte. Mom wollte Vollzeit bei mir und Fritz bleiben, und Dad flog an den Wochenenden hin und her. Der kürzlich neu getaufte JFK-Flughafen war fünfzehn Minuten mit dem Auto entfernt von dem Büro von Trump Management, und der Flughafen von Montauk, eigentlich nur eine schmale Start- und Landebahn auf dem freien Feld, lag direkt vor unserer Haustür, sodass das Pendeln ganz einfach war. Freddys Lieblingsbeschäftigung war es nach wie vor, seine Freunde nach Montauk zu fliegen und gemeinsam hinaus aufs Wasser zu fahren.

Am Ende des Sommers waren die Pläne meines Großvaters hinsichtlich Steeplechase in Gefahr, und er wusste es. Fred hatte auf seine alten Verbindungen zum Regierungsapparat der Demokraten in Brooklyn gezählt, der den Weg für so viele seiner Entwicklungen in der Vergangenheit geebnet hatte. Mitte der 1960er verloren seine politischen Kumpane jedoch an Macht, und es wurde bald klar, dass er die für ihn notwendige Änderung des Flächennutzungsplans nicht erwirken konnte. Dennoch übertrug er Freddy die Verantwortung für das nahezu Unmögliche: Steeplechase zum Erfolg zu bringen.

Die Uhr tickte. Plötzlich hatte mein Vater mit 28 Jahren eine eher öffentliche Rolle, indem er Pressekonferenzen gab und Fototermine arrangierte. Auf einem Bild steht mein Vater, ganz schlank in seinem Trenchcoat, vor einem gähnend leeren Kaufhaus mit starrem Blick in den weiten Raum und wirkt dabei ganz klein und völlig verloren.

In einem allerletzten Versuch, einen Vorstoß der Anwohner, Steeplechase unter Denkmalschutz zu stellen, zu verhindern – denn das hätte die Projektentwicklung zum Stillstand gebracht und seine Pläne zunichtegemacht hätte –, beschloss Fred, in dem 1907 erbauten *Pavilion of Fun* ein Spektakel zu veranstalten.

Der Abriss des Parks sollte gefeiert werden – mit anderen Worten, er würde zerstören, was die Gemeinde zu retten versuchte, ehe der Denkmalschutz verhängt werden konnte. Er ließ meinen Vater eine Pressekonferenz zur Ankündigung dieses Plans geben und machte ihn dadurch zum Gesicht der Kontroverse. Bei dem Spektakel traten Models in Badeanzügen auf. Gäste wurden dazu aufgefordert, Ziegelsteine (die man kaufen konnte) auf das symbolträchtige Fenster zu werfen, das ein riesiges Bild von Tilly, dem Maskottchen des Parks, mit seinem breiten Grinsen zeigte. Auf einem Foto hält mein Großvater einen Vorschlaghammer und lächelt dabei eine nur mit Bikini bekleidete Frau an.

Das ganze Event war ein Desaster. Gefühl, Nostalgie, Gemeinschaft waren Begriffe, mit denen mein Großvater nichts anfangen konnte. Aber als dieses Fenster zu Bruch ging, muss selbst er sich eingestanden haben, dass er zu weit gegangen war. Wegen des kommunalen Widerstands gegen sein Projekt gelang es ihm nicht, die Änderung des Flächennutzungsplans zu erwirken, die er ja brauchte, und war gezwungen, aus der Projektentwicklung von Steeplechase auszusteigen.

Dieses Unterfangen zeigte seine zunehmende Unfähigkeit, am Ball zu bleiben. Freds Macht rührte zum großen Teil von seinen Verbindungen. In den frühen und mittleren 1960ern gab es eine bedeutende Wachablösung in der New Yorker Stadtpolitik, und da viele seiner alten Verbindungen und Kumpane ihre eigene Macht und Position verloren, wurde Fred überholt. Nie wieder verfolgte er ein eigenes Bauvorhaben. Der Hochhauskomplex Trump Village, 1964 fertiggestellt, sollte die letzte von Trump Management gebaute Anlage sein.

Unfähig, Verantwortung zu übernehmen, wie später Donald, schrieb Fred die Schuld für das Scheitern von Steeplechase Freddy zu. Am Ende beschuldigte Freddy sich selbst.

Es half nichts, dass Donald fast jedes Wochenende von Philadelphia nach The House heimfuhr. Es stellte sich heraus, dass er sich an der Penn nicht wohler fühlte als an der Fordham. Die Arbeit interessierte ihn nicht, und möglicherweise kam er sich plötzlich vor wie ein kleiner Fisch in einem großen Teich. In den 1960ern hatte die NYMA den Höchststand an Einschreibungen erreicht – etwas mehr als fünfhundert Schüler in den Stufen acht bis elf –, aber Penn hatte mehrere Tausend, als er dort eingeschrieben war. An der Military Academy hatte Donald die ersten paar Jahre als Unterstufenschüler überlebt, indem er die beträchtlichen Fähigkeiten einsetzte, die er beim Heranwachsen in The House erworben hatte: Gleichgültigkeit vorzuschützen angesichts von Schmerz und Enttäuschung und die Beleidigungen der größeren, älteren Jungen einzustecken. Er war kein großartiger Schüler, doch er hatte einen gewissen Charme, eine Fähigkeit, andere dazu zu bringen, sich ihm anzuschließen, die zu der Zeit nicht nur auf Grausamkeit gründete. Auf der Highschool war Donald ein ordentlicher Athlet gewesen, ein Typ, den manche mit seinen blauen Augen und blonden Haaren samt seiner Angeberei ganz attraktiv fanden. Er hatte ein aus ständigem Mobbing gewonnenes Selbstvertrauen und wusste, dass er immer bekam, was er wollte, ohne jemals darum kämpfen zu müssen. Als er in die Oberstufe ging, genoss er genug Ansehen bei seinen Mitschülern, dass sie ihn zum Führer der NYMA-Truppe bei der Parade am Kolumbustag in New York City wählten. Ein derartiger Erfolg war an der Penn nicht absehbar, und es gab für ihn keinen Grund, dort mehr Zeit als nötig zu verbringen. Es ging ihm ohnehin nur um das Prestige des akademischen Grades.

In der kritischsten Phase des Steeplechase-Deals, seinem Zerfall und seinem Nachspiel, leistete Donald einen ansehnlichen Beitrag in Form von Klugscheißerei. Freddy, der nie gelernt hatte, sich gegen den Spott und die Demütigung seines Vaters zu wappnen, reagierte ganz besonders empfindlich, wenn er vor seinen Geschwistern bloßgestellt wurde. Als sie beide jünger waren, war Donald nur Schaulustiger und Kollateralschaden gewesen. Jetzt, wo er älter war, wuchs seine Zuversicht, dass Freddys Verlust der väterlichen Wertschätzung zu seinem eigenen Vorteil wäre, und deshalb schaute er oft schweigend zu oder machte mit.

Mein Vater und mein Großvater führten eine nachträgliche Analyse des Steeplechase-Deals durch, die auf Freds Seite bitter und vorwurfsvoll und auf Freddys Seite defensiv und reuevoll war. Donald sagte ganz beiläufig zu seinem Bruder, als wäre ihm die Wirkung seiner Worte überhaupt nicht bewusst: »Vielleicht hättest du auf die Sache konzentriert bleiben sollen, anstatt jedes Wochenende nach Montauk zu fliegen.«

Freddys Geschwister wussten, dass ihr Vater immer schon missbilligt hatte, was inzwischen nur noch Freddys Hobby war. Es gab ein stillschweigendes Übereinkommen darüber, dass in Gegenwart des Alten nicht über die Flugzeuge oder die Boote gesprochen wurde. Freds Reaktion auf Donalds Enthüllung bewies, dass das richtig war, denn er sagte zu Freddy: »Weg damit.« Eine Woche später war das Flugzeug weg.

Fred machte Freddy unglücklich, aber Freddys Bedürfnis nach der Anerkennung seines Vaters schien sich nach Marblehead verstärkt zu haben und noch mehr nach dem Untergang von Steeplechase. Er würde alles tun, worum ihn sein Vater bat, nur um dessen Anerkennung zu gewinnen. Ob er sich dessen bewusst war oder nicht, er würde sie nie bekommen.

Als sie zum ersten Mal in das Gebäude The Highlander zogen, hatten Freddy und Linda befürchtet, dass andere Mieter den Sohn des Besitzers mit ihren Beschwerden belästigen würden.

Jetzt fanden sie ihre Namen ganz unten auf der Liste, wenn es um Reparaturen ging.

Die Fenster in dem Eckschlafzimmer meiner Eltern im neunten Stock boten einen weiten Blick nach Süden und Osten, aber gleichzeitig waren sie starkem Wind ausgesetzt. Darüber hinaus hatte The Highlander in jedem Zimmer eine eingebaute Klimaanlage, die nicht sachgemäß installiert war, sodass sich jedes Mal, wenn sie lief, Kondenswasser zwischen der Trockenbauwand und den Außenziegeln ansammelte. Mit der Zeit sickerte die aufgestaute Feuchtigkeit in die Trockenbauwand und weichte sie auf. Bis Dezember hatte sich der Zustand der Wand um die Wohnung meiner Eltern so verschlechtert, dass ständig ein eisiger Luftzug ins Zimmer blies. Meine Mutter versuchte die Wand um die Klimaanlage mit Plastikplane abzudecken, aber die arktische Luft strömte weiterhin ein. Selbst bei laufendem Heizstrahler blieb ihr Schlafzimmer bitterkalt. Ihre Anfrage an den Hausmeister von The Highlander, eine Wartungsmannschaft hochzuschicken, blieb unbeantwortet, und die Wand wurde nie repariert.

Die Silvesternacht 1967 war ganz besonders rau. Doch trotz Wind und Regen fuhren meine Eltern in Richtung Osten nach Montauk, um im Gurney's Inn mit Freunden zu feiern. Als sie am Neujahrstag in den frühen Morgenstunden nach Jamaica zurückfahren wollten, war es noch kälter geworden, und aus dem anhaltenden Regen war ein Wolkenbruch geworden. Als Freddy hinausging, um das Auto aufzuwärmen, war die Batterie leer. Er trug nur ein Hemd, und bei dem Versuch, das Auto zu starten, wurde er völlig durchnässt. Als er und Linda in die Wohnung und ihr zugiges Schlafzimmer zurückkamen, war er krank.

Der Stress der letzten zwei Jahre sowie die Tatsache, dass er schwer trank und rauchte (zu dem Zeitpunkt waren es im Durchschnitt zwei Päckchen am Tag), trugen dazu bei, dass

Freddy ohnehin schon in schlechter Verfassung war. Die Erkältung verschlimmerte sich zusehends, und nach ein paar Tagen ging es ihm immer noch nicht besser; in eine Decke gehüllt fröstelte er, und er konnte der Zugluft nicht entkommen. Linda rief immer wieder den Hausmeister an, bekam aber keine Antwort. Schließlich wählte sie die Nummer ihres Schwiegervaters. »Bitte, Dad«, bettelte sie, »es muss jemanden geben, der das repariert. Vielleicht irgendeiner von einem anderen Gebäude hier in Jamaica Estates oder Brooklyn? Freddy ist ernsthaft krank.« Mein Großvater meinte nur, sie solle den Hausmeister von The Highlander nochmals anrufen; er könne nichts tun.

Nachdem sich ihr Leben so lange innerhalb des Herrschaftsbereichs von Fred Trump bewegt hatte, fiel es keinem von beiden ein, einen Handwerker zu engagieren, der nicht auf der Gehaltsliste von Fred Trump stand. So lief es einfach nicht in dieser Familie; man holte Freds Erlaubnis ein, ob man sie brauchte oder nicht. Die Wand wurde nie repariert.

Eine Woche nach Neujahr rief Lindas Vater an, um ihr mitzuteilen, dass ihre Mutter einen Schlaganfall erlitten hatte. Meine Mutter wollte meinen Vater nicht alleine lassen, aber der Zustand ihrer Mutter war besorgniserregend, und sie flog nach Fort Lauderdale, sobald sie eine Betreuung für uns Kinder organisiert hatte.

Kurz darauf rief meine Großmutter »Gam« bei meiner Mutter an und teilte ihr mit, dass Freddy mit einer schweren Lungenentzündung ins Jamaica Hospital eingeliefert worden war. Linda stieg sofort ins Flugzeug und fuhr nach der Landung direkt mit dem Taxi in die Klinik.

Am 20. Januar 1967, ihrem fünften Hochzeitstag, lag mein Vater immer noch im Krankenhaus. Mom ließ sich von seinem schlechten Gesundheitszustand und seiner zunehmenden Alkoholsucht nicht abhalten und schmuggelte eine Flasche Champagner und zwei Gläser in sein Zimmer. Unabhängig davon, was um sie herum passierte oder in welcher Verfassung ihr Mann sich befand – sie hatten beschlossen zu feiern.

Nur ein paar Wochen nachdem Dad aus dem Krankenhaus entlassen worden war, erhielt Linda einen Anruf von ihrem Vater. Ihrer Mutter gehe es nach dem Schlaganfall wieder besser, teilte er ihr mit, aber er hasse es, sie der Gnade von Krankenschwestern zu überlassen, während er den ganzen Tag im Steinbruch verbringe. Der Stress bei der Arbeit, die Kosten für die Pflege seiner Frau sowie die ständige Sorge um sie seien eine starke Belastung. »Ich bin am Ende meiner Kräfte«, sagte er, »so kann es nicht weitergehen.«

Linda wusste zwar nicht genau, was ihr Vater damit meinte, aber er klang so verstört, dass sie befürchtete, er glaube, er und seine Frau wären besser tot, und er könnte eine Verzweiflungstat begehen. Als sie Freddy von der prekären Lage ihrer Eltern erzählte, sagte er, sie solle sich nicht beunruhigen, und rief seinen Schwiegervater an, um ihm seine Hilfe anzubieten. »Kündige deinen Job, Mike. Kümmere dich um Mom.« Geld war kein Thema, zumindest damals nicht, doch Freddy war nicht sicher, wie sein Vater reagieren würde, wenn er ihm davon erzählte.

»Natürlich«, sagte Fred, »das tut man für seine Familie.«

Mein Großvater hielt dies für ebenso angebracht, wie es angebracht war, dass man seine Kinder aufs College schickte oder einem Country-Club beitrat: Selbst wenn es für ihn nicht von Interesse oder ihm nicht besonders wichtig war, so war es einfach etwas, »das man eben tut«.

Nach dem Scheitern des Steeplechase-Deals gab es für Freddy bei Trump Management weniger zu tun. Er und Linda hatten seit der Geburt meines Bruders vor, ein Haus zu kaufen, und jetzt, wo er etwas mehr Zeit hatte, machten sie sich auf die Suche. Es dauerte nicht lange, bis sie ein perfektes Haus mit fünf Zimmern auf einem Zweitausend-Quadratmeter-Grundstück in Brookville gefunden hatten, einem schönen und wohlhabenden Städtchen auf Long Island. Der Umzug dorthin würde Dads Weg zur Arbeit um mindestens eine halbe Stunde verlängern, aber ein Ortswechsel und die Freiheit, nicht mehr in einem Gebäude seines Vaters zu wohnen, würden ihm guttun. Er versicherte dem Makler, dass er den Kaufpreis aufbringen könne und es kein Problem für ihn sei, eine Hypothek aufzunehmen.

Als die Bank ein paar Tage später anrief und ihm mitteilte, dass sein Antrag auf eine Hypothek abgelehnt worden war, war Freddy fassungslos. Mit Ausnahme des einen Jahres bei TWA hatte er fast sechs Jahre lang für seinen Vater gearbeitet. Er war immer noch ein Geschäftsführer bei Trump Management, das jährlich Dutzende Millionen Dollar Gewinn nach Steuern machte. 1967 war das Unternehmen fast 100 Millionen Dollar wert. Freddy hatte ein anständiges Auskommen ohne große Unkosten, es gab einen Treuhandfonds und ein (schnell schrumpfendes) Aktien-Portfolio. Die plausibelste Erklärung war, dass Fred, der sich über das, was er als Verrat seines Sohnes ansah, immer noch ärgerte und von dem Scheitern von Steeplechase erschüttert war, auf irgendeine Weise interveniert hatte, um die Transaktion zu verhindern. Mein Großvater hatte hervorragende Kontakte und riesige Summen auf Konten bei der Chase, der Manufacturer's Hanover Trust, und den anderen größten Banken in der Stadt, sodass er mehrfache Garantien dafür geben konnte, dass Freddy eine Hypothek bekam, aber ebenso leicht konnte er dafür sorgen, dass er sie nicht bekam. Faktisch saß unsere Familie in der heruntergekommenen Wohnung in Jamaica wie in einer Falle.

Es wurde Juni, und mein Vater war mehr als bereit, den Sommer wieder in Montauk zu verbringen. Meine Eltern mieteten dasselbe Ferienhaus, und mit dem Erlös aus dem Verkauf seiner

Blue-Chip-Aktien erwarb Dad ein Chrisovich-Fischerboot, das mit seinem sechzehn Fuß hohen Thunfischturm bestens geeignet war für das Hochseeangeln, das er so liebte. Er kaufte auch ein neues Flugzeug, dieses Mal eine Cessna 206 Stationair, die mehr Sitze hatte als die Piper Comanche.

Aber die neuen Spielzeuge dienten nicht nur der Erholung. Dad hatte einen Plan. Nach Steeplechase sah er sich bei Trump Management zunehmend marginalisiert, deshalb hatte er die Idee, sowohl das Boot als auch das Flugzeug zu vermieten, um sich dadurch eine neue Einkommensquelle zu erschließen. Falls es funktionierte, würde er vielleicht in der Lage sein, sich am Ende doch von Trump Management zu befreien. Er stellte einen Kapitän in Vollzeit ein, um das Bootchartergeschäft zu betreiben, doch an den Wochenenden, wo es am lukrativsten gewesen wäre, beauftragte er den Kapitän, stattdessen ihn und seine Freunde herumzufahren.

Als Linda auf dem Boot mitfuhr, fiel ihr auf, dass Freddy immer mehr trank als alle anderen, wie schon in Marblehead, was zu zunehmend heftigem Streit zwischen den beiden führte. Immer häufiger flog Freddy unter Alkoholeinfluss, bis Linda im Spätsommer 1967 schließlich nicht mehr mit ihm fliegen wollte. Der Zerfall setzte sich fort. Im September wurde Dad bewusst, dass sein Plan nicht aufging. Er verkaufte das Boot, und als Fred von dem Flugzeug erfuhr, wurde er auch das wieder los.

Mit neunundzwanzig Jahren hatte mein Vater kaum noch etwas zu verlieren.

Kapitel Sechs

Nullsummenspiel

Dads Lachen weckte mich auf. Ich hatte keinerlei Zeitgefühl. In meinem Zimmer war es völlig dunkel, nur ein ungewohnter Streifen Licht vom Flur schimmerte unter der Tür herein. Ich schlüpfte aus dem Bett. Ich war zweieinhalb, und mein fünfjähriger Bruder schlief in seinem Zimmer am anderen Ende der Wohnung. Also ging ich allein nachsehen, was los war.

Das Schlafzimmer meiner Eltern lag neben meinem Zimmer, und die Tür stand weit offen. Alle Lichter waren an. Ich blieb auf der Schwelle stehen. Dad lehnte an der Kommode, und Mom, die ihm gegenüber auf dem Bett saß, beugte sich von ihm weg, eine Hand erhoben, mit der anderen stützte sie sich auf der Matratze auf. Ich begriff nicht sofort, was ich da sah: Dad zielte mit einer Waffe auf sie, einem Kleinkalibergewehr, das er immer auf dem Boot mit hinausnahm, um auf Haie zu schießen – und er lachte unausgesetzt.

Mom flehte ihn an aufzuhören. Doch stattdessen legte er das Gewehr an und zielte ihr direkt ins Gesicht. Sie riss den rechten Arm noch weiter hoch und schrie ihn an. Aber Dad schien es einfach nur lustig zu finden. Ich drehte mich um und lief in mein Bett zurück.

Dann packte meine Mutter mich und meinen Bruder eilig ins Auto und fuhr mit uns zu Freunden, wo wir die Nacht verbrachten. Irgendwann fand mein Vater heraus, wo wir waren. Er konnte sich kaum mehr daran erinnern, was er getan hatte, versprach meiner Mutter aber, dass es nie wieder vorkommen würde. Als wir am nächsten Tag in die Wohnung zurückkehrten, wartete er auf uns, und sie wollten versuchen, die Sache wieder hinzubekommen.

Aber beide stürzten sich sogleich in ihren jeweiligen Alltag, ohne sich ihre Eheprobleme einzugestehen, geschweige denn sie anzugehen. Nichts wurde wieder gut. Im Gegenteil.

Rund drei Kilometer entfernt, in einer anderen Wohnung meines Großvaters, kämpfte Maryanne ihrerseits mit Problemen. Ihr Mann David hatte ein paar Jahre zuvor seine Jaguar-Vertretung verloren und immer noch keinen neuen Job gefunden. Jedem, der auch nur ein bisschen hingeschaut hätte, wäre klar geworden, dass nichts gut war, aber Maryannes Geschwister und ihre Freunde hielten David Desmond einfach nur für einen harmlosen, rundlichen Trottel. Freddy war es schon immer schleierhaft, warum sie ihn geheiratet hatte, und er nahm seinen Schwager nicht ernst.

Maryanne war zweiundzwanzig, als sie David kennenlernte. Als Studentin im Masterstudiengang Staatslehre an der Columbia University hatte sie vor, anschließend zu promovieren, aber aus Angst, von ihrer Familie (einschließlich Freddy) später als alte Jungfer ausgelacht zu werden, nahm sie Davids Heiratsantrag an und hängte, nachdem sie ihren Masterabschluss gemacht hatte, ihre Promotionspläne an den Nagel.

Die Probleme fingen damit an, als David, ein Katholik, darauf bestand, dass Maryanne konvertierte. Da sie nicht die Wut ihres Vaters auf sich ziehen und die Gefühle ihrer Mutter verletzen wollte, schreckte sie zunächst davor zurück, um den Segen ihrer Eltern zu bitten.

Als sie es endlich tat, sagte Fred: »Mach, was du willst.«

Worauf sie erklärte, wie leid es ihr tue, wenn sie die Eltern enttäusche.

»Maryanne, es ist mir völlig egal. Du wirst seine Frau, also geht es mich nichts mehr an.«

Meine Großmutter sagte gar nichts, und es wurde kein Wort mehr darüber verloren.

David hatte Maryanne versprochen, dass sein Name eines Tages sehr viel berühmter sein würde als der der Trumps. Doch trotz seiner guten Ausbildung mangelte es ihm ganz offensichtlich an den Fähigkeiten, seinen Ehrgeiz in die Tat umzusetzen. Dennoch hielt er beharrlich an seinem Traum fest, eine Möglichkeit zu finden, »es ihnen zu zeigen«. Genau wie Ralph Kramden in der Comedy-Show *The Honeymooners* – nur dass es ihm an dessen Charme, freundlichen Gemüt und einem festen Job mit Sozialleistungen mangelte – prahlte er gern mit dem »nächsten großen Ding«, das dann prompt danebenging, genau wie die Sache mit der Autovertretung, oder gar nicht erst des Weges kam. Nicht lange nach der Hochzeit begann David zu trinken.

Die Desmonds bezahlten keine Miete für ihre Wohnung und profitierten wie alle anderen Familienmitglieder von der Krankenversicherung, deren Beiträge Trump Management übernahm, aber eine kostenlose Wohnung und Krankenversicherung reichten nicht zum Leben, wenn man kein Einkommen hatte.

Das größte Rätsel war indes, warum sich Maryanne finanziell so von ihrem erfolglosen Mann abhängig gemacht hatte, genauso, wie es ein Rätsel war, warum Elizabeth in einer düsteren Einzimmerwohnung neben der 59th Street Bridge wohnte und Freddy nicht in der Lage war, sich endlich ein Haus zu leisten, und seine Flugzeuge, Boote und Luxusautos eins nach dem anderen verschwanden. Mein Großvater und meine Urgroßmutter hatten in den 1940ern einen Treuhandfonds für jedes der Trump-Kinder aufgelegt. Ob Maryanne bereits Anspruch auf die ihr zustehende Summe hatte, sei dahingestellt, aber Zinsen muss der Fonds jedenfalls abgeworfen haben. Doch die drei ältesten Trump-Kinder waren dazu erzogen, niemals um etwas zu bitten, und wenn mein Großvater der Treuhänder dieser Fonds war, waren sie in ihren jeweiligen finanziellen Umständen gefangen. Um Hilfe zu bitten hätte bedeutet, eine Schwäche zu zeigen oder als gierig zu erscheinen, oder den Eindruck zu erwecken, jemand anderen übervorteilen zu wollen, der im Gegenzug nichts von einem wollte (eine Ausnahme machte da nur Donald). So verpönt war es, dass Maryanne, Freddy und Elizabeth alle auf unterschiedliche Weise völlig unnötig Entbehrungen hinnehmen mussten.

Nachdem ihr Mann mehrere Jahre lang arbeitslos war, wusste sich Maryanne nicht mehr zu helfen. Schließlich wandte sie sich an ihre Mutter, doch auf verstohlene Weise, um ja kein Misstrauen zu erregen. Zum Beispiel sagte sie: »Mutter, hast du ein bisschen Kleingeld für den Waschautomaten?«, wann immer sie zu Hause vorbeischaute. Sie dachte, niemand wisse um ihre desolate Lage. Seit sie verheiratet war, betrachtete sich Fred nicht mehr als für sie zuständig, aber meiner Großmutter war ihre finanzielle Notlage nicht unbemerkt geblieben. Allerdings stellte sie keine Fragen, entweder weil sie die Nase nicht in die Angelegenheiten ihrer Tochter stecken oder aber Maryanne nicht in ihrem »Stolz verletzen« wollte. Stattdessen gab sie ihrer Tochter bei solchen Gelegenheiten eine Crisco-Dose, in der sich zuvor Backfett befunden hatte, gefüllt mit Münzen, die aus den Waschautomaten der Gebäude meines Großvaters stammten: Alle paar Tage drehte meine Großmutter in ihrem rosa Cadillac-Cabrio, eine Fuchsstola um die Schultern, ihre Runden in Brooklyn und Queens, um die

Waschmaschinenmünzen aus den einzelnen Gebäuden einzusammeln. Wie meine Tante später bekennen sollte, retteten diese umfunktionierten Lebensmitteldosen ihr, deren Eltern inzwischen sagenhaft reich waren, das Leben; andernfalls wäre sie nicht in der Lage gewesen, sich und ihren Sohn David zu ernähren.

In Anbetracht des familiären Hintergrunds hätte man doch meinen können, Maryanne wäre in der Lage gewesen, wenigstens Lebensmittel zu kaufen, ohne meine Großmutter um Geld zu bitten, wenn auch nur indirekt. Aber egal wie prekär ihre Lage war, die ältesten Trump-Kinder konnten einfach niemanden in ihrer Familie dazu bringen, ihnen substanziell zu helfen. Nach einer Weile schien es zwecklos, es überhaupt zu versuchen. Daher schickte sich Elizabeth ganz einfach in ihr Los. Und Dad gelangte irgendwann an einen Punkt, da er dachte, er habe es nicht anders verdient. Maryanne wiederum redete sich ein, nicht um Hilfe zu bitten oder welche zu erhalten sei eine Art Ehrenabzeichen. Die Angst der Geschwister vor meinem Großvater war so tief in ihnen verankert, dass sie sich ihrer nicht einmal mehr bewusst waren.

Doch irgendwann wurde die Lage mit David Desmond unhaltbar. Er fand einfach keine Arbeit, und sein Trinken wurde immer schlimmer. Zutiefst verzweifelt, aber immer noch darauf bedacht, ja nicht wie eine Bittstellerin zu erscheinen, deutete Maryanne ihrem Vater gegenüber an, David würde sich über eine Anstellung in seiner Firma freuen. Mein Großvater erkundigte sich erst gar nicht, ob es ein Problem gab. Er stellte seinen Schwiegersohn als Parkwächter in einem seiner Gebäude in den Jamaica Estates ein.

Im Frühjahr 1968 machte Donald seinen Abschluss an der University of Pennsylvania und fing nahtlos für Trump Management zu arbeiten an. Vom ersten Tag an wurde meinem damals zweiundzwanzigjährigen Onkel mehr Respekt entgegengebracht, und er genoss mehr Vergünstigungen und ein wesentlich höheres Gehalt, als meinem Vater je gewährt wurden.

Fast unmittelbar nach seinem Eintreten in die Unternehmensgruppe Trump Management ernannte mein Großvater Donald zum stellvertretenden Geschäftsführer mehrerer Tochterfirmen. Unter anderem machte er ihn zum Manager eines Gebäudes, bei dem er nichts zu managen hatte, gewährte ihm ein »Beraterhonorar« und »stellte« ihn als seinen Bankberater »ein«.

Damit verfolgte er zwei Ziele: Zum einen konnte er Freddy damit in seine Schranken weisen und seinen Angestellten signalisieren, dass sie sich von nun an Donald unterzuordnen hatten. Zum anderen festigte er Donalds De-facto-Stellung als zukünftiger Firmenerbe.

Donald sicherte sich die Aufmerksamkeit seines Vater auf eine Weise, wie kein anderer es vermochte. Von Freddys Freunden konnte es niemand verstehen, warum Donald Freddy zufolge bei seinem Vater der letzte Schrei war. Und doch war es so. Nachdem Fred Donald in den Sommerferien und an Wochenenden immer mit auf die Baustellen genommen hatte, weihte Fred ihn auch in die Geheimnisse des Immobiliengeschäfts ein. Und so entdeckte Donald, dass ihn ganz besonders die schmutzigeren Aspekte dieses Geschäfts reizten, die Verhandlungen mit Subunternehmern etwa oder das Sich-Zurechtfinden in den politischen und finanziellen Machtstrukturen, die die Welt des New Yorker Immobilienmarkts durchzogen. Während der Rest der Familie nur dabeisitzen konnte, ohne ein Wort zu verstehen, plauderten Vater und Sohn stundenlang über Lokalpolitik und Klatsch und Tratsch. Fred und Donald teilten nicht nur dieselben Vorlieben und Abneigungen, sondern verkehrten auch auf Augenhöhe miteinander, etwas, das Freddy mit seinem Vater nie möglich gewesen war. Freddys Horizont war weiter als der seines

Bruders und Vaters. Im Gegensatz zu Donald hatte er im College Organisationen und Kreisen angehört, in denen er die Ansichten Menschen ganz anderer Herkunft kennengelernt hatte. In der Nationalgarde und als Pilot bei der TWA hatte er es mit den besten und hellsten Köpfen ihres Fachs zu tun, die an eine höhere Sache glaubten, daran, dass es Wichtigeres gab als Geld, zum Beispiel einen hohen Sachverstand, Leidenschaft für die Sache, Loyalität. Sie begriffen das Leben nicht als Nullsummenspiel. Aber genau das war auch Teil des Problems meines Vaters. Donald war ebenso engstirnig und provinziell und egoistisch wie sein Vater. Aber er verfügte auch über ein Selbstvertrauen und eine Unverfrorenheit, um die ihn Fred beneidete, weil es ihm daran mangelte, und die er sich zunutze machen wollte.

Zwar hatte sich Donald in der Firma als Nachfolger in Stellung gebracht, aber zu Hause war er nach wie vor auf verlorenem Posten. Robert studierte an der Boston University, was ihn vor dem Militärdienst in Vietnam bewahrte, und Donald und Elizabeth hatten keinerlei Gemeinsamkeiten. Freddy bemühte sich, seinen jüngeren Bruder in die Unternehmungen mit seinen Freunden einzubeziehen, aber das ging meistens schief. Sie wollten sich bei Freizeitbeschäftigungen wie Angeln und Wasserski entspannen und ihren Spaß haben. Donalds Humorlosigkeit und Selbstgefälligkeit stieß sie ab. Auch wenn sie sich Freddy zuliebe bemühten, seinen kleinen Bruder zu integrieren – sie mochten ihn einfach nicht.

Gegen Ende von Donalds erstem Jahr in der väterlichen Firma wurden die Spannungen zwischen ihm und Freddy immer offensichtlicher. Während sich Freddy bemühte, den ganzen Ballast im Büro zurückzulassen, konnte Donald das nicht. Gleichwohl fragte Freddy, als Billy Drakes Freundin Annamaria eine Dinnerparty gab, ob er seinen kleinen Bruder mitbringen könne.

Dieser Abend ging indes auch nicht besser aus als Donalds Flirtversuche in der Auffahrt vor ein paar Jahren. Als kurz nach dem Eintreffen der beiden Brüder laute Stimmen zu hören waren, eilte Annamaria aus der Küche, wo sie das Abendessen zubereitete. Sie wurde Zeugin, wie sich die beiden Brüder im Streit gegenüberstanden und Donald, hochrot im Gesicht, mit dem Finger auf Freddys Gesicht deutete. Donald habe dermaßen aufgebracht gewirkt, dass Annamaria fürchtete, er würde Freddy gleich schlagen, daher schob sie sich zwischen die beiden sehr großen Männer.

Freddy trat einen Schritt zurück und stieß zwischen zusammengepressten Zähnen hervor: »Donald, verschwinde von hier.«

Nach kurzem, perplexen Zögern stürmte Donald hinaus und sagte wütend: »Okay, iss du doch ihr Roastbeef!«, ehe er die Tür hinter sich zuschlug.

»Idiot!«, rief Annamaria ihm nach. Dann drehte sie sich zu Freddy um. »Was war das denn?«

Sichtlich mitgenommen erwiderte er: »Ach, Geschäftsangelegenheiten.« Und dabei beließen sie es.

Bei uns zu Hause in The Highlander wurde die Situation auch nicht besser. Trotz der Schlangenphobie meiner Mutter brachte Dad eines Tages einen Königspython mit nach Hause und stellte das Terrarium im Hauswirtschaftszimmer auf, sodass meine Mutter gezwungenermaßen daran vorbei musste, wann immer sie Wäsche waschen, ins Zimmer meines Bruders gehen oder die Wohnung verlassen wollte. Auf diesen überflüssigen Akt der Grausamkeit hin eskalierten die Streitereien, und 1970 reichte es meiner Mutter endgültig. Sie forderte Dad auf auszuziehen. Als er ein paar Wochen später unangekündigt wieder auftauchte, rief sie meinen Großvater an und bestand darauf, dass er das Schloss austauschen ließ. Zum ersten Mal weigerte sich Fred nicht, ihrer

Bitte nachzukommen; weder stellte er Fragen, noch gab er ihr die Schuld. Er sagte lediglich, er werde sich darum kümmern, und das tat er auch.

Dad sollte nie wieder bei uns einziehen.

Anschließend rief meine Mutter Matthew Tosti an, den Anwalt meines Großvaters, und teilte ihm mit, sie wolle sich scheiden lassen. Mr. Tosti und sein Partner Irwin Durben arbeiteten seit den 1950ern für meinen Großvater. Schon lange bevor sich meine Eltern scheiden ließen, war Mr. Tosti ihre wichtigste Anlaufstelle, wenn es um uns Kinder oder um Geld ging. Er war zu ihrem Vertrauten geworden; in der trostlosen Öde der Familie Trump ragte er wie ein warmherziger, hilfsbereiter Verbündeter heraus, und sie betrachtete ihn als einen Freund.

Doch so freundlich Mr. Tosti auch war, er wusste ganz genau, wem er Loyalität schuldete. Obwohl sich meine Mutter an einen Anwalt gewandt hatte, hätte die Scheidungsvereinbarung ebenso gut von meinem Großvater diktiert sein können. Ihm war klar, dass seine Schwiegertochter keinen Schimmer hatte, wie reich die Familie ihres Mannes war oder was dieser als Sohn eines überaus reichen Mannes eines Tages erwarten konnte.

Und so wurde vereinbart, dass meine Mutter eine wöchentliche Apanage von 100 Dollar plus 50 Dollar als Alimente für die Kinder bekommen sollte. Damals waren das zwar keine unbedeutenden Beträge, zumal Extras wie Schulgebühren, die Kosten für Sommercamps und Krankenversicherung ebenfalls von meinem Vater übernommen wurden. Desgleichen die Miete. Da unsere Wohnung meinem Großvater gehörte, belief diese sich lediglich auf 90 Dollar im Monat. (Viele Jahre später erfuhr ich, dass meinem Bruder und mir zehn Prozent von The Highlander gehörten, umso bizarrer erscheint es im Rückblick, dass wir überhaupt Miete zahlen mussten.) Überdies wurde eine

Obergrenze von 250 Dollar für die Miete vereinbart, die Dad für uns übernehmen musste, sodass es uns kaum möglich gewesen wäre, in eine bessere Wohnung oder ein besseres Viertel zu ziehen. Außerdem erklärte sich mein Vater, Spross einer Familie, die damals Hunderte Millionen Dollar besaß, bereit, die Gebühren für Privatschulen und das College für uns zu bezahlen. Aber wenn wir in Urlaub fahren wollten, musste sich meine Mutter zuvor die Kosten von Mr. Tosti genehmigen lassen. Was die Vermögenswerte betraf, war an ein Splitting gar nicht zu denken, sodass sich ihr Einkommen auf die 600 Dollar belief, die ihr monatlich zustanden, eine Summe, die während der kommenden zehn Jahre gleich blieb. Abzüglich der laufenden Kosten blieb für meine Mutter kaum etwas übrig, um ihre übliche Weihnachtsspende zu tätigen, geschweige denn Geld für einen Hauskauf zurückzulegen.

Meine Mutter erhielt das alleinige Sorgerecht für mich und meinen Bruder, so wie es damals üblich war, aber das Besuchsrecht meines Vaters wurde nicht genau spezifiziert: »Mr. Trump darf die Kinder in gewissen Abständen und nach angemessener Vorankündigung sehen.« In den meisten Fällen bedeutete »die Kinder sehen«, sie übers Wochenende und einmal wöchentlich zum Abendessen abzuholen. Und so handhabten es auch meine Eltern mit der Zeit, wobei sich das erst allmählich einspielte, ohne dass es genaue Regeln dafür gab.

1969 war es endgültig vorbei mit Planungen für das Steeplechase-Projekt, aber nach einer Weile kaufte die Stadt das Land von meinem Großvater zurück. Nachdem er nichts anderes getan hatte, als ein beliebtes Wahrzeichen der Stadt zu zerstören, strich er einen Profit über 1,3 Millionen Dollar ein. Und als alleiniger Schuldiger am Scheitern des Projekts blieb: mein Vater.

Kapitel Sieben

Parallelen

Als Freddy 1960 und Donald 1968 bei Trump Management anfingen, hatten beide ähnliche Vorstellungen: die rechte Hand ihres Vaters werden und dann seine Nachfolge antreten. Zu unterschiedlichen Zeiten und auf verschiedene Weise waren beide dazu herangezogen worden, diese Rolle auszufüllen. Es mangelte ihnen nie an Geld, um teure Kleidung oder Luxusautos zu kaufen. Doch damit endeten die Ähnlichkeiten auch schon.

Freddy bemerkte bald, dass sein Vater nicht willens war, Platz für ihn zu machen oder andere Aufgaben an ihn zu delegieren als die banalsten Tätigkeiten; ein Problem, das sich in der Hochphase des Baus von Trump Village zuspitzen sollte. Da er sich gefangen, nicht wertgeschätzt und unglücklich fühlte, verließ er die Firma, um seinen Erfolg anderswo zu suchen. Im Alter von fünfundzwanzig Jahren war er Berufspilot, flog die 707er-Maschinen für die TWA und verdiente so den Unterhalt für seine junge Familie. Nachträglich besehen war das die beste Zeit in Freddys Privat- und Berufsleben. Mit sechsundzwanzig war er zurück bei Trump Management; die Chance zur Rehabilitation, die man ihm mit Steeplechase scheinbar gegeben hatte, erwies sich als Chimäre und verpuffte. Seine Aussichten auf Erfolg waren am Ende.

1971 hatte mein Vater, mit Ausnahme der zehn Monate als Pilot, elf Jahre für meinen Großvater gearbeitet. Nichtsdestotrotz beförderte Fred den gerade einmal vierundzwanzigjährigen Donald zum Geschäftsführer von Trump Management. Er war erst seit drei Jahren an Bord und hatte sehr wenig Erfahrung und noch weniger Qualifikationen, aber das störte Fred anscheinend nicht.

In Wirklichkeit brauchte Fred keinen seiner beiden Söhne bei Trump Management. Er selbst ernannte sich selbst zum Vorstandsvorsitzenden, aber nichts an seiner Stellenbeschreibung änderte sich: Er war der Herr im Haus. Fred war seit dem Scheitern von Steeplechase sechs Jahre zuvor nicht mehr als Immobilienentwickler tätig gewesen, und Donalds Aufgaben als Geschäftsführer blieben unklar. Anfang der 1970er, als New York City am Rande des wirtschaftlichen Ruins stand, kürzte die Bundesregierung die Mittel der FHA (größtenteils aufgrund der Kosten des Vietnamkriegs), weswegen Fred keine FHA-Fördergelder mehr erhielt. Auch Mitchell-Lama, ein vom Staat New York unterstütztes Programm für bezahlbaren Wohnraum, geriet ins Stocken.

Unternehmerisch ergab die Beförderung von Donald keinen Sinn. Wozu genau war er befördert worden, was waren seine Aufgaben? Mein Großvater hatte keine Entwicklungsvorhaben, die politische Machtstruktur, auf die er sich jahrzehntelang verlassen hatte, löste sich auf, und die Stadt New York war in eine dramatische finanzielle Schieflage geraten. Hauptzweck der Beförderung war, Freddy abzustrafen und zu beschämen. Es war die jüngste in einer langen Reihe solcher Peinigungen, doch höchstwahrscheinlich war es die schlimmste, vor allem aufgrund des Kontexts, in dem sie geschah.

Fred war fest entschlossen, eine Position für Donald zu finden. Es dämmerte ihm bereits, dass sein mittlerer Sohn weder das Naturell hatte, noch über die Aufmerksamkeit fürs Detail verfügte, die man brauchte, um das Tagesgeschäft seines Unternehmens zu bewerkstelligen, aber er hatte etwas anderes: kühne Ideen und die Chuzpe, sie zu umzusetzen. Fred hegte schon seit Langem den Wunsch, sein Reich über den Fluss bis ins Innere von Manhattan, dem Heiligen Gral der New Yorker Immobilienentwickler, auszudehnen. Der Beginn seiner Karriere hatte gezeigt, dass er ein Talent für Selbstdarstellung, Heuchelei und Übertreibung besaß. Doch als Sohn von deutschen Einwanderern der ersten Generation war Englisch für Fred eine Zweitsprache, und er musste seine Sprachkenntnisse vertiefen – den Kurs bei Dale Carnegie hatte er also aus gutem Grund belegt, und zwar nicht, um seinem Selbstvertrauen einen Schub zu verpassen. Der Kurs hatte sich aber als Zeitvergeudung erwiesen. Und es gab ein weiteres Hindernis, das zu überwinden vielleicht noch schwieriger war: Freds Mutter, so fortschrittlich sie in manchen Dingen dachte, war äußerst streng und traditionell. Dass ihr Sohn erfolgreich und wohlhabend war, ging in Ordnung. Dass er sich damit aufspielte, hingegen nicht.

Donald kannte solche Hemmnisse nicht. Er hasste Brooklyn ebenso sehr wie Freddy, aber aus anderen Gründen – die Enge des trostlosen Arbeiterviertels, sein Mangel an »Potenzial«. Er konnte gar nicht schnell genug von dort wegkommen. Trump Management befand sich auf der Avenue Z, mitten in Beach Haven in South Brooklyn, einem der größten Apartmentkomplexe meines Großvaters. Er hatte nicht viele Veränderungen vorgenommen. Das schmale Vorzimmer war mit zu vielen Tischen vollgestopft und die kleinen Fenster ließen nur wenig Licht herein. Hätte Donald über die ihn umgebenden Gebäude und Anlagen hinsichtlich der Anzahl der Wohnungen, den Wert der Grundpacht und die schiere Masse an Geld gedacht, die monatlich auf Trump Management niederregnete, hätte er die ungeheure Gelegenheit erkannt. Stattdessen muss er jedes Mal, wenn er vor dem Büro stand und die zweckmäßig-nüchterne Gleichförmigkeit von Beach Haven betrachtete, von dem erstickenden Gefühl überwältigt worden sein, all das sei unter seiner Würde. Für sich selbst sah er keine Zukunft in Brooklyn, und er wollte es so schnell wie möglich hinter sich lassen.

Abgesehen davon, dass ihn ein Chauffeur, dessen Gehalt das Unternehmen seines Vaters bezahlte, in einem Cadillac, den das Unternehmen seines Vaters geleast hatte, durch Manhattan kutschierte, um »Grundstücke auszukundschaften«, scheint es zu Donalds Arbeitsplatzbeschreibung gehört zu haben, über seine »Erfolge« zu lügen und wohl auch sich zu weigern, Wohnungen an Schwarze zu vermieten (was später Gegenstand einer Klage des Justizministeriums wurde, die meinen Großvater und Donald der Diskriminierung beschuldigte).

Donald verwandte einen großen Teil seiner Zeit darauf, ein Image zu fabrizieren, das ihm dabei helfen sollte, in die Kreise Manhattans vorzustoßen, zu denen er unbedingt dazugehören wollte. Als Kind der ersten Fernsehgeneration hatte er Stunden vor dem Gerät verbracht, und die episodische Natur der Sendungen sagte ihm zu. Sie halfen ihm dabei, das aalglatte, oberflächliche Image zu kreieren, für das er später stehen und das er verkörpern sollte. Das Wohlgefallen, das er an diesem Image fand, zusammen mit der Bevorzugung durch seinen Vater und der materiellen Sicherheit, die ihm der Reichtum seines Vaters gewährte, statteten ihn mit dem unverdienten Selbstvertrauen aus, mit dem er seine Show abzog, die selbst in seinen Anfängen nichts anderes war als eine Farce: Er verkaufte sich nicht nur als reicher Playboy, sondern auch als brillanter Selfmade-Geschäftsmann.

In jenen frühen Tagen wurde das teure Bestreben von meinem Großvater mit Begeisterung, wenngleich im Verborgenen, finanziert. Fred durchschaute das Ausmaß von Donalds Beschränktheiten nicht gleich und hatte keine Ahnung, dass er im Großen und Ganzen ein Trugbild nährte – jedenfalls hatte Donald kein Problem damit, das Geld seines Vaters auszugeben. Fred wiederum war entschlossen, das Geld weiterhin in die Taschen seines Sohnes fließen zu lassen. In den späten 1960ern entwickelte Fred beispielsweise ein Hochhaus für ältere Menschen in New Jersey; ein Projekt, das vor allem dazu diente, herauszufinden, wie man an Regierungsgelder herankam (Fred erhielt ein weitgehend zinsloses Darlehen in Höhe von 7,8 Millionen Dollar, mit dem er 90 Prozent der Baukosten decken konnte); es war aber auch ein Beispiel dafür, wie weit zu gehen er bereit war, um seinen zweiten Sohn zu bereichern. Obwohl Donald sich nicht an den Kosten beteiligte, erhielt er ein Beraterhonorar. Außerdem wurde er dafür bezahlt, die Immobilie zu verwalten, ein Job, für den es am Standort bereits mehrere Vollzeitangestellte gab. Dieses eine Projekt bescherte Donald Zehntausende Dollar pro Jahr, obwohl er im Grunde keinen Finger dafür gerührt, nichts für die Entwicklung getan, kein Finanzierungsrisiko eingegangen oder auch nur sich in der Verwaltung engagiert hatte.

Einen ähnlichen Taschenspielertrick führte Fred vor, als er den Apartmentkomplex Swifton Gardens, ein durch die FHA gefördertes Projekt, dessen Bau ursprünglich 10 Millionen Dollar gekostet hatte, bei einer Auktion für 5,6 Millionen Dollar erstand. Zusätzlich sicherte er sich eine Hypothek in Höhe von 5,7 Millionen Dollar, welche auch die Kosten für Verschönerungen und Reparaturen deckte, somit bezahlte er für die Gebäude im Grunde rein gar nichts. Als er die Immobilie später für 6,75 Millionen Dollar verkaufte, wurde das als Donalds Leistung angesehen, und er bekam auch den Großteil der Gewinne.

Der Traum vom Fliegen war meinem Vater entrissen worden, und jetzt hatte er auch noch sein Erstgeburtsrecht verloren. Er war ein geschiedener Mann; seine Kinder sah er kaum noch. Er hatte keinerlei Vorstellung, was für ihn noch kommen könnte oder was er als Nächstes tun sollte. Doch eines wusste er: Wollte er seine Selbstachtung nicht vollends aufgeben, musste er Trump Management hinter sich lassen, und zwar endgültig.

Die erste Wohnung meines Vaters nach seinem Auszug aus The Highlander war ein Einzimmerapartment im Souterrain eines Backsteinhauses in einer ruhigen, schattigen Straße in Sunnyside in Queens. Er war zweiunddreißig Jahre alt und hatte noch nie allein gewohnt.

Das Erste, was wir sahen, als wir eintraten, war ein Behälter mit zwei Strumpfbandnattern und einer Königspython.

Ein weiterer Behälter, der mit Goldfischen gefüllt war, und einer mit ein paar Mäusen, die durchs Stroh wuselten, standen auf Böcken links der Schlangen. Mir war klar, wofür die Mäuse bestimmt waren.

Außer einem Schlafsofa, einem kleinen Küchentisch mit billigen Stühlen und dem Fernseher gab es zwei weitere Terrarien, die einen Leguan und eine Schildkröte beherbergten. Wie nannten sie Tomato und Izzy.

Mein Vater schien auf seine neue Bleibe stolz zu sein und erweiterte seine Menagerie mit der Zeit noch. Bei einem unserer Besuche nahm er uns mit nach unten in den Heizungskeller und führte uns zu einer Kiste mit sechs Entenküken. Der Vermieter hatte ihm erlaubt, für seinen provisorischen Brutschrank ein paar Wärmelampen aufzustellen. Die Küken waren so winzig, dass wir sie mit einer Pipette füttern mussten.

»Reiß dich doch einfach am Riemen«, sagte mein Großvater zu meinem Vater, als ob das allein genügen würde, damit sein Sohn mit dem Trinken aufhören könnte. Als wäre es nur eine Frage der Willenskraft. Sie waren in der Bibliothek, aber ausnahmsweise saßen sie sich gegenüber – nicht direkt als Ebenbürtige, das nicht –, aber als zwei Menschen, die ein Problem zu lösen hatten, auch wenn sie vielleicht nie eine gemeinsame Lösung finden würden. Obwohl sich die medizinische Sicht auf Alkohol und Sucht in den letzten Jahrzehnten drastisch verändert hatte, hatte sich die öffentliche Wahrnehmung nicht sonderlich verändert. Trotz Behandlungsprogrammen wie den Anonymen Alkoholikern, die es seit 1935 gab, blieb das Stigma bestehen, das Süchtigen und dem Thema Sucht anhaftete.

»Du musst dich nur entschließen, es aufzugeben«, sagte mein Großvater und unterbreitete meinem Vater damit eine Plattitüde, die Norman Vincent Peale sicherlich gefallen hätte. Das, was einer Lebensphilosophie Freds am Nächsten kam, war die Erfolgstheologie, die er wie ein stumpfes Instrument und eine Hintertür nutzte. Nie hatte er einem seiner Kinder damit mehr Schaden zugefügt als in diesem Moment.

»Das ist, als würdest du sagen, ich solle mich dazu entschließen, den Krebs aufzugeben«, sagte mein Vater. Er hatte Recht, aber mein Großvater ging ganz in der gegenwärtigen Mentalität der »Opferbeschuldigung« auf und brachte es nicht fertig, über seinen Schatten zu springen.

»Ich muss davon loskommen, Dad. Ich glaube nicht, dass ich das auf eigene Faust schaffe. Ich weiß, dass ich es nicht kann.«

Anstatt ihn zu fragen: »Wie kann ich dir helfen?«, sagte Fred: »Was willst du von mir?«

Freddy wusste nicht, wo er anfangen sollte.

Mein Großvater war an keinem einzigen Tag seines Lebens krank gewesen; er hatte kein einziges Mal bei der Arbeit gefehlt, er war nie von Depressionen, Ängsten oder einem gebrochenen Herzen in die Knie gezwungen worden, nicht einmal, als seine

Frau dem Tod nahe war. Es schien, als hätte er überhaupt keine verwundbaren Stellen, und daher konnte er sie bei anderen weder zur Kenntnis nehmen noch akzeptieren.

Mit Gams Verletzungen und Krankheiten hatte er nie gut umgehen können. Wann immer sie litt, sagte mein Großvater etwas wie: »Alles großartig. Stimmt's, Schätzchen? Man muss einfach nur positiv denken«, und dann ging er so schnell wie möglich aus dem Zimmer und ließ sie mit ihrem Schmerz allein.

Manchmal raffte sich Gam dazu auf, ihm mit »Ja, Fred« zu antworten. Meistens sagte sie aber nichts, biss die Zähne zusammen und kämpfte gegen ihre Tränen an. Das gnadenlose Beharren meines Großvaters darauf, dass alles »großartig« war, ließ anderen Gefühlen keinen Raum.

Uns erzählte man, dass unser Vater krank sei und für ein paar Wochen in eine Klinik müsse. Man erzählte uns auch, er müsse seine Wohnung aufgeben – scheinbar wollte der Hausherr das Apartment anderweitig vermieten. Fritz und ich machten uns auf, um Kleidung, Spiele und anderen Krimskrams zusammenzupacken, den wir dort gelassen hatten, doch als wir ankamen, war die Wohnung bereits so gut wie leer geräumt. Die Terrarien waren verschwunden, ebenso die Schlangen. Ich habe nie herausgefunden, was mit ihnen geschehen ist.

Als unser Vater von wo auch immer – der Klinik oder Entziehungskur – zurückkam, zog er auf dem Dachboden meiner Großeltern ein. Es war eine Übergangslösung, und man hatte sich keine Mühe gemacht, den Raum halbwegs wohnlich herzurichten. All die Kisten und gebrauchten Spielsachen – darunter auch das alte Feuerwehrauto, der Kran und der Spielzeuglastwagen, die meine Großmutter dort vor all den Jahren versteckt hatte – waren nur ans eine Ende des Dachbodens geschoben und eine Pritsche ans andere, jetzt leer geräumte Ende gestellt worden. Unser Vater stellte seinen tragbaren Schwarz-Weiß-Fernseher unter der Dachluke auf seinen alten Armeekoffer von der Nationalgarde.

Als Fritz und ich ihn besuchten, übernachteten wir auf dem Boden neben seiner Pritsche und sahen uns zahllose alte Filme wie *Tora! Tora! Tora!* und *Eine total, total verrückte Welt* an. Wenn es ihm gut genug ging und er nach unten kam, schloss sich unser Vater uns sonntags für den wöchentlichen Streifen von *Abbott und Costello* auf WPIX an.

Nach ein oder zwei Monaten teilte mein Großvater meinem Vater mit, dass es in den Sunnyside Towers, einem Gebäude, das mein Großvater 1968 gekauft hatte, eine leer stehende Wohnung gebe – es war ein Einzimmerapartment im obersten Stock.

Während mein Vater seinen Umzug in Richtung Sunnyside vorbereitete, machte sich Maryanne, mithilfe eines Kredits in Höhe von 600 Dollar, für ihr Studium an der Hofstra Law School bereit. Das war nicht ihre erste Wahl gewesen, doch die Hofstra lag nur zehn Minuten mit dem Auto von den Jamaica Estates entfernt – nahe genug also, dass sie meinen Cousin David morgens zur Schule bringen und ihn nachmittags abholen konnte. Wieder an die Universität zu gehen war ein lang zurückgestellter Traum. Sie hoffte auch, dass sie als Anwältin die nötigen Mittel haben würde, ihren Ehemann eines Tages verlassen zu können. Mit den Jahren war ihre Lebenssituation immer desolater geworden. Der Job als Parkplatzwächter, den ihm sein Schwiegervater zugeschanzt hatte, war eine Demütigung, von der er sich nicht erholt hatte. Im Laufe der Jahre war David gegenüber seiner Frau immer wieder handgreiflich geworden, vor allem, wenn er betrunken war. Er hatte eine Pistole auf sie gerichtet und sie mehr als einmal mit einem Messer bedroht, während ihr kleiner Sohn im Zimmer nebenan schlief.

Maryannes Schritt in Richtung Unabhängigkeit ließ ihren Ehemann erst recht ausrasten, und nachdem sie von ihrem ersten Tag an der juristischen Fakultät zurückkam, warf er in einem Wutanfall den gemeinsamen dreizehnjährigen Sohn aus der Wohnung. Maryanne nahm ihn mit nach The House, wo sie die Nacht verbrachten. David Desmond Sr. räumte unterdessen ihr mageres Konto leer und verließ die Stadt.

Wenn die ganze Familie zusammenkam, verbrachten wir die meiste Zeit in der Bibliothek; das war bis 1987, als Donalds von einem Ghostwriter verfasstes Buch *Die Kunst des Erfolges* veröffentlicht wurde, ein bücherloser Raum. Die Regale wurden stattdessen genutzt, um Hochzeitsfotos und Porträts auszustellen. Die Wand gegenüber dem Erkerfenster zum Hinterhof wurde von einem Studioporträt der Geschwister dominiert, aufgenommen, als sie erwachsen waren. Es hatte eine frühere Version ersetzt, die in der Zeit um Freddys vierzehntes Lebensjahr gemacht worden war. Es zeigt die fünf in ähnlichen Posen. Nur zwei Fotos waren nicht aus dem Studio: ein Schwarz-Weiß-Bild meiner Großmutter, auf dem sie mit Hut und Pelzstola majestätisch und herablassend aussieht, wie sie zusammen mit meinen Tanten, damals junge Frauen, in Stornoway auf der Isle of Lewis, ihrer Heimat, eine Gangway herabschreiten. Und ein Foto von Donald, wie er die Schultruppe der NYMA in seiner Paradeuniform zur Kolumbustag-Parade der Stadt führt. An den Wänden standen zwei mit dunkelblau-grünem Vinyl gepolsterte Zweiersofas und vor dem Fernseher ein großer Sessel, ein Platz, um den sich die Kinder regelmäßig stritten. Mein Großvater, in seinem Dreiteiler mit Krawatte, saß, die Füße fest auf dem Boden, auf dem Sofa, in nächster Nähe zu dem schweren Telefontisch aus Pinienholz.

Wenn wir nicht in Sunnyside waren, fuhren mein Vater, Fritz und ich jeden Samstag mit dem Rad die Highland Avenue entlang und über die Seitenstraßen der Jamaica Estates nach The House, um mit unserem Cousin David abzuhängen – oder besser gesagt, Fritz und David hingen zusammen ab, während ich versuchte mitzuhalten.

Wann immer Maryanne und Elizabeth zu Besuch kamen, saß Gam mit ihnen an einem kleinen blauen Resopaltisch mit Edelstahlkanten, der aussah, als käme er direkt aus einer Eisdiele aus den 1950ern. Unmittelbar dahinter befand sich eine düstere Anrichte von der Größe eines begehbaren Kleiderschranks, in der ein kleiner Schreibtisch stand, wo Gam ihre Einkaufslisten, Belege und Rechnungen aufbewahrte. Marie, die leidgeprüfte Haushälterin, versteckte sich dort oft und lauschte ihrem Kofferradio, und an regnerischen oder kalten Tagen, wenn David, Fritz und ich im Haus gefangen waren, trieben wir sie in den Wahnsinn. Auf der anderen Seite der Anrichte war eine Schwingtür, die ins Esszimmer führte. Wir nutzten die Schleife von der Hintertür durch den Flur, an der Küche vorbei, durch das Foyer um das Esszimmer, durch die Anrichte und zurück in die Küche als unsere persönliche Rennbahn, auf der wir einander jagten, tobten, herumschrien, beschleunigten, bis einer von uns unweigerlich in ein Möbelstück rauschte. Zwischen Kühlschrank und Durchgang zur Anrichte ließ Gam uns in der Regel freien Lauf, aber wenn sie in der Küche war, verlor sie die Geduld und schrie, wir sollten aufhören. Wenn wir sie ignorierten, drohte sie uns mit einem Holzlöffel – allein das Geräusch beim Öffnen der Schublade ließ uns zusammenfahren. Wenn wir aber dumm genug waren, weiter um sie herum zu sausen und Krach zu machen, kam der Löffel ins Spiel, und wer als Erstes erwischt wurde, bekam eine Abreibung. Liz für ihren Teil zog uns an den Haaren, um uns auszubremsen, wenn wir vorbeirasten.

Danach rannten Fritz, David und ich üblicherweise in den Keller – Erwachsene kamen uns hier nur auf ihrem Weg in den

Wäscheraum oder in die Garage in die Quere. So konnten wir laut sein, mit dem Fußball kicken und abwechselnd mit Gams elektrischem Treppenlift hoch- und runterfahren (oder uns darum zanken). Die meiste Zeit verbrachten wir ganz am Ende des Kellers in einem offenen Raum, in dem wir alle Lichter anmachten. Mit Ausnahme der lebensgroßen Holzstatuen von Indianerhäuptlingen, die hinten im Raum an der Wand aufgestellt waren wie Sarkophagfiguren, war der Keller ziemlich gewöhnlich: abgehängte Decken mit Neonbeleuchtung, schwarz-weiße Linoleumfliesen und ein altes Klavier, das weitgehend unberührt blieb, da es derart verstimmt war, dass man nicht darauf spielen konnte. Darauf lag Donalds Paradehut mit großem Federbusch, den er als Fahnenträger an der Military Academy getragen hatte. Obwohl er mir bis zur Nase rutschte, setzte ich ihn manchmal auf und zog den Kinnriemen fest.

Wenn ich allein dort unten war, wurde der Keller – halbdunkel, die Holzindianer als Wächter im Schatten – zu einem seltsam exotischen Ort. Gegenüber der Treppe war eine große Mahagonibar, voll ausgestattet mit Barhockern, staubigen Gläsern und einer funktionstüchtigen Spüle, allerdings ohne Alkohol. Sie war in die Ecke des Raumes eingebaut – im Haus eines Mannes, der nicht trank, eine Besonderheit. An der Wand dahinter hing ein großes Ölgemälde von einer schwarzen Sängerin mit schönen vollen Lippen und ausladenden, wippenden Hüften. Sie trug ein figurbetontes goldgelbes Kleid mit Rüschen und stand am Mikrofon, den Mund geöffnet, die Hand ausgestreckt. Hinter ihr spielte eine Jazzband aus schwarzen Männern in weißer Smokingjacke und mit dunkler Fliege. Die Blasinstrumente glänzten, die Holzinstrumente schimmerten. Der Klarinettist blickte mich mit einem Funkeln in den Augen direkt an. Ich stand, ein Küchenhandtuch über die Schulter geworfen, hinter der Bar und mixte Drinks für meine imaginären Kunden. Oder ich saß als einzige Barbesucherin auf einem der Hocker und träumte mich in das Bild hinein.

Unser Onkel Rob, der nicht viel älter als wir und für uns mehr Bruder als Onkel war, spielte immer, wenn er aus der Stadt kam, mit uns Fußball. Wir spielten hart, und an heißen Tagen liefen wir oft in die Küche, um uns eine Dose Cola oder einen Traubensaft zu holen. Rob nahm sich oft einen Block abgepackten Philadelphia-Frischkäse; am Kühlschrank lehnend, schälte er die Folie ab und aß den Käse, als wäre es ein Schokoriegel. Dann spülte er ihn mit Limonade hinunter.

Rob war ein ausgezeichneter Fußballspieler, und ich versuchte, mit ihm und den Jungs Schritt zu halten, aber manchmal fühlte ich mich, als würden sie mich nur als Zielscheibe benutzen.

Wenn Donald da war, warfen wir meistens einen Baseball, manchmal auch einen Football. Er hatte in der Military Academy Baseball gespielt und war noch weniger rücksichtsvoll als Rob; er sah keinen Grund dafür, den Ball etwas sanfter zu werfen, nur weil seine Nichte und seine Neffen erst sechs, neun oder elf Jahre alt waren. Als ich es einmal schaffte, den Ball zu fangen, den er mir entgegenschleuderte, hallte der Knall beim Aufprall gegen meinen Lederhandschuh wie ein Schuss von der Ziegelmauer im Garten wider. Selbst bei kleinen Kindern musste Donald der Gewinner sein.

Nur der unverbesserlichste Optimist hätte in den Sunnyside Towers leben können, ohne die Hoffnung zu verlieren. Es gab keinen Pförtner, und die Plastikblumen, die zwei große Kästen zu beiden Seiten der Eingangstür aus Plexiglas füllten, waren stets mit einem dünnen Staubfilm überzogen. Unser Gang im sechsten Stock stank immer nach abgestandenem Zigarettenrauch. Der muffige Teppich war in einem seelenlosen trüb-grauen Farbton gehalten. Das neutrale Deckenlicht war gnadenlos.

Das Leben meines Vaters hatte seinen Höhepunkt erreicht, als er mit meiner Mutter nach ihrer Hochzeit in einer Zweizimmerwohnung in der Nähe von Sutton Place wohnte. In diesem einen Jahr verbrachten sie ihre Abende mit Freunden in der Copacabana und flogen an den Wochenenden nach Bimini. Von da an war es stetig bergab gegangen; eine spiegelbildliche Entwicklung zu Donald, dessen Lebensstil über die Jahre immer ausschweifender wurde. Als Donald Ivana heiratete, wohnte er bereits in Manhattan. Nach ihrer Hochzeit lebten die beiden in einer Dreizimmerwohnung in der Fifth Avenue, dann einer Neunzimmerwohnung, ebenfalls in der Fifth Avenue. Fünf Jahre später hatten sie ein dreistöckiges 10-Millionen-Dollar-Penthouse im Trump Tower, und das alles, während Donald noch immer auf der Gehaltsliste meines Großvaters stand.

Mitte der 1960er gründete mein Großvater zum Wohl seiner Kinder Midland Associates; jedes erhielt 15 Prozent der Eigentumsrechte an acht Gebäuden, von denen eines die Sunnyside Towers waren. Dieser augenscheinlich halbseidene, wenn nicht gar gänzlich betrügerische Vermögenstransfer diente einzig dem Zweck, einen Großteil der Schenkungssteuer zu umgehen, die erhoben worden wäre, wenn der Vorgang korrekt abgewickelt worden wäre. Ich weiß nicht, ob mein Vater Kenntnis darüber hatte, dass ihm ein Teil des Gebäudes gehörte, in dem er jetzt wohnte; sein Anteil hätte im Jahr 1973 einen Wert von über 380 000 Dollar gehabt, nach heutigem Geldwert rund 2,2 Millionen. Er hatte scheinbar keinen direkten Zugang zu dem Geld – seine Boote und Flugzeuge gehörten der Vergangenheit an, ebenso sein Mustang und sein Jaguar. Noch immer hatte er das Wunschkennzeichen mit seinen Initialen FCT, aber jetzt war es an einem alten Ford LTD angebracht. Wie groß der Reichtum meines Vaters auch war, zum jetzigen Zeitpunkt war er reine Theorie. Entweder war sein Zugang zu den Treuhandfons blockiert worden, oder mein Vater glaubte, er habe kein Anrecht mehr auf sein Geld. Aus welchem Grund auch immer, er war der Willkür seines Vaters ausgeliefert.

Mein Vater und ich sahen uns gerade ein Spiel der Mets im Fernsehen an, als das Haustelefon surrte. Mein Vater wirkte überrascht und stand auf, um ranzugehen. Ich konnte nicht hören, wer aus dem Foyer anrief, aber ich hörte, wie mein Vater »Scheiße« flüsterte. Wir hatten einen gemütlichen Nachmittag miteinander verbracht, aber jetzt wirkte mein Vater angespannt. »Donald kommt für ein paar Minuten nach oben«, ließ er mich wissen.

»Warum?«

»Keine Ahnung.« Er schien verärgert, was untypisch war.

Mein Vater steckte sein Hemd in die Hose und öffnete, sobald es an der Tür läutete. Donald trug einen Dreiteiler und glänzende Schuhe; er hatte einen dicken braunen Umschlag dabei, der von mehreren Gummibändern zusammengehalten wurde. Er kam ins Wohnzimmer. »Hi, meine Süße«, sagte er, als er mich sah.

Ich winkte ihm zu.

Donald wandte sich wieder an meinen Vater, und während er sich angewidert umblickte, sagte er: »Herrgott noch mal, Freddy.« Mein Vater ging nicht darauf ein. Donald pfefferte den Umschlag auf den Sofatisch und sagte: »Dad möchte, dass du das hier unterschreibst und zurück nach Brooklyn bringst.«

»Heute?«

»Ja. Warum? Hast du zu tun?«

»Bring du's ihm.«

»Ich kann nicht. Ich bin auf dem Weg in die Stadt, um mir ein paar Grundstücke anzusehen, die zwangsversteigert werden. Es ist eine herrliche Zeit, um die Verlierer auszunehmen, die gekauft haben, als der Markt am Siedepunkt war.«

Freddy hätte sich nie getraut, eigene Projekte außerhalb von Brooklyn zu entwickeln. Einige Jahre zuvor war er mit Linda auf dem Weg zu einem Wochenendtrip in die Poconos an endlosen Reihen von Abbruchhäusern vorbeigefahren, die auf beiden Seiten des Cross Bronx Expressway standen. Linda hatte darauf hingewiesen, dass er sein eigenes Unternehmen gründen und Häuser in der Bronx renovieren könnte.

»Ich kann mich unmöglich gegen Dad stellen«, hatte Freddy gesagt, »für ihn gibt es nur Brooklyn. Darauf würde er sich niemals einlassen.«

Jetzt schaute Donald aus dem Fenster und sagte: »Dad braucht jemanden in Brooklyn. Du solltest zurückkommen.«

»Um was genau zu tun?«, höhnte mein Vater.

»Ich weiß nicht. Das, was du früher getan hast.«

»Ich hatte deinen Job.«

In der unangenehmen Stille, die folgte, guckte Donald auf die Uhr. »Mein Fahrer wartet unten. Bring das bis um vier Uhr zu Dad, okay?«

Nachdem Donald gegangen war, setzte sich mein Vater neben mich auf das Sofa und zündete sich eine Zigarette an: »Nun, mein Schatz«, sagte er, »möchtest du mit mir nach Brooklyn fahren?«

Im Büro angekommen, machte mein Vater seine Runde und kam schließlich zu Amy Luerssen, der Sekretärin und Vorzimmerdame meines Großvaters (die auch meine Patentante ist), deren Schreibtisch direkt vor der Tür zum Büro ihres Chefs stand. Tante Amy himmelte den Mann, den sie »meinen Freddy« nannte, ganz offenkundig an.

Das Privatbüro meines Großvaters war ein schummrig beleuchteter quadratischer Raum; an den Wänden hingen zahlreiche Ehrentafeln und gerahmte Zertifikate, es waren viele Holzbüsten von Indianerhäuptlingen mit Kopfschmuck im Zimmer verstreut. Ich setzte mich hinter seinen Schreibtisch und nahm mir einen der billigen blauen Flair-Marker, von denen es einen endlosen Vorrat zu geben schien, und einen der dicken Blöcke mit preiswertem Schmierpapier, die er auch bei sich zu Hause hatte, um sich Notizen zu machen und zu zeichnen, bis es Zeit zum Mittagessen war. Wenn ich mal allein war, drehte ich mich wie wild auf seinem Schreibtischstuhl.

Mein Großvater nahm uns immer zum Essen ins Gargiulo's mit, ein feines Restaurant mit strahlend weißen Stoffservietten und Tischdecken, das er beinahe jeden Tag besuchte. Die ehrerbietigen Kellner kannten ihn und sprachen ihn immer mit »Mr. Trump« an; sie rückten seinen Stuhl für ihn zurecht und machten überhaupt ein großes Brimborium während des Essens. Es war immer angenehmer, wenn sich Tante Amy oder jemand anderes aus dem Büro uns anschloss, da es den Druck von meinem Vater nahm; er und mein Großvater hatten einander nur wenig zu sagen. Es geschah nicht häufig, dass Donald zur gleichen Zeit im Büro war wie wir, aber es war dort sehr viel unangenehmer, wenn wir ihm begegneten. Er benahm sich, als gehöre ihm der Ort, wozu ihn mein Großvater nicht nur zu ermuntern schien, es wirkte, als erfreue er sich auch daran. In Donalds Anwesenheit wurde mein Großvater zu einer anderen Person.

Im Jahr 1973 klagte die Abteilung für Bürgerrechte des Justizministeriums Donald und meinen Großvater aufgrund des Verstoßes gegen den 1968 in Kraft getretenen Fair Housing Act an – die beiden hatten sich geweigert, an *die Schwarze* zu vermieten, wie mein Großvater sie mit dem deutschen Wort bezeichnete. Es handelte sich um einen der größten Rechtsstreits aufgrund von Diskriminierung im staatlich geförderten Wohnungswesen, und der berüchtigte Anwalt Roy Cohn bot seine Hilfe an. Donalds und Cohns Wege hatten sich bereits in Le Club gekreuzt, einem mondänen, nur für Mitglieder zugänglichen Restaurant und Nachtclub auf der East 55th Street, in dem die Vanderbilts und Kennedys, eine ganze Reihe internationaler Prominenter und junge Mitglieder des Adels ein und ausgingen. Cohns desaströse Verstrickung in Joseph McCarthys antikommunistischen Kreuzzug lag mehr als ein Jahrzehnt in der Vergangenheit. Bevor er von seinem Posten als Chefberater des Senators zurücktreten musste, hatte er bereits das Leben und die berufliche Laufbahn Dutzender Männer ruiniert, die er der Homosexualität und/oder der Verbindung zum Kommunismus bezichtigte.

Wie so viele Männer mit grausamem Charakter und einflussreichen Verbindungen war auch Cohn keinerlei Regeln unterworfen. Von einem bestimmten Teil der New Yorker Elite mit offenen Armen aufgenommen und von ganz unterschiedlichen Klienten wie Rupert Murdoch, John Gotti, Alan Dershowitz und der römisch-katholischen Erzdiözese von New York engagiert, übernahm Cohn eine Privatkanzlei in New York City, wo er aufgewachsen war. In den darauffolgenden Jahren sollte er sehr viel Geld verdienen, sehr erfolgreich werden und sehr mächtig.

Obgleich Cohn auffällig und laut war, wo Fred konservativ und wortkarg auftrat, waren die Unterschiede zwischen ihnen nur gradueller, nicht grundsätzlicher Natur. Cohns Grausamkeit und Verlogenheit waren öffentlicher, doch auch Fred beherrschte diese Künste, nur eben im intimeren Bereich der Familie. Fred hatte auch Donald darauf abgerichtet, Geschäftsbeziehungen mit Männern wie Cohn einzugehen; später sollte er sich zu autoritären Figuren wie Wladimir Putin oder Kim Jong-un oder genaugenommen zu jedem hingezogen fühlen, der bereit war, ihm zu schmeicheln, und die Macht hatte, ihn zu bereichern.

Cohn gab die Empfehlung, die Klage mit einer Gegenklage gegen das Finanzministerium in Höhe von 100 Millionen Dollar zu erwidern, dem er unterstellte, es verbreite falsche und irreführende Kommentare über seine Mandanten. Das Manöver war sowohl absurd und schrill als auch effektiv, zumindest was die Publicity anging, die es auf sich zog; es war das erste Mal, dass es Donald im Alter von siebenundzwanzig Jahren auf die Titelseite einer Zeitung schaffte. Und obwohl die Gegenklage vom Gericht abgewiesen wurde, legte Trump Management den Fall durch einen Vergleich bei. Es gab kein Schuldeingeständnis, aber sie mussten ihre Geschäftspraktiken ändern, um Diskriminierung auszuschließen. Aufgrund des Medienechos betrachteten Cohn und Donald die Angelegenheit dennoch als einen Sieg.

Als Donald sein Glück in die Hände von Roy Cohn und seinesgleichen legte, war das Einzige, was er für sich auf der Habenseite verbuchen konnte, die Freizügigkeit von Fred und ein sorgfältig kultivierter, aber dennoch wahnwitziger Glaube an seine eigene Genialität und Überlegenheit. Ironischerweise hatten ihn die Schutzmechanismen, die er sich als Kind aneignete, um sich gegen die Gleichgültigkeit, Angst und die Vernachlässigung seiner frühen Jahre zu wappnen, und die Tatsache, dass er gezwungenermaßen Zeuge der Misshandlung Freddys war, darauf vorbereitet, zu entwickeln, was seinem älteren Bruder eindeutig fehlte: Die Fähigkeit, der »Killer« und Stellvertreter zu sein, den sein Vater forderte.

Es bleibt unklar, wann genau Fred Donald erkannte, aber ich habe den Verdacht, dass es zu der Zeit war, als er seinen Sohn in die Military Academy verfrachtet hatte. Donald schien empfänglich für die väterliche Ermahnung, stark zu sein, ein »Killer« zu sein, und er stellte seinen Wert unter Beweis, indem er damit prahlte, willkürliche Prügel von den oberen Jahrgängen einzustecken, oder indem er so tat, als kümmere ihn seine Verbannung aus dem Elternhaus überhaupt nicht. Freds wachsendes Vertrauen in Donald führte zu einer Verbindung zwischen den beiden und zu einem unerschütterlichen Selbstvertrauen bei Donald. Immerhin erwies ihm jetzt das wichtigste Familienmitglied, der Einzige, dessen Meinung etwas bedeutete, seine Gunst. Und im Gegensatz zu Freddy war die Aufmerksamkeit, die Donald von seinem Vater zuteilwurde, positiv.

Nach dem College, als Donald endlich in die Welt ziehen konnte, nutzte er die Verbindungen seines Vaters, um noch mehr neue Verbindungen zu knüpfen, und das Geld seines Vaters, um sein Image als aufstrebender Herr des Universums aufzubauen. Bei all dem wusste Fred, dass alles, wofür sein Sohn Anerkennung bekam, auf ihn zurückfallen, ihm selbst nützen würde. Wenn Donald bereitwillig als vielversprechender Dealmaker anerkannt würde, ging das allein auf das Konto von Fred Trump – selbst wenn Fred der Einzige war, der davon wusste.

In Interviews in den frühen 1980ern behauptete Fred, dass Donalds Erfolg seinen eigenen bei Weitem überstieg. »Ich habe Donald freie Hand gelassen«, sagte er, »er hat großartige Visionen, und alles, was er anfasst, verwandelt sich in Gold. Donald ist der intelligenteste Mensch, den ich kenne.« Nichts von all dem stimmte, und bereits ein Jahrzehnt bevor er das sagte, musste Fred das gewusst haben.

Nach Steeplechase hatte Fred massiv an Terrain verloren. Wollte er die Reichweite seines Imperiums vergrößern, brauchte er eine neue Spielwiese und einen Ersatzmann. Donald musste für ihn in den Kampf ziehen und die Marke groß machen. Es hatte nicht lange gedauert, bis Fred klar geworden war, dass sein verschwenderischer mittlerer Sohn nicht für die glanzlose, streng kalkulierte und höchst reglementierte Routine geeignet war, die die Verwaltung von Mietobjekten ausmachte. Aber mit dem Rückhalt seines Vaters, mit seiner Hybris und Schamlosigkeit könnte er den Sprung nach Manhattan vielleicht schaffen. Fred führte nicht das Leben eines Erfüllungsgehilfen; er war in alle frühen Vorstöße Donalds in den Markt Manhattans eng verstrickt; während er hinter der Bühne die Strippen zog, spielte Donald vorne für das Publikum. Fred ermöglichte es Donald, eine Rolle einzunehmen, die sein eigenes Verlangen nach Anerkennung befriedigte und es seinem Sohn zugleich erlaubte, sich den Ruf als Entwickler in Manhattan zu machen, den Fred immer angestrebt hatte. Fred würde so zwar nie die Anerkennung der Öffentlichkeit bekommen, aber es genügte ihm zu wissen, dass Donalds Möglichkeiten, sich einen Namen zu machen und für sich selbst zu werben, ohne ihn nie zustande gekommen wären. Fred und sein riesiges Vermögen waren es, die den Erfolg und den Applaus möglich machten. Jede Story über Donald war in Wirklichkeit eine Story über Fred. Fred wusste auch, dass es mit dieser List vorbei wäre, wenn sein Geheimnis auffliegen würde. Rückblickend war Fred der Marionettenspieler, doch er war nicht sichtbar, und niemand konnte sehen, wie er die Fäden seines Sohnes hielt. Nicht dass Fred die Inkompetenz seines Sohnes als Geschäftsmann übersehen hätte, doch er wusste, dass er auf diesem Feld genug Talent für sie beide hätte. Fred war bereit, Millionen Dollar auf seinen Sohn zu setzen, weil er glaubte, er könne die Kompetenzen, die Donald hatte – als Inselbegabter für Eigenwerbung, schamloser Lügner, Marketingspezialist und Markenentwickler –, nutzen, um etwas zu erreichen, das ihm versagt geblieben war: Einen Bekanntheitsgrad, der zu seinem Ego passte und seine Ambitionen auf eine Art befriedigte, wie Geld allein es niemals vermochte.

Als es Ende der 1980er bergab ging, konnte Fred die Augen nicht länger vor der gnadenlosen Unfähigkeit seines Sohnes verschließen; dem Vater blieb keine andere Wahl, als weiterhin im Geschäft zu bleiben. Sein Monster war auf freiem Fuß. Alles was ihm blieb, war, den Schaden zu mindern, das Geld am Fließen zu halten und jemand anderen zu finden, dem er die Schuld in die Schuhe schieben konnte.

In den folgenden beiden Jahren wurde mein Vater einsilbiger, grimmiger und, falls das überhaupt möglich ist, dünner. Das Apartment in den Sunnyside Towers war grau – grau, weil es nach Nordwesten ausgerichtet war; grau, aufgrund seiner furchtbaren Launen. Oft kam er morgens kaum aus dem Bett, und dann war gar nicht daran zu denken, dass er einen ganzen Tag mit uns verbringen könnte. Manchmal war er verkatert, manchmal lag es an seiner Depression, die sich verschlimmerte. Wenn wir nichts geplant hatten, schob mein Vater oft einen Grund vor und ließ uns allein; er sagte dann, dass er arbeiten oder Einkäufe für Gam erledigen müsse.

Einmal erzählte uns unser Vater, er habe einen Job, bei dem er Zeitungsausträger betreue. Ich hatte für kurze Zeit selbst einmal Zeitungen ausgetragen, und soweit ich wusste, bedeutete das, dass er der Typ war, der den jugendlichen Austrägern die Zeitungen aus seinem Kofferraum heraus übergab und dann das Bargeld einkassierte, wenn sie mit ihren Routen fertig waren. Er erzählte mir, er habe einmal an einem Tag 100 Dollar verdient, was mir damals wie eine riesige Summe erschien.

Einmal aßen wir mit Vaters Freundin Johanna zu Abend. Mir war es lieber, wenn sie nicht da war; irgendetwas an ihr war unsympathisch. Sie baute keine Verbindung zu Fritz und mir auf, sie versuchte es noch nicht einmal. Es war schon schlimm genug, dass sie als Nicht-Engländerin vulgäre britische Wörter benutzte, etwa: »Freddy, zünd mir doch eine Fluppe an«, aber dann fing auch noch unser Vater an, so zu reden.

Wir waren gerade mit dem Essen fertig, als ich damit begann, von den Abenteuern zu erzählen, die ich nachmittags mit meiner Mutter bei der Bank erlebt hatte. Während sie in einer langen Schlange gewartet hatte, stand ich an einem der Schalter und füllte Überweisungsträger mit allerlei Pseudonymen und gigantischen Geldbeträgen aus, die ich für verschiedene Machenschaften abheben wollte. Ich konnte mich kaum zügeln, so lustig fand ich das Ganze. Aber als ich ihnen von den geheimen Identitäten, den verborgenen Kontoabhebungen und meinen teuflischen Plänen erzählte, bekam mein Vater einen misstrauischen Blick.

»Weiß Mr. Tosti davon?«, fragte er.

Hätte ich genauer aufgepasst, wäre mir klar gewesen, dass es besser gewesen wäre, aufzuhören, aber ich dachte, er würde Spaß machen, und so machte ich weiter mit meiner Geschichte.

Dad wurde immer unruhiger, dann lehnte er sich nach vorn und zeigte mit seinem Finger auf mich. »Was hast du nur da getan?« So launisch mein Vater auch sein konnte, dermaßen wütend hatte ich ihn selten erlebt, ja ich hatte kaum je mitbekommen, dass er seine Stimme erhob. Ich war verwirrt und versuchte, meine Erzählung im Kopf zu dem Punkt zurückzudrehen, an dem er begonnen hatte zu denken, ich hätte etwas Falsches getan. Aber einen solchen Punkt gab es nicht, und meine Erklärungen, was sich wirklich zugetragen hatte, machten ihn nur noch wütender.

»Wenn Mr. Tosti davon erfährt, werde ich Ärger von deinem Großvater bekommen.«

Johanna legte ihre Hand auf den Arm meines Vaters, als wollte sie die Aufmerksamkeit von mir weg lenken. »Freddy«, sagte sie, »das ist doch nicht der Rede wert.«

»Was heißt hier *nicht der Rede wert*? Es ist wirklich verdammt ernst.«

Der Fluch ließ mich zusammenzucken.

In diesem Moment wussten Johanna und ich, dass wir ihn nicht beruhigen könnten. Er war betrunken und in einem alten Narrativ gefangen. Um ihn zu beruhigen, versuchte ich, es ihm zu erklären, aber er war schon zu weit abgedriftet. Und ich war doch erst acht.

Im Sommer 1975 hielt Donald eine Pressekonferenz ab, auf der er die Pläne der Architekten für das Grand Hyatt präsentierte, als hätte er bereits den Zuschlag bekommen, einen Neubau an der Stelle des alten Commodore Hotels neben dem Grand Central Terminal auf der 42nd Street zu errichten. In den Medien wurden seine Behauptungen als Fakten abgedruckt.

Im gleichen Sommer, kurz bevor Fritz und ich zum Ferienlager aufbrachen, hatte mein Vater unserer Mutter gesagt, er habe Neuigkeiten. Sie lud ihn zum Abendessen ein. Ich machte ihm auf, als er klingelte. Er trug, was er meistens anhatte – schwarze Hosen und ein weißes Hemd –, aber seine Kleider waren frisch und seine Haare nach hinten gekämmt. Ich hatte ihn noch nie so attraktiv gesehen.

Während unsere Mutter den Salat anmachte, grillte unser Vater auf der kleinen Terrasse das Steak. Als das Essen fertig war, setzten wir uns an den schmalen Tisch neben der Terrasse. Wir ließen die Tür offen, sodass die milde Sommerluft hineinwehte. Wir tranken Wasser und Eistee.

»Ende des Sommers ziehe ich nach West Palm Beach«, eröffnete er uns, »ich habe ein schönes Apartment am Intracoastal gefunden, mit einer Anlegestelle hinterm Haus.« Er hatte schon ein Boot ausgewählt, und wenn wir ihn besuchten, würde er uns mitnehmen zum Fischen und Wasserskifahren. Wie er davon sprach, wirkte er glücklich und zuversichtlich. Wir alle wussten, dass es die richtige Entscheidung war; zum ersten Mal seit langer Zeit spürten wir Hoffnung.

Kapitel Acht

Fluchtgeschwindigkeit

Ich saß am Esszimmertisch, vor mir lag der Schuh, und ich versuchte herauszufinden, was es damit auf sich hatte. Ich hatte zwischen den verbleibenden Geschenken unterm Baum nachgesehen, ob da vielleicht, getrennt verpackt, noch der zweite Schuh lag. Aber nein, da war nur dieser eine – ein Goldlamé-Schuh mit einem zehn Zentimeter hohen Absatz, gefüllt mit Bonbons. Schuh und Bonbons waren jeweils in Zellophan gehüllt. Ich fragte mich, woher dieses Ding wohl stammte. War das ein Werbe- oder Gastgeschenk?

Durch die Anrichte kam Donald aus der Küche. Als er an mir vorbeiging, fragte er: »Was ist das?«

»Das ist ein Geschenk von dir.«

»Wirklich?« Er warf einen zweiten Blick darauf und rief ins Foyer: »Ivana!« Sie stand vor dem Wohnzimmer auf der anderen Seite des Weihnachtsbaums. »Ivana!«

»Was ist denn, Donald?«

»Das ist großartig.« Er zeigte auf den Schuh, und sie lächelte. Vielleicht dachte er ja, es wäre echtes Gold.

Angefangen hatte das Ganze 1977 mit einem Dreierpack Bloomingdale-Unterwäsche für 12 Dollar. Mein erstes Weihnachtsgeschenk von Donald und seiner frisch angetrauten Frau

Ivana. Im selben Jahr bekam Fritz einen in Leder gebundenen Terminkalender. Er wirkte wie für jemanden gedacht, der älter war, aber er war wirklich schön, und ich fühlte mich ein wenig übergangen, bis uns auffiel, dass er von vor zwei Jahren stammte. Unterwäsche hatte wenigstens kein Verfallsdatum.

An Feiertagen fuhren Donald und Ivana entweder in einem teuren Sportwagen an The House vor oder, mit Chauffeur, in einer Limousine, die länger war als die meines Großvaters. Sie rauschten in die Eingangshalle, als wären sie Promis. Ivana in Pelz und Seide gehüllt, aufgedonnert und stark geschminkt. Donald in einem teuren Dreiteiler und polierten Schuhen. Neben den beiden sah man zwangsläufig bieder und stillos aus.

Ich wuchs in der Überzeugung auf, Donald sei auf eigene Faust losgezogen und habe im Alleingang das Unternehmen aufgebaut, das meinen Familiennamen zu einer Marke machte. Und mein provinzieller, knausriger Großvater kümmere sich nur darum, das Geld heranzuschaffen und es zusammenzuhalten. Die Wahrheit lag in beiden Fällen völlig anders. In einem am 2. Oktober 2018 veröffentlichten Artikel der *New York Times*, der die zahllosen Fälle mutmaßlichen Betrugs und halblegaler und illegaler Aktivitäten aufdeckte, in die meine Familie im Lauf mehrerer Jahrzehnte verwickelt war, heißt es:

> Fred Trump und seine Unternehmen begannen zudem, Donald Trump große Darlehen und hohe Kreditlinien zu gewähren. Diese Darlehen stellten alles in den Schatten, was die anderen Trumps bekamen. Zeitweise floss das Geld so regelmäßig, dass es schien, als hätte Donald Trump eigene Geldquellen. Allein im Jahr 1979 lieh er sich im Januar 1,5 Millionen Dollar, 65 000 Dollar im Februar, 122 000 Dollar im März, im April 150 000 Dollar, im Mai 192 000 Dollar, im Juni 226 000 Dollar, im Juli 2,4 Millionen Dol-

lar und im August 40 000 Dollar. Das geht aus den Aufzeichnungen hervor, die bei den Casinoaufsichtsbehörden in New Jersey hinterlegt sind.

Als Roy Cohn 1976 dazu riet, für Donald und Ivana einen Ehevertrag aufzusetzen, richteten sich die Bedingungen für Ivanas Entschädigung nach Freds Vermögen, denn er war damals Donalds einzige Einkommensquelle. Von meiner Großmutter erfuhr ich, dass der Ehevertrag auf Drängen von Ivana zusätzlich zu den Unterhaltszahlungen, dem Kindesunterhalt sowie der Wohnung einen »Schlechtwetter-Fonds« von 150 000 Dollar enthielt. Auch die Scheidungsvereinbarung meiner Eltern hatte sich nach dem Vermögen meines Großvaters gerichtet. Aber allein Ivanas Extrabonus von 150 000 Dollar war so viel wert wie der monatliche Scheck von 600 Dollar über einen Zeitraum von fast 21 Jahren, den meine Mutter für die Kinder und deren Unterhalt bekam.

In den Zeiten vor Ivana waren die Feiertage in einer solchen Gleichförmigkeit abgelaufen, dass sie meiner Erinnerung miteinander verschmelzen. Das Weihnachten, als ich fünf war, ist von dem Weihnachten als Elfjährige nicht zu unterscheiden. Die Abläufe waren immer gleich. Um ein Uhr mittags betraten wir The House durch den Haupteingang mit Dutzenden von Geschenken beladen, Händeschütteln, Luftküsschen rundum. Dann versammelten wir uns im Wohnzimmer zu einem Shrimps-Cocktail. Dad kam und ging, aber daran, dass er auf die eine oder andere Weise präsent gewesen wäre, kann ich mich nicht erinnern.

Thanksgiving- und Weihnachtsessen waren identisch, auch wenn Gam sich einmal an Weihnachten die Kühnheit erlaubt hatte, statt Truthahn Roastbeef auf den Tisch zu bringen. Das war ein Gericht, das alle mochten, aber Donald und Robert waren stinksauer. Gam saß während des kompletten Essens mit gesenktem Kopf da, die Hände auf dem Schoß. Und sobald man dachte, das Thema wäre nun erledigt, warf einer von den beiden eine Bemerkung wie »Mein Gott, Mom, ich fass es nicht, dass du keinen Truthahn gemacht hast« in die Runde.

Als Ivana Teil der Familie wurde, gesellte sie sich zu Donald ins Machtzentrum des Tisches, wo er zur Rechten des Großvaters saß, als einzig Ebenbürtiger. Die ihnen am nächsten saßen (Maryanne, Robert und Ivana), bildeten die Gruppe der Claqueure mit einer einzigen Mission: Donald zu unterstützen, seiner Konversation zu folgen und sich ihm zu fügen, als wäre niemand so wichtig wie er. Zu Beginn, denke ich, war dies einfach nur von Vorteil – Maryanne und Robert hatten früh gelernt, dass es keinen Sinn hatte, gegen die offensichtliche Bevorzugung ihres Vaters Widerspruch anzumelden. »Ich habe meinen Vater nie herausgefordert«, sagte Maryanne, »nie.« Es war einfacher mitzuschwimmen. Donalds Stabschefs sind Paradebeispiele für dieses Phänomen. John Kelly, zumindest für eine gewisse Zeit, und Mick Mulvaney ohne jeden Vorbehalt verhielten sich genauso – bis sie geschasst wurden, weil sie nicht »loyal« genug waren. So läuft es immer mit Speichelleckern. Zuerst schweigen sie, egal welche Verbrechen begangen werden; dann machen sie sich mitschuldig, indem sie nicht eingreifen. Und schließlich halten sie sich für entbehrlich, wenn Donald einen Sündenbock braucht.

Die Diskrepanz zwischen Freds Umgang mit Donald und seinen anderen Kindern wurde im Lauf der Zeit schmerzhaft deutlich. Für Rob und Maryanne war es einfacher, sich an die Parteilinie zu halten, um nicht schlechter behandelt zu werden – offenbar das gleiche Kalkül, das die Republikaner derzeit täglich im Kongress verfolgen. Sie wussten, was sich bei meinem Vater abgespielt hatte, als er Freds Erwartungen enttäuscht hatte. Der Rest von uns am anderen Ende des Tisches war überflüssig; unsere Aufgabe war es, die billigen Plätze zu besetzen.

Im Jahr nach dem Goldlamé-Schuh bekam ich von Donald und Ivana einen Geschenkkorb, der perfekt in die Dreierserie passte: Er war offensichtlich weitergeschenkt und völlig nutzlos, demonstrierte aber Ivanas Vorliebe für Zellophan. Nachdem ich ihn ausgepackt hatte, entdeckte ich im Seidenpapier, das den Korbboden bedeckte, zwischen einer Dose Gourmet-Sardinen, einer Packung Table-Water-Cracker, einem Glas in Wermut eingelegter Oliven und einer Salami, eine kreisförmige Kuhle, wo sich ein weiteres Glas befunden haben musste. Mein Cousin David lief vorbei, zeigte auf die leere Stelle und fragte: »Was war da drin?«

»Keine Ahnung. Irgendwas, das dazu passt, vermute ich mal«, sagte ich und hielt die Crackerpackung in die Höhe.

»Wahrscheinlich Kaviar«, sagte er und lachte. Ich zuckte mit den Achseln, denn ich hatte keine Ahnung, was Kaviar war.

Ich nahm den Korb und ging damit zu den Geschenken, die ich an der Treppe gestapelt hatte. Auf dem Weg dahin kam ich an Ivana und meiner Großmutter vorbei, hob den Korb, sagte: »Danke, Ivana«, und stellte ihn auf den Boden.

»Gehört das dir?«

Zuerst dachte ich, sie spricht von dem Geschenkkorb, aber sie hatte die Ausgabe der Zeitschrift *Omni* gemeint, die oben auf dem Stapel der bereits ausgepackten Geschenke lag. Von *Omni*, einem Magazin für Wissenschaft und Science-Fiction, das erst im Oktober desselben Jahres auf den Markt gekommen war, war ich damals völlig begeistert. Ich hatte mir gerade das Dezemberheft besorgt und in The House mitgenommen in der Hoffnung, es zwischen Shrimps-Cocktail und Abendessen fertig lesen zu können.

»Oh, ja.«

»Der Herausgeber, Bob, ist ein Freund von mir.«

»Unglaublich! Ich liebe diese Zeitschrift.«

»Ich stelle dich ihm vor. Du kommst in die Stadt, und wir treffen ihn.«

Das war möglicherweise nicht ganz so spektakulär wie ein Angebot, Isaac Asimov zu treffen, aber es kam dem schon ziemlich nah. »Boah, Danke.«

Ich machte einen Teller mit Essen zurecht und brachte ihn nach oben zu meinem Vater, der den ganzen Tag in seinem Zimmer geblieben war, er war zu krank, um sich uns anzuschließen. Er saß aufrecht im Bett und hörte Radio aus einem kleinen Transistorgerät. Ich reichte ihm den Teller, aber er stellte ihn achtlos auf den kleinen Nachttisch. Ich erzählte ihm von Ivanas großzügigem Angebot.

»Warte mal, *wem* will sie dich da vorstellen?«

Ich werde den Namen nie vergessen. Ich hatte sofort nach dem Gespräch mit Ivana ins Impressum geschaut, und dort stand es: Bob Guccione, Herausgeber.

»Du willst den Typen treffen, der die *Penthouse* herausgibt?« Sogar mit dreizehn wusste ich, was das für eine Zeitschrift war. Dad kicherte und meinte: »Ich glaube, das ist keine so gute Idee.« Und mit einem Mal fand auch ich das nicht mehr.

Über die Geschenke, die meine Mutter erhielt, gab es nichts zu lachen. Warum sie, Jahre nach der Scheidung von meinem Vater, noch immer zu den Familienfesten erwartet wurde, war ein Rätsel, aber ein noch größeres Rätsel war, warum sie hinging. Die Trumps wollten sie dort sichtlich ebenso wenig dabei haben, wie sie dabei sein wollte. Einige der Geschenke, die sie bekam, waren ganz nett, aber sie stammten immer aus billigeren Geschäften als die Geschenke für Ivana und Roberts Frau Blaine. Schlimmer noch, viele davon waren eindeutig weitergeschenkt. In der Handtasche einer Luxusmarke, die sie einmal von Ivana bekam, lag noch ein benutztes Papiertaschentuch.

Nach dem Abendessen und dem Auspacken der Geschenke verstreuten wir uns – die einen gingen in die Küche, ein paar in den Garten und der Rest in die Bibliothek, wo ich nahe der Tür im Schneidersitz auf dem Boden saß. Aus der Entfernung schaute ich mit an, was Donald und Robert gerade eingeschaltet hatten, egal ob einen *Godzilla*-Film oder ein Football-Spiel. Nach einer Weile bemerkte ich, dass meine Mutter nicht mehr da war. Zuerst machte ich mir keine Sorgen, aber als sie nicht wiederkam, ging ich sie suchen. Ich schaute in der Küche, aber dort waren nur meine Großmutter und meine Tanten. Ich ging in den Garten, wo mein Bruder und David mit einem Football spielten. Als ich Fritz fragte, wo sie ist, warf er nur ein gleichgültiges »Keine Ahnung« hin. Allmählich lernte ich, ohne fragen zu müssen, wo ich sie fand, aber die ersten paar Male geriet ich in Panik.

Mom war im Esszimmer und saß allein am Tisch. Das Buffet war bereits abgeräumt, und nur ein paar verirrte Stoffservietten auf dem Boden kündeten noch von dem Essen. Ich stand in der Tür und hoffte, dass sie mich bemerken und meine Anwesenheit sie aus ihrer Starre reißen würde. Ich hatte Angst, etwas zu sagen und sie aufzuschrecken. Aus der Küche hörte man Geschirrklappern und Gespräche über die Reste des Essens und die Eistorte, und im schwindenden Licht des Spätnachmittags näherte ich mich dem Mahagonitisch. Der Kronleuchter war ausgelöscht, doch ich wünschte, es wäre noch dunkler gewesen, um das Gesicht meiner Mutter nicht sehen zu müssen, wie verletzt sie aussah.

Sorgfältig darauf bedacht, sie nicht zu berühren, setzte ich mich auf den Stuhl neben ihr. Es gab keinen Trost, den ich ihr hätte spenden können, aber Solidarität.

Acht Monate vor dem Unterwäschegeschenk hatten Donald und Ivana in der Marble Collegiate Church geheiratet. Der Empfang fand im 21 Club statt. Mom, Fritz und ich wurden an den Tisch mit den Cousins und Cousinen verbannt, Dad war nicht da. Die Familie verbreitete die Lüge, dass Dad Donalds Trauzeuge und Hochzeitslader werden sollte (die Rolle hatte in Wirklichkeit Joey Bishop übernommen), doch die Familie hätte entschieden, dass er in Florida bleiben und sich um Onkel Vic, Gams Schwager, kümmern sollte. In Wahrheit wollte ihn mein Großvater bei der Hochzeit schlicht nicht dabeihaben. Man hatte ihm mitgeteilt, er solle nicht kommen.

Während Donald Manhattan nach Zwangsvollstreckungen abklapperte, verlor ich Woche für Woche Zehntausende von Dollar. Jeden Freitag nach der Schule ging ich mit zu einer Freundin, wo wir unsere Version von Monopoly spielten: Mehrfachhäuser und Hotels verdoppelten die Einnahmen. Unsere Marathonpartien zogen sich über das ganze Wochenende hin. Ein einzelnes Spiel konnte zwischen einer halben und mehreren Stunden dauern. Die einzige Konstante dabei war meine Leistung: Ich verlor ausnahmslos jede Partie.

Um mir eine Chance zu geben (und meiner Freundin so etwas wie eine Herausforderung zu lassen), durfte ich von der Bank und schließlich auch von meiner Gegnerin immer größere Geldsummen leihen. Wir hielten den laufenden Stand meiner enormen Schulden in langen Zahlenkolonnen auf dem Deckel der Spieleschachtel fest.

Trotz meiner miserablen Leistung änderte ich meine Strategie nicht ein einziges Mal. Ich kaufte alle Atlantic-City-Straßen, auf denen ich landete, und stellte Häuser und Hotels auf die Grundstücke, auch wenn ich kaum Chancen hatte, meine Investitionen wieder hereinzuholen. Ich erhöhte ums Doppelte und Dreifache, egal wieviel Minus ich machte. Es war der Witz schlechthin zwischen mir und meinen Freunden, dass ich, die Enkelin und Nichte von Immobilienmagnaten, eine so schreckliche Immobilienmaklerin war. Donald und ich hatten also doch etwas gemeinsam.

Seit dem Tod meines Vaters behauptete Donald, dass »sie« (gemeint waren er und mein Großvater) Freddy hätten tun »lassen« sollen, was er gern tat und worin er überragend war (das Fliegen), statt ihn zu etwas zu zwingen, das er hasste und worin er nicht gut war (Immobilien). Doch es gibt genauso wenig Beweise dafür, dass mein Vater nicht über die Fähigkeiten verfügte, Trump Management zu leiten, wie es welche dafür gibt, dass Donald sie besaß.

Eines Nachts im Jahr 1978 wachte mein Vater in seiner Wohnung in West Palm Beach mit entsetzlichen Magenschmerzen auf. Er schaffte es, sich ins Auto zu schleppen und in die Notaufnahme zu fahren. Später erzählte er Mom, dass er am Krankenhaus angekommen gar nicht sofort hineingegangen sei. Er war im Auto sitzen geblieben und hatte überlegt, ob es die Mühe überhaupt wert ist. Vielleicht wäre es ja besser, hatte er gedacht, wenn einfach Schluss wäre. Das Einzige, was ihn getrieben hatte, Hilfe zu suchen, war der Gedanke an Fritz und mich.

Dad war sehr krank und wurde ins Miami Hospital verlegt, wo ihm die Ärzte einen Herzfehler attestierten, der einen operativen Eingriff erforderte. Fred gab Maryanne den Auftrag, nach Florida zu fliegen, ihn aus dem Krankenhaus zu holen und nach New York zurückzubringen. Es war die letzte Reise meines Vaters gen Norden. Nach drei Jahren Florida kam er nach Hause zurück.

In New York stellten die Ärzte fest, dass Dad einen Herzklappenfehler hatte und das Herz bereits gefährlich vergrößert war. Er musste sich einer noch wenig erprobten Operation unterziehen, bei der seine schadhafte Herzklappe durch eine Schweineherzklappe ersetzt wurde.

Als Mom und ich nach The House fuhren, um Dad am Tag vor seiner Operation noch einmal zu besuchen, war Elizabeth schon bei ihm. Sie saßen in seinem kleinen Jugendzimmer, das bei uns »die Zelle« hieß. Er lag in seinem alten Bett, und ich gab ihm einen Kuss auf die Wange, setzte mich aber aus Angst, ihm wehzutun, nicht zu ihm. Ich hatte Dad schon zuvor krank gesehen – mit Lungenentzündung, Gelbsucht, betrunken und verzweifelt –, aber sein jetziger Zustand war ein Schock für mich. Er war noch nicht einmal vierzig und sah aus wie ein heruntergekommener Achtzigjähriger. Er erzählte uns von dem Eingriff und der Schweineherzklappe, und Mom sagte: »Gut, dass du nicht koscher bist, Freddy.« Wir mussten alle lachen.

Seine Genesung dauerte lang, und Dad blieb in The House, um sich zu erholen. Ein Jahr nach der Operation ging es ihm besser, aber er würde nie wieder so weit hergestellt sein, dass er wieder allein leben konnte. Auch seine finanzielle Situation hat wohl ihren Teil dazu beigetragen. Er fing wieder an, für meinen Großvater zu arbeiten, diesmal allerdings in der Instandhaltung. Es wunderte niemanden, dass er das Trinken, bis auf ein paar Entziehungskuren während seiner Genesung, nie aufgegeben hatte. Einmal erzählte er mir davon, dass seine Ärzte ihn gewarnt hatten. »Wenn Sie mit dem Trinken nicht aufhören, bringt es Sie noch um.« Nicht einmal eine Operation am offenen Herzen hatte genügt, um ihn davon abzubringen.

An diesem Thanksgiving gesellte Dad sich zum ersten Mal, seit er wieder nach New York gezogen war, zu uns. Er saß mit mir an Gams Tischende, blass und dünn wie ein Gespenst.

Das Mittagessen war noch in vollem Gang, als Gam sich schwer verschluckte und nach Luft rang. »Alles okay, Mom?«, fragte Dad. Niemand schien Notiz davon zu nehmen. Während sie weiter gegen die Atemnot ankämpfte, blickten vom anderen Tischende her einige kurz auf, um zu sehen, was sich da abspielte, wandten sich dann aber wieder ihren Tellern zu und aßen weiter.

»Komm«, sagte Dad, nahm sie am Arm und half ihr sanft auf die Beine. Er brachte sie in die Küche, von wo wir ein Gescharre hörten und das verstörende Geräusch, das meiner Großmutter entfuhr, als Dad den Heimlich-Handgriff bei ihr vornahm. Den hatte er gelernt, als er in den späten 1960ern und frühen '70ern einen Freiwilligendienst als Sanitäter absolvierte.

Als sie zurückkehrten, gab es einen halbherzigen Applaus. »Gute Arbeit, Freddy«, sagte Rob, als hätte mein Vater gerade nichts weiter vollbracht, als eine Mücke zu erschlagen.

Donald entwickelte eine Dauerpräsenz in The House, sogar wenn er nicht da war. Jedes Mal, wenn mein Vater in die Küche wollte oder zurück in sein Zimmer, musste er in einer Art Spießrutenlauf vorbei an Zeitschriftencovern und Zeitungsartikeln, die den Tisch im Frühstücksraum bedeckten. Seit dem Rechtsstreit von 1973 war Donald eine feste Größe in den New Yorker Boulevardzeitungen, und mein Großvater hatte jeden einzelnen Artikel, in dem sein Name erwähnt wurde, aufbewahrt.

Der Grand-Hyatt-Deal, an dem Donald arbeitete, als Dad zurück in The House zog, war lediglich eine komplexere Version der Geschäftspartnerschaft, wie sie mein Großvater 1972 gemeinsam mit Donald in New Jersey eingegangen war. Zu Beginn war es Großvaters Verbindung zu Abe Beame, dem Bürgermeister von New York City, gewesen, die die Grand-Hyatt-Partnerschaft ermöglicht hatte. Fred war auch ein großzügiger Geldgeber nicht nur bei den Wahlkämpfen des Bürgermeisters, sondern auch von Gouverneur Hugh Carey. Louise Sunshine, Careys Spendenbeschafferin, half, den Deal einzufädeln. Um ihn zu besiegeln, bot Beame ihm Steuererleichterungen von 10 Millionen Dollar pro

Jahr an, die vierzig Jahre lang in Kraft bleiben sollten. Als die Entkernung des Commodore Hotels begann, nahm die New Yorker Presse Donald beim Wort und stellte den Deal stets so dar, als hätte Donald ihn im Alleingang vollbracht.

Vielleicht, um den Abstand zu überbrücken, der seit seinem Umzug zurück nach New York zwischen uns entstanden war, verkündete Dad im Mai 1981, er wolle für mich eine Party zu meinem 16. Geburtstag schmeißen. Das Grand Hyatt war ein paar Monate zuvor feierlich eröffnet worden, und Dad schlug vor, Donald zu fragen, ob wir einen der kleineren Ballsäle nutzen könnten. Donald schien sich die Chance nicht entgehen lassen zu wollen, der Familie sein neues Projekt vorstellen zu können, und willigte prompt ein. Er bot ihm sogar einen Preisnachlass an.

Dad erzählte Großvater ein paar Tage später von den Partyplänen, als wir zu dritt im Frühstückszimmer mit den allgegenwärtigen Zeitungsausschnitten saßen, die den Tisch bedeckten. »Fred, Donald ist beschäftigt«, sagte der gereizt, »solchen Schwachsinn kann er nicht brauchen.«

Der Subtext war eindeutig: Donald ist wichtig und tut wichtige Dinge, du nicht.

Wie die Situation gelöst wurde, weiß ich nicht, aber Dad hat es schließlich geschafft. Ich feierte meine Party.

Meine Gäste waren schon fast alle da, und ich stand mit einer kleinen Gruppe von Freunden zusammen, als Donald seinen Auftritt hatte. Er kam auf uns zu, und statt Hallo zu sagen, breitete er die Arme aus und sagte: »Ist das nicht großartig?«

Alle stimmten zu, dass es, in der Tat, großartig sei. Ich dankte ihm noch mal, dass wir das Hotel nutzen durften, und stellte ihn den anderen vor.

»Na, was haltet ihr von diesem Foyer? Fantastisch, nicht wahr?«

»Fantastisch«, sagte ich. Meine Freunde nickten.
»Niemand sonst hätte das so durchziehen können. Schaut euch nur diese Fenster an.«

Ich hatte schon Sorge, er würde uns auch noch erzählen, wie großartig die Badezimmerfliesen sind, doch er entdeckte meine Großeltern, schüttelte mir die Hand, gab mir einen Kuss auf die Wange, wünschte noch »Viel Spaß, meine Süße« und ging zu ihnen hinüber. Dad saß ein paar Tische von ihnen entfernt, allein.

Als ich mich wieder meinen Freunden zuwandte, starrten sie mich an.

»Was war das denn, um Himmels willen?«, fragte eine von ihnen.

Im Sommer 1981 fuhr Maryanne meinen Vater in die Carrier Clinic in Belle Mead in New Jersey, etwa eine halbe Stunde entfernt von dem Bedminster-Grundstück, das Donald später in einen Golfplatz verwandeln würde. Dad absolvierte das Dreißig-Tage-Programm, aber er tat es widerstrebend. Am Ende seines Aufenthalts holten Maryanne und ihr zweiter Mann, John Barry, ihn ab und brachten ihn nach The House, vermutlich der schlimmste Ort, an dem er hätte sein können. Als sie am nächsten Tag nach ihm sah, hatte Dad bereits wieder angefangen zu trinken.

Freddy hatte sein Zuhause und seine Familie verloren, seinen Beruf, den Großteil seiner Willenskraft und fast alle seine Freunde. Letztendlich waren seine Eltern die einzigen Menschen, die sich noch um ihn kümmern konnten. Und das nahmen sie ihm übel. Freddys pure Existenz versetzte seinen Vater in Zorn.

Wie Fred meinen Vater behandelte, diente den anderen Kindern stets als Anschauungsunterricht – als Warnung. Am Ende jedoch wurde aus seiner Kontrolle etwas ganz anderes. Zwar bediente sich Fred der Machtfülle des Folterers, aber letztlich war er in den Umständen von Freddys Abhängigkeit, die dem Alkoholismus und seiner angeschlagenen Gesundheit geschuldet war, genauso gefangen, wie Freddy an ihn gekettet war. Fred hatte weder die Fantasie noch die Fähigkeit, einen Weg jenseits dieser Umstände zu finden, die er im Wesentlichen selbst verschuldet hatte. Die Situation war der Beweis, dass seiner Macht Grenzen gesetzt waren.

Als ich in diesem August von meinem Sommercamp nach Hause kam, kündigte ich an, dass ich auf ein Internat wollte. Ich erklärte Dad, dass es mir nach zehn Jahren auf der Kew-Forest, der gleichen winzigen Schule, die schon meine Tanten und Onkel besucht hatten, zu eng und zu langweilig wurde. Ich suchte nach einer Herausforderung, einer Schule mit Campus, mit besseren Sportanlagen und mehr Möglichkeiten. Dad warnte mich vor den Nachteilen, nur noch eine von vielen zu sein, aber ich glaube, er begriff, dass ich neben all den genannten Gründen, die durchaus ehrlich waren, auch von zu Hause wegmusste.

Das Problem war, dass ich nur drei Wochen Zeit hatte, mir auszusuchen, wohin ich wollte, die Bewerbungen auszufüllen und angenommen zu werden. In den letzten beiden Augustwochen des Jahres 1981 besuchten meine Mutter und ich so ziemlich jede Internatsschule in ganz Connecticut und Massachusetts.

Während ich auf die Antworten wartete, mussten wir noch die Erlaubnis meines Großvaters bekommen, zumindest sagte das mein Vater.

Großvater saß auf seinem üblichen Platz auf dem Zweiersofa, und wir beide standen vor ihm. Dad schilderte, was ich vorhatte. »Und was will sie damit erreichen?«, fragte mein Großvater, als stünde ich nicht direkt vor ihm. »Kew-Forest ist eine hervorragende Schule.« Seit fast dreißig Jahren saß er dort im Vorstand.

»Es ist Zeit für einen Wechsel. Komm schon, Pop. Es wird sie weiterbringen.«

Mein Großvater beschwerte sich über die zusätzlichen Kosten, die freilich aus dem Treuhandfonds meines Vaters beglichen wurden und ihn gar nicht belasteten, und bekräftigte wieder und wieder die Ausnahmestellung der Kew-Forest School. Aber Dad gab nicht nach.

Ich glaube nicht, dass es meinem Großvater wirklich wichtig war, wo ich zur Schule ging, aber ich war Dad dankbar, dass er mir noch einmal zur Seite stand.

Am Tag, bevor ich ins Internat aufbrach, fuhr ich von unserer Wohnung in The Highlander mit dem Fahrrad zum Haus meiner Großeltern. Ich fuhr die Einfahrt hinunter, lehnte mein Fahrrad gegen die hohe Ziegelmauer neben der Garage und ging die Treppe hinauf, die zur Hintertür führte.

Der Garten war still an diesem Nachmittag Anfang September. Ich nahm die zwei Stufen zur betonierten Terrasse und klingelte. Es standen keine Gartenmöbel dort, da war nur die leere Bodenplatte. Der Einzige, der sie je genutzt hatte, war Onkel Rob, als er jünger war. Damals standen noch schmiedeeiserne Stühle draußen, und wenn er am Wochenende zu Hause war, schob er sie zusammen und legte seine Beine darauf. Er schmierte sich mit Babyöl ein und stützte seinen faltbaren Bräunungsreflektor aus Aluminium am Kinn ab.

Minuten vergingen. Ich wollte gerade ein zweites Mal klingeln, als meine Großmutter endlich die Tür öffnete. Sie schien überrascht, mich zu sehen. Ich zog die Fliegengittertür auf, um hineinzugehen, aber Gam blieb in der Tür stehen.

»Hallo, Gam. Ich wollte Dad besuchen.«

Gam wirkte nervös und wischte sich die Hände an der Schürze ab, als hätte ich sie bei irgendetwas ertappt. Ich erinnerte sie daran, dass ich am nächsten Tag ins Internat aufbrechen würde. Sie war ziemlich groß, ihr blondes Haar hatte sie zu einem festen Knoten hochgesteckt, und ihr Blick war noch strenger als üblich. Sie rührte sich nicht vom Fleck, um mich einzulassen.

»Dein Vater ist nicht zu Hause«, sagte sie. »Ich weiß nicht, wann er wiederkommt.«

Ich war verwirrt. Ich wusste, dass mein Vater sich von mir verabschieden wollte – wir hatten erst ein paar Tage zuvor darüber gesprochen. Ich vermutete, dass er vergessen hatte, dass ich vorbeikommen wollte. In den letzten Jahren hatte er es oft vergessen, wenn wir etwas ausgemacht hatten. Ich war nicht direkt überrascht, aber irgendetwas an der Sache kam mir seltsam vor. Genau über uns, wo meine Großmutter und ich standen, war aus dem offenen Fenster des Schlafzimmers meines Vaters ein Radio zu hören.

Ich zuckte mit den Schultern und tat Gam gegenüber so, als wäre es mir egal. »Na dann, sag ihm eben, er soll mich später anrufen.« Ich ging einen Schritt auf sie zu und umarmte sie, sie erwiderte die Umarmung steif. Als ich mich zum Gehen umwandte, hörte ich die Tür ins Schloss fallen. Ich lief den Weg zurück, die Treppen hinunter zur Einfahrt, schnappte mir mein Fahrrad und fuhr nach Hause. Am nächsten Tag fuhr ich ins Internat. Dad hat nie angerufen.

Wir schauten in der funkelnagelneuen Aula der Ethel Walker School einen Film an, als der Projektor ausging und das Licht angeschaltet wurde. Es sollte der Film *The Other Side of the Mountain* gezeigt werden, eine bewegende Geschichte über eine olympische Skiläuferin, die nach einem Unfall querschnittgelähmt ist. Stattdessen war der Film *The Other Side of Midnight* bestellt worden – eine völlig andere Art Film mit einer frühen Vergewaltigungsszene. Die Lehrer waren ziemlich in Aufruhr und überlegten, wie sie damit umgehen sollten. Wir Schüler fanden das urkomisch.

Ich redete und lachte mit ein paar Leuten aus meinem Zimmer und sah Diane Dunn, eine Sportlehrerin, durch die Menge auf uns zukommen. Dunn war auch Betreuerin bei dem Segelcamp, an dem ich jeden Sommer teilnahm. Ich kannte sie also, seit ich ein kleines Mädchen war. Für alle anderen in der Walker's war sie »Miss Dunn«, was mir so gar nicht in den Kopf ging. Im Camp war sie »Dunn« und ich »Trump«, und so nannten wir uns auch weiterhin. Sie war der Hauptgrund für meine Entscheidung für dieses Internat gewesen, und da ich gerade erst zwei Wochen dort war, war sie die einzige Person, die ich wirklich kannte.

Als sie mich zu sich winkte, lächelte ich und sagte: »Hey, Dunn.«

»Trump, du musst zu Hause anrufen«, sagte sie. Sie hatte einen Zettel in der Hand, den sie mir aber nicht weiterreichte. Sie wirkte nervös.

»Was ist denn los?«

»Du musst deine Mutter anrufen.«

»Jetzt sofort?«

»Ja. Wenn sie nicht zu Hause ist, ruf deine Großeltern an.« Sie sprach mit mir, als hätte sie den Text auswendig gelernt.

Es war schon 22 Uhr. So spät hatte ich meine Großeltern noch nie angerufen, aber Dad und Großmutter mussten beide oft ins Krankenhaus. Dad wegen der langjährigen Trinkerei und dem Rauchen, und Gam hatte recht häufig Knochenbrüche aufgrund ihrer Osteoporose. Ich war also nicht allzu besorgt – oder vielmehr glaubte ich nicht, dass es diesmal ernster war als sonst.

Mein Zimmer lag nahe der Aula, also ging ich hinaus, überquerte das ovale Rasenstück und stieg die beiden Treppen zu meinem Stockwerk hinauf. Das Münztelefon hing an der Wand auf dem Treppenabsatz direkt neben der Tür.

Ich bestellte ein R-Gespräch mit meiner Mutter, aber es hob niemand ab. Dann wählte ich die Nummer von The House. Gam war dran und akzeptierte die Gebühren – der Notfall betraf also nicht sie. Nach einem knappen, gedämpften »Hallo« reichte sie mich direkt an meinen Großvater weiter.

»Ja«, sagte er so zackig und geschäftsmäßig wie immer. Einen Moment lang konnte ich gut glauben, es handele sich nur um ein Missverständnis und es sei nichts Schlimmes passiert. Aber schließlich musste ja etwas Dringendes sein, sonst hätten sie mich nicht aus der Aula geholt. Und mir waren auch Dunns Augen aufgefallen, die sich voller Panik weiteten, als sie in der Aula nach mir suchte. Erst viel später begriff ich, dass sie es bereits wusste.

»Was ist denn los?«, fragte ich.

»Deine Mutter ist gerade gegangen«, sagte er, »sie wird in ein paar Minuten zu Hause sein.« Ich konnte ihn mir genau vorstellen, wie er in der schlecht beleuchteten Bibliothek neben dem Telefontischchen stand in seinem gestärkten weißen Hemd, der roten Krawatte und dem marineblauen Dreiteiler, ungeduldig, mich wieder loszuwerden.

»Aber was ist denn passiert?«

»Dein Vater musste ins Krankenhaus, aber es besteht kein Grund zur Sorge«, sagte er, als würde er über das Wetter reden.

Ich hätte auflegen können. Ich hätte zurückgehen und weiter versuchen können, mich in die Gemeinschaft meiner neuen Klassenkameraden an der neuen Schule zu integrieren.

»Ist es das Herz?« Meinen Großvater in dieser Weise zu drängen war unerhört für mich – für jeden, außer Donald, aber es musste doch einen einleuchtenden Grund geben. Ich war immerhin gebeten worden anzurufen.

»Ja.«

»Dann ist es ernst.«

»Ja, ich würde sagen, es ist ernst.« Es entstand eine Pause. Vielleicht überlegte er, ob er mir die Wahrheit sagen soll. »Geh schlafen«, sagte er schließlich, »ruf morgen früh deine Mutter an.« Er legte auf.

Da stand ich auf meinem Treppenabsatz mit dem Telefonhörer in der Hand und wusste nicht recht, was ich tun sollte. Im Stockwerk über mir wurde eine Tür zugeschlagen. Schritte folgten und wurden lauter. Eine Gruppe Schüler lief an mir vorbei nach unten. Ich legte den Hörer zurück auf die Gabel, hob erneut ab und versuchte es noch einmal bei meiner Mutter.

Diesmal ging sie ran.

»Mom, ich habe gerade mit Grandpa gesprochen. Er hat mir erzählt, Dad sei im Krankenhaus, aber er wollte mir nicht sagen, was los ist. Ist Dad okay?«

»Er hatte einen Herzinfarkt«, sagte meine Mutter.

Im selben Augenblick, da sie zu sprechen begann, hatte die Zeit eine andere Qualität bekommen. Oder war es der Augenblick danach, an den ich mich nicht erinnere, und der Schock wirkte zurück. Wie auch immer, meine Mutter sprach weiter, doch ich nahm keines ihrer Worte mehr auf. Soweit ich es beurteilen kann, entstand keine Lücke im Gespräch, und doch waren für mich Teile davon wie ausgelöscht.

»Er hatte einen Herzinfarkt?« Ich wiederholte die letzten Worte, die ich noch mitbekommen hatte, als hätte ich etwas Entscheidendes verpasst.

»Oh, Mary, er ist tot.« Meine Mutter begann zu weinen. »Ich habe ihn einmal wirklich geliebt«, sagte sie.

Meine Mutter sprach weiter. Ich glitt an der Mauer entlang zu Boden. Ich ließ den Hörer fallen, ließ ihn an der Schnur baumeln und wartete.

Irgendwann am Nachmittag des 26. September 1981, einem Samstag, hatte jemand von meinen Großeltern den Notarzt gerufen. Damals wusste ich es noch nicht, doch mein Vater war schon seit drei Wochen todkrank. Es war das erste Mal, dass jemand einen Arzt holte.

Meine Großmutter war regelmäßig im Jamaica Hospital, im Booth Memorial Hospital und im Medical Center. Auch mein Vater war ein paar Mal ins Jamaica Hospital eingeliefert worden. Die Kinder meiner Großeltern waren alle dort geboren. Die Familie hatte also langjährige Verbindungen zum Personal und zur Klinikverwaltung. Meine Großeltern hatten etliche Millionen Dollar an das Jamaica Hospital gespendet, und 1975 wurde der Trump-Pavillon für Pflege und Rehabilitation nach meiner Großmutter benannt. Im Booth Memorial Hospital engagierte sich meine Großmutter stark für Ehrenamtliche in der Heilsarmee. Auch ich verbrachte dort in meiner Kindheit viel Zeit, weil ich schweres Asthma hatte. Ein einziger Anruf in einer dieser beiden Einrichtungen hätte ihrem Sohn die beste Behandlung garantiert. Es wurde kein Anruf getätigt. Der Rettungswagen brachte meinen Vater ins Queens Hospital Center in Jamaica. Niemand begleitete ihn.

Nachdem der Krankenwagen losgefahren war, riefen meine Großeltern ihre anderen vier Kinder an, erreichten jedoch nur Donald und Elizabeth. Als die beiden am Spätnachmittag in The House eintrafen, erhielten sie die Nachricht aus dem Krankenhaus, dass die Lage sehr ernst war. Noch immer fuhr niemand in die Klinik.

Donald versuchte, meine Mutter anzurufen, um ihr mitzuteilen, was los war, aber er erhielt stets nur ein Besetztzeichen. Er setzte sich mit unserem Hausverwalter in Verbindung und bat ihn, sie über die Türsprechanlage zu kontaktieren.

Mom rief sofort in The House an.

»Die Ärzte glauben, dass Freddy es nicht überlebt, Linda«, teilte ihr Donald mit. Meine Mutter hatte keine Ahnung, dass Dad überhaupt krank war.

»Macht es euch etwas aus, wenn ich nach The House komme? Dann bin ich da, wenn es Nachricht gibt.« Sie wollte nicht allein sein.

Als meine Mutter kurz darauf dort ankam, saßen meine Großeltern allein neben dem Telefon in der Bibliothek; Donald und Elizabeth waren ins Kino gegangen.

Es wurde kaum gesprochen, als Mom mit meinen Großeltern wartete. Ein paar Stunden später kamen Donald und Elizabeth zurück. Als sie erfuhren, dass es keine Neuigkeiten gab, ging Donald weg, und Elizabeth, die damals fast vierzig war, machte sich eine Tasse Tee und ging nach oben in ihr Zimmer. Als meine Mutter gerade beschlossen hatte zu gehen, läutete das Telefon. Es war die Klinik. Dad war um 21 Uhr 20 für tot erklärt worden. Er war zweiundvierzig Jahre alt.

Niemand kam auf die Idee, mich von der Schule abzuholen, aber es wurde organisiert, dass ich am nächsten Morgen den Bus nehmen konnte. Dunn brachte mich nach Hartford zur Greyhound-Station, und ich stieg in einen Bus zum Port Authority Busbahnhof in Manhattan. Meine Mutter und mein Bruder holten mich dort ab und wir fuhren zu The House, wo der Rest der Familie bereits im Frühstückszimmer versammelt war und über die Vorbereitungen für die Beerdigung sprach. Maryanne und ihr Sohn, mein Cousin David, waren da; mein Onkel Robert mit Blaine; Donald und Ivana, die bereits im achten Monat mit Ivanka schwanger war, und ihr dreijähriger Sohn Donny. Niemand wandte sich groß meiner Mutter, meinem Bruder oder mir zu. Es wurden ein paar Versuche erzwungener Herzlichkeit unternommen, hauptsächlich von Rob, aber sie kamen nicht recht an und ließen bald nach. Mein Großvater und Maryanne unterhielten sich gedämpft. Meine Großmutter ärgerte sich darüber, was sie zur Totenwache anziehen sollte; denn mein Großvater hatte einen schwarzen Hosenanzug für sie ausgesucht, worüber sie nicht erfreut war.

Am Nachmittag fuhren wir zu Stutzmann & Son, einem Bestattungsunternehmen in Queens Village, etwa zehn Minuten von The House entfernt, zu einer Totenfeier im engsten Kreis. Bevor wir in den zentralen Saal gingen, wo der Sarg bereits stand, fragte ich Onkel Robert, ob ich kurz etwas mit ihm besprechen könnte. Ich zog ihn in eine kleine Nische am Ende des Flurs, der zur Aufbahrungshalle führte. »Ich will Dads Leiche sehen.« Ich sah keinen Grund, nicht direkt zu sein. Ich hatte nicht viel Zeit.

»Das geht nicht, Mary. Das ist unmöglich.«

»Rob, es ist wichtig.« Ich hatte keine religiösen Gründe, es war auch nicht, weil ich dachte, es gehöre sich so. Ich war noch nie auf einer Beerdigung gewesen und wusste nichts über den Ablauf. Ich wusste zwar, dass ich meinen Vater sehen musste, aber ich hätte nicht sagen können warum. Wie hätte ich sagen können: »Ich glaube nicht, dass er tot ist. Ich habe keinen Grund, das zu glauben. Ich wusste ja noch nicht einmal, dass er krank war.«? Ich konnte nur sagen: »Ich muss ihn sehen.«

Robert zögerte, schließlich sagte er: »Nein, meine Süße. Dein Vater wird verbrannt, und seine Leiche wurde nicht hergerichtet. Es wäre schrecklich, wenn das deine letzte Erinnerung an ihn würde.«

»Das macht nichts.« Ich fühlte mich auf eine Weise verzweifelt, die ich selbst nicht begriff. Rob schaute zu mir herunter und wandte sich zum Gehen. Ich trat vor ihn hin.

»Rob, bitte!«

Er zögerte wieder und ging dann den Flur hinunter. »Komm«, sagte er. »Wir sollten hineingehen.«

Am Montag fuhr die Familie zwischen zwei Totenwachen zum Mittagessen nach The House zurück. Donald und Ivana hatten auf dem Rückweg in einem Supermarkt große Mengen abgepackten Aufschnitt besorgt. Maryanne und Elizabeth hatten ihn auf den Tisch im Frühstückszimmer gestellt, und in relativer Stille wurde davon gegessen, oder man ließ es.

Ich hatte keinen Appetit und nahm auch an der Konversation nicht teil, also verließ ich den Frühstücksraum und streifte durchs Haus, wie ich es als Kind immer getan hatte. Ich ging zur Hintertreppe gegenüber dem Eingang zur Bibliothek und erhaschte einen Blick auf Donald, der den Telefonhörer in der Hand hielt. Ich weiß nicht, ob er gerade telefoniert hatte oder telefonieren wollte, aber als er mich im Flur bemerkte, legte er den Hörer auf. Wir sagten beide nichts. Ich hatte Donald seit dem Muttertag nicht mehr gesehen, den wir in North Hills gefeiert hatten, dem Country Club meiner Großeltern in Long Island. Ich hatte von niemandem Tränen erwartet, außer von meiner Großmutter, aber Donald und besonders mein Großvater schienen den Tod meines Vaters mühelos wegzustecken.
»Hey, Donald.«

»Was gibt's, meine Süße?« Ich fragte mich manchmal, ob einer meiner beiden Onkel überhaupt meinen Namen wusste.

»Dad wird verbrannt, oder?« Ich wusste seit Jahren, dass das der Wunsch meines Vaters war. Es war ihm so wichtig, dass dies eines der ersten Dinge war, die er meiner Mutter nach ihrer Hochzeit mitgeteilt hatte. Sein Beharren darauf grenzte an Besessenheit, weshalb ich schon davon wusste, als ich noch keine zehn Jahre alt war.

»Ja, genau.«

»Und was dann? Er wird doch nicht beerdigt, oder?«

Seine Miene wurde ungeduldig. Diese Unterhaltung wollte er sichtlich nicht führen. »Ich denke schon.«

»Das ergibt doch keinen Sinn, oder?«

»Dad will es so.« Er hob den Hörer ab. Als er merkte, dass ich keine Anstalten machte zu gehen, begann er zu wählen.

Ich drehte mich um und stieg die Hintertreppe hoch. An dem einen Ende des langen Flurs im Obergeschoss lagen Elizabeths Eckzimmer und Maryannes Zimmer, dazwischen das gemeinsam genutzte Bad. Auf der anderen Seite Donalds und Roberts Zimmer, das sie sich teilten. Die Fensterdekoration passte zu den blau-golden gemusterten Tagesdecken auf den Betten. Zu dem deutlich größeren Elternschlafzimmer direkt daneben gehörte noch Gams separater Ankleideraum mit seinen verspiegelten Wänden. In der Mitte des Flurs lag die Zelle. Dads spartanisches Bett war abgezogen, und man sah die dünne Matratze. Sein Transistorradio stand noch auf dem kleinen Nachttisch. Die Schranktür stand einen Spaltbreit offen, und ich sah ein paar seiner weißen Button-down-Hemden, die schief auf Drahtbügeln hingen. Sogar an einem so sonnigen Tag wie diesem ließ das einzige Fenster wenig Licht in den Raum, und die Schatten verliehen dem Zimmer etwas Karges. Ich dachte, ich sollte hineingehen, aber was gab es da schon für mich? Ich ging wieder nach unten.

Die Totenwache fiel auf die erste Nacht von Rosch ha-Schana, trotzdem kamen viele von Dads Corpsbrüdern aus der Studentenverbindung. Sein Freund Stu, der häufig mit seiner Frau Judy an den Dinnerpartys und Wohltätigkeitsveranstaltungen im Jamaica Hospital teilgenommen hatte, kannte meine Familie sicher besser als alle anderen von Dads Freunden, ausgenommen Billy Drake. Stu sah meinen Großvater allein hinten im Raum stehen und ging auf ihn zu, um seine Aufwartung zu machen. Die beiden Männer reichten sich die Hand, und nachdem Stu sein Beileid ausgesprochen hatte, sagte er: »Die Immobilienbranche scheint etwas in Schwierigkeiten zu sein. Ich hoffe, Donald geht es gut. Ich sehe ihn oft in den Nachrichten. Es sieht aus, als schulde er den Banken eine Menge Geld.«

Fred legte seinen Arm um den Freund seines toten Sohnes und erwiderte lächelnd: »Machen Sie sich um Donald keine Sorgen, Stuart. Ihm wird es gut gehen.« Donald war nicht im Raum.

Mein Bruder hielt die einzige Grabrede (oder zumindest die einzige, an die ich mich erinnere). Sie war wahrscheinlich auf dem Flug von Orlando, wo er im zweiten Studienjahr am Rollins College studierte, auf ein loses Blatt Papier geschrieben. Er erging sich in Erinnerungen an die guten Zeiten, die er und Dad miteinander hatten. Die meisten stammten aus der Zeit, bevor ich alt genug war, mich zu erinnern, aber er schreckte auch vor der grundlegenden Realität im Leben meines Vaters nicht zurück. An einer Stelle bezeichnete er Dad als das schwarze Schaf der Familie, dem folgte ein vernehmliches Luftholen unter den Trauergästen. Mich durchströmte das Gefühl von Anerkennung, und ich empfand die Worte als Ehrenrettung – endlich. Mein Bruder, der sich immer so viel besser mit der Familie arrangiert hatte als ich, hatte es gewagt, die Wahrheit zu sagen. Ich bewunderte seine Aufrichtigkeit, zugleich aber war ich neidisch, dass er so viel mehr gute Erinnerungen an meinen Vater zu haben schien als ich.

Als sich die Totenwache dem Ende zuneigte, beobachtete ich die Leute, wie sie sich in einer Reihe aufstellten und zum Sarg traten, dort mit geschlossenen Augen und verschränkten Händen innehielten – manche knieten auf dem niedrigen, gepolsterte Bänkchen, das offenbar zu diesem Zweck dort aufgestellt worden war – und dann weitergingen.

Als Tante Elizabeth an der Reihe war, begann sie hemmungslos zu schluchzen. Inmitten des stoischen Gleichmuts rundum wirkte dieser Gefühlsausbruch erschütternd, und die Leute verfolgten sie mit Blicken verhohlener Sorge. Doch niemand ging zu ihr. Sie legte ihre Hände auf den Sarg und sank auf die Knie. Ihr Körper zuckte und bebte so stark, dass sie das Gleichgewicht verlor und seitlich zu Boden glitt. Ich sah sie fallen. Sie lag da, als hätte sie nicht die geringste Ahnung, wo sie war oder was sie dort tat, und sie hörte nicht auf zu weinen. Endlich kamen Donald und Robert von hinten, wo sie mit meinem Großvater gesprochen hatten, der blieb, wo er war.

Meine beiden Onkel halfen Elizabeth auf und zogen sie aus dem Raum; sie hing kraftlos zwischen ihnen.

Schließlich näherte ich mich vorsichtig dem Sarg. Er schien mir so unglaublich klein, und ich dachte, es muss sich um einen Fehler handeln. Mein Vater mit seinen über 1,80 Meter konnte unmöglich in diese Kiste passen. Ich ignorierte das Kniebänkchen und blieb stehen. Ich neigte den Kopf und konzentrierte mich auf einen der Messingbeschläge am Sarg. Nichts als Leere in mir.

»Hi, Dad«, sagte ich schließlich im Flüsterton. Ich stand da, blickte auf den Sarg hinunter und zermarterte mir den Kopf, bis mir plötzlich in den Sinn kam, dass ich am falschen Ende stehen könnte, dass das Gespräch, das ich mit meinem Vater führen wollte, sich womöglich an seine Füße richtete. Ich schämte mich, trat einen Schritt zurück und ging wieder zu meinen Freunden.

Es gab keine kirchliche Trauerfeier. Der Sarg wurde ins Krematorium überführt, und wir fanden uns kurz in der Kapelle nebenan zusammen, die eigentümlich sonnendurchflutet und hell war. Ein Geistlicher, der keiner Konfession erkennbar zuzuordnen war, offenbarte dort nicht nur, dass mein Vater für ihn ein völlig Unbekannter war, sondern auch die Tatsache, dass sich niemand aus der Familie die Mühe gemacht hatte, ihn über den Menschen aufzuklären, den er bald den Flammen übergeben würde.

Als die Bestattungszeremonien vorbei waren, sollte die Familie zum Familiengrab im All Faiths Cemetery nach Middle Village fahren. Damals lagen dort nur die Eltern meines Großvaters, Friedrich und Elizabeth Trump, begraben. Später erfuhr ich, dass im Verlauf der beiden vorangegangenen Tage meine Mutter, mein Bruder und ich unabhängig voneinander verschiedene Familienmitglieder eindringlich darum baten, zu erlauben, die Asche meines Vaters über dem Atlantik zu verstreuen.

Bevor wir die Kapelle verließen, holte ich meinen Großvater ein, um eine letzte Bitte vorzutragen. »Grandpa«, sagte ich, »wir können Dads Asche nicht begraben.«

»Das ist nicht deine Entscheidung.«

Er wollte weitergehen, aber ich griff nach seinem Ärmel. Ich wusste, dass dies meine letzte Chance war. »War es denn nicht die seine?«, fragte ich. »Er wollte verbrannt werden, weil er nicht begraben werden wollte. Bitte, lass uns seine Asche nach Montauk bringen.«

Kaum waren mir diese Worte entschlüpft, begriff ich, dass ich einen entscheidenden Fehler begangen hatte. Auch mein Großvater hatte es gemerkt. Er verband Montauk mit den belanglosen Hobbys meines Vaters, dem Bootfahren und Angeln, mit all den Aktivitäten, die ihn vom ernst zu nehmenden Immobiliengeschäft abgelenkt hatten.

»Montauk«, wiederholte er fast lächelnd, kurz vor dem Auto. »So weit kommt es noch. Steig ein.«

Die Grabsteine aus Marmor und Granit glitzerten im Sonnenlicht, als unser Großvater, dessen hellblaue Augen unter den riesigen Augenbrauen im grellen Tageslicht blinzelten, erklärte, dass der Grabstein, auf dem bereits die Namen seiner Mutter und seines Vater eingemeißelt waren, vorübergehend entfernt werden würde, damit der Name und die Lebensdaten meines Vaters hinzugefügt werden konnten. Er breitete beim Sprechen die Hände aus, und wie ein Gebrauchtwagenhändler, der weiß, dass er einem Hinterwäldler gegenübersteht, wippte er, fast schon übermütig, auf den Fußballen.

Mein Großvater folgte dem Buchstaben des Gesetzes und tat dann, was er wollte. Nachdem mein Vater eingeäschert worden war, kam die Asche in eine Metallurne und wurde in der Erde begraben.

Dads Sterbeurkunde war auf den 29. September 1981 ausgestellt und dokumentierte, dass er eines natürlichen Todes gestorben war. Ich weiß nicht, wie das mit zweiundvierzig Jahren möglich ist. Es gab kein Testament. Falls er etwas hinterlassen hat – Bücher, Fotos, seine alten Schallplatten, seine Orden des Trainingscorps der Reserveoffiziere (ROTC) und der Nationalgarde –, so weiß ich nichts davon. Mein Bruder bekam seine Timex-Uhr. Ich bekam nichts.

Je älter ich wurde, desto kälter war mir The House erschienen. Beim ersten Thanksgiving nach Dads Tod war The House noch kälter als sonst.

Nach dem Abendessen kam Rob zu mir und legte mir die Hand auf die Schulter. Er zeigte auf meine neue Cousine, Ivanka, die in ihrer Wiege schlief. »Schau, so funktioniert das.« Ich verstand, worauf er hinauswollte, aber es kam rüber, als läge ihm auf der Zunge »Raus mit dem Alten, rein mit dem Neuen«. Immerhin hatte er einen Versuch unternommen. Fred und Donald benahmen sich, als wäre alles wie immer. Freds Sohn, Donalds Bruder war tot, doch sie sprachen bereits über die New Yorker Politik und ihre Deals und hässliche Frauen, so wie immer schon.

Als Fritz und ich in den Weihnachtsferien nach Hause kamen, hatten wir einen Termin bei Irwin Durben, einem der Rechtsanwälte meines Großvaters und, nachdem Matthew Tosti gestorben war, der Hauptansprechpartner bei der Prüfung des Vermögens meines Vaters. Ich war fassungslos, als ich erfuhr, dass er eines hatte. Ich war der Überzeugung gewesen, dass er nahezu keinen Penny mehr besaß, als er starb. Aber es gab die Treuhandfonds, die von meinem Großvater und meiner Urgroßmutter aufgelegt worden waren, so wie der, aus dem er das Internat bezahlt hatte, wovon ich damals nichts wusste. Sie sollten zwischen mir und meinem Bruder aufgeteilt und bis zu unserem dreißigsten Lebensjahr treuhänderisch verwaltet werden. Die mit der Verwaltung dieser Treuhandfonds und dem Schutz unserer langfristigen finanziellen Interessen beauftragten Personen waren Irwin Durben, meine Tante Maryanne und meine beiden Onkel Donald und Robert. Obwohl Irwin der Zuständige war – mit ihm sollten wir Kontakt aufnehmen, wenn wir Fragen hatten oder wenn es ein Problem gab oder wir in unvorhergesehene finanzielle Schwierigkeiten gerieten –, war es Donald, der die letztgültige Zustimmung zu geben und sämtliche Schecks mit zu unterzeichnen hatte.

Stapelweise Dokumente lagen auf Irwins Schreibtisch. Er saß dahinter auf seinem Sessel und begann, uns zu erklären, was genau wir da unterschreiben würden. Wir kamen nicht sehr weit, als Fritz ihn unterbrach und sagte: »Mary und ich haben vorhin schon darüber gesprochen, wir wollen zuerst sicherstellen, dass sich um Mom gekümmert wird.«

»Selbstverständlich«, sagte Irwin. Dann ging er in den folgenden zwei Stunden systematisch jede einzelne Seite mit uns durch. Die tatsächliche Höhe der Summe, die mein Vater hinterlassen hatte, hatte sich mir nicht erschlossen. Die Fonds waren komplizierte Finanzanlagen (zumindest für eine Sechzehnjährige), und es bestand, wie es schien, eine hohe Steuerbelastung. Nachdem er die Bedeutung jedes einzelnen Dokuments erklärt hatte, schob er es uns zur Unterschrift über den Schreibtisch.

Als wir fertig waren, fragte er, ob wir noch Fragen hätten.

»Nein«, sagte Fritz.

Ich schüttelte den Kopf. Ich hatte nicht ein Wort verstanden von dem, was Irwin gesagt hatte.

TEIL DREI

SCHALL UND RAUCH

KAPITEL NEUN

Die Kunst des Freikaufs

»MARY TRUMP AUSGERAUBT«, verkündeten am Tag nach Halloween 1991, subtil wie immer, in 100-Punkt-Lettern die Titelseiten der New Yorker Boulevardzeitungen. Obwohl ich bereits wusste, was passiert war, fand ich es erschütternd, auf dem Weg zur U-Bahn überall diese Schlagzeilen an den Zeitungskiosken zu sehen.

Meine Großmutter war jedoch nicht einfach nur überfallen worden. Der Junge, der ihr die Handtasche auf dem Supermarktparkplatz weggerissen hatte, als sie Einkaufstüten in ihren Rolls-Royce lud, hatte sie mit dem Kopf so brutal gegen ihr Auto geknallt, dass sie eine Gehirnblutung erlitten und einen Teil ihres Seh- und Hörvermögens eingebüßt hatte. Als sie auf dem Boden aufschlug, zog sie sich einen mehrfachen Beckenbruch zu, Verletzungen, die aufgrund ihrer schweren Osteoporose umso gefährlicher waren. Als sie ins Booth Memorial Hospital eingeliefert wurde, war ihr Zustand sehr ernst, und niemand wusste, ob sie durchkommen würde.

Erst als sie von der Intensivstation in ein Einzelzimmer verlegt wurde, machte sie sichtlich Fortschritte, aber es sollte noch einige Wochen dauern, bis ihre Schmerzen einigermaßen erträglich waren. Als sie allmählich wieder Appetit bekam, brachte ich ihr, wonach auch immer es sie gerade gelüstete. Bei einem meiner Besuche trank sie gerade einen Butterscotch-Milkshake, den ich für sie gekauft hatte, als Donald auftauchte.

Er begrüßte uns beide und gab ihr einen flüchtigen Kuss. »Hey, du siehst großartig aus, Mom.«

»Ja, es geht ihr schon viel besser«, pflichtete ich ihm bei. Er setzte sich auf einen Stuhl an ihr Bett und stellte einen Fuß auf den Bettrahmen.

»Mary kommt mich jeden Tag besuchen«, sagte Gam und sah mich lächelnd an.

Er wandte sich mir zu. »Muss angenehm sein, so viel Zeit zu haben.«

Ich sah, wie Gam die Augen verdrehte, und musste mir das Lachen verbeißen.

»Und wie geht es dir, mein Schatz?«, fragte Gam ihn.

»Ach, frag nicht.« Er wirkte ziemlich gereizt.

Gam erkundigte sich nach den Kindern, ob es von ihm und Ivana etwas Neues gebe. Aber er war wortkarg und verabschiedete sich, ganz offensichtlich gelangweilt, bereits nach zehn Minuten wieder. Als er gegangen war, blickte Gam zur Tür, wie um sicher zu gehen, dass er auch wirklich weg war, und sagte: »Da ist aber jemand stinkig.«

Jetzt lachte ich. »Na ja, er hat's zur Zeit auch wirklich nicht leicht.« In den letzten zwölf Monaten war einiges geschehen: Das Taj Mahal, sein Lieblingscasino in Atlantic City, hatte Bankrott angemeldet, nachdem es nur etwas mehr als ein Jahr zuvor seine Pforten geöffnet hatte; seine Ehe war eine einzige Katastrophe, nicht zuletzt wegen seiner offen gelebten Affäre mit Marla Maples; um die Wahrheit über seine finanzielle Situation zu kaschieren, bezahlten die Banken ihm eine monatliche Apanage, damit er seinen Lebensstil aufrechterhalten konnte; und die Taschenbuchausgabe seines zweiten Buchs, *Überleben ganz oben*, war unter dem neuen Titel *Die Kunst des Überlebens* veröffentlicht worden. Ungeachtet der Tatsache, dass er sich all das selbst zuzuschreiben hatte, schien er sich ungerecht behandelt zu fühlen und wirkte kein bisschen demütig oder gar beschämt.

»Armer Donald!«, sagte Gam spöttisch. Sie wirkte fast ein wenig aufgedreht, und ich dachte, dass die Dosis ihrer Schmerzmittel vielleicht heruntergesetzt werden sollte. »Er war schon immer so. Ich sollte es eigentlich nicht erzählen, aber um ehrlich zu sein, fiel mir ein Stein vom Herzen, als sein Vater ihn auf die Military Academy geschickt hat. Er hat niemandem gehorcht, am allerwenigsten mir, und er hat Robert so drangsaliert. Ach, und wenn du wüsstest, was für ein Schlamper er war, Mary! Auf der Academy gewann er Medaillen für seine Ordentlichkeit, doch kaum war er zu Hause, ging die Schlamperei wieder los!«

»Und wie hast du reagiert?«

»Was hätte ich schon tun können? Er hat ja nie auf mich gehört. Und deinem Großvater war es egal.« Sie schüttelte den Kopf. »Er hätte Donald alles durchgehen lassen, sogar einen Mord.«

Das überraschte mich dann doch. Ich hatte meinen Großvater immer nur als überaus streng und autoritär erlebt. »Das sieht ihm aber gar nicht ähnlich.«

Damals war mein Großvater gerade für eine Hüftoperation im Hospital for Special Surgery in Manhattan. Davor war er, glaube ich, erst ein einziges Mal im Krankenhaus gewesen, und zwar 1989, als ihm ein Tumor am Hals in der Nähe des rechten Ohrs entfernt wurde. Ich weiß nicht, ob der Termin für seine Hüftoperation schon länger feststand oder ob er vorgezogen worden war, nachdem meine Großmutter ins Krankenhaus eingeliefert wurde, damit sie sich während ihrer eigenen Rekonvaleszenz nicht auch noch um ihn kümmern musste. Sein Geisteszustand verschlechterte sich bereits seit geraumer Zeit, und während seines Krankenhausaufenthalts wurde es noch schlimmer. Ein paar Mal erwischte das Pflegepersonal ihn mitten in der Nacht beim Versuch, nur mit Boxershorts bekleidet die Klinik zu verlassen. Er wolle Mrs. Trump suchen gehen, erklärte er ihnen. Gam schien ganz froh, nicht von ihm gefunden worden zu sein.

Donalds vermeintlicher Erfolg mit dem 1980 eröffneten Grand Hyatt hatte ihm den Weg für den Bau des Trump Tower geebnet, der 1983 mit großem Tamtam eingeweiht worden war. Angefangen von seiner, wie immer wieder berichtet wurde, miserablen Behandlung illegaler Bauarbeiter bis zu den Gerüchten, die Mafia habe die Hände im Spiel, war das Projekt höchst umstritten. Erst recht sorgte er für öffentliche Empörung, als er die Art-déco-Kalksteinreliefs an der Fassade des Bonwit-Teller-Gebäudes zerstören ließ. Zuvor hatte Donald diese historisch bedeutenden Reliefs dem Metropolitan Museum of Art versprochen. Doch als ihm klar wurde, wie aufwendig es sein und wieviel es ihn kosten würde, sie unbeschädigt zu entfernen, ließ er sie kurzerhand zerstören. Als man ihn mit diesem Treuebruch und Verstoß gegen den guten Geschmack konfrontierte, tat er es mit einem Schulterzucken ab und sprach den Reliefs jeden künstlerischen Wert ab, als wöge sein Urteil die Einschätzung ausgewiesener Experten auf. Diese Haltung – es grundsätzlich besser zu wissen – verfestigte sich bei ihm mit der Zeit immer mehr: Je kleiner seine Wissensbasis im Zuge seines Aufstiegs wurde (insbesondere bei seinen verschiedenen Führungsaufgaben), desto vehementer brüstete er sich damit, alles zu wissen, nicht zuletzt, um seine wachsende Unsicherheit zu überspielen, und genau das hat uns dahin gebracht, wo wir jetzt sind.

In Wahrheit verdankt sich die Tatsache, dass Donald seine beiden ersten Projekte relativ reibungslos erwerben und umsetzen konnte, vor allem Freds großer Erfahrung als Bauunternehmer und Geschäftsmann. Beide Projekte wären nicht möglich gewesen ohne Freds Kontakte, seinen Einfluss, seine Billigung, sein Geld, sein Wissen und – vielleicht am wichtigsten – ohne dass er Donald immer wieder ermutigte.

Bis zu diesem Zeitpunkt hatte sich Donald gänzlich auf Freds Geld und Einfluss verlassen – ohne es je zuzugeben; stattdessen bekundete er öffentlich, sein Erfolg gründe auf seinem eigenen Wohlstand und seinem ausgebufften Geschäftssinn. Ins gleiche Horn stießen die Medien, ohne diesen Mythos zu hinterfragen, und die Banken folgten ihrem Beispiel, nachdem Donald begonnen hatte, seine Idee, Casinobetreiber in New Jersey zu werden, voranzutreiben – der Bundesstaat hatte 1977 das Glücksspiel in Atlantic City legalisiert, um die darbende Küstenstadt vor dem weiteren Abstieg zu bewahren. Hätte Donald auch nur ein bisschen was auf die Einschätzung meines Großvaters gegeben, hätte er niemals in Atlantic City investiert. Manhattan war es wert gewesen, ein Risiko einzugehen, aber was Atlantic City betraf, so konnte Fred nichts weiter als Geld und den einen oder anderen Rat bieten – weder politische Verbindungen noch das eingespielte Baugewerbe, auf das man zurückgreifen konnte. Damals war Freds Einfluss auf Donald bereits im Schwinden begriffen, und so beantragte dieser 1982 die Glücksspiellizenz.

Während ihr Bruder unermüdlich nach neuen Investmentgelegenheiten Ausschau hielt, fragte ihn Maryanne, die seit Mitte der 1970er stellvertretende Bezirksstaatsanwältin in New Jersey war, ob er Roy Cohn um einen Gefallen für sie bitten könne. Cohn, der an Aids erkrankt war, hatte aufgrund seiner Verbindung zur Regierung Reagan sowohl Zugang zu Zidovudin, einem damals in der Probephase befindlichen HIV-Medikament, als auch Einfluss auf die Besetzung juristischer Posten. Zufällig war gerade ein Sitz im US District Court für den Bezirk New Jersey vakant. Der ideale Posten für sie, dachte Maryanne, und

Donald fand, es könnte nicht schaden, eine enge Verwandte auf der Richterbank eines Bundesstaats zu haben, wo er geschäftlich eine Menge vorhatte. Gesagt, getan, Cohn rief den Generalstaatsanwalt Ed Meese an, und Maryanne wurde im September nominiert und im Oktober in ihrem neuen Amt bestätigt.

Derweil hatte Donald – ein weiteres Indiz für Freds schwindenden Einfluss – für über 300 Millionen Dollar unbesehen ein Casino gekauft. Er ließ es 1985 auf den Namen Trump's Castle umtaufen – nur ein Jahr nachdem er Harrah's erworben hatte, das wiederum in Trump Plaza umbenannt wurde. In Donalds Augen war Zuviel des Guten einfach noch besser; er glaubte, Atlantic City biete ein unbegrenztes Potenzial, folglich waren zwei Casinos besser als eins. Inzwischen hatte Donald mit seinen geschäftlichen Abenteuern bereits mehrere Milliarden Dollar Schulden aufgehäuft (1990 beliefen sich seine persönlichen Verbindlichkeiten auf 975 Millionen Dollar). Trotzdem kaufte er im selben Jahr für weitere 8 Millionen Mar-a-Lago, ein herrschaftliches Anwesen in Palm Beach. 1988 hatte er für 29 Millionen eine Yacht erworben und ein Jahr später für 365 Millionen den Eastern Airlines Shuttle. 1990 musste er fast für 700 Millionen »Schrottanleihen« zu 14 Prozent Zinsen ausgeben, um den Bau seines dritten Casinos, des Taj Mahal, fertigzustellen. Fast scheint es, als hätte der beträchtliche Umfang seiner Erwerbungen, die Summen, die er dafür ausgab, und die Kühnheit seiner Transaktionen alle, einschließlich der Banken, davon abgehalten, sich seinen wachsenden Schuldenberg näher anzusehen und seinen Geschäftssinn zu hinterfragen.

Damals waren Donalds Lieblingsfarben Rot, Schwarz und Gold, und der billige Glitter von Atlantic City reizte ihn ebenso wie das schnelle Geld. Nach dem Motto »das Haus gewinnt immer« erschien es ihm als sichere Wette, dass jemand, der es sich leisten konnte, sich dort einzukaufen, einen Reibach machen würde. Und noch etwas gefiel Donald: Atlantic City lag außerhalb von Freds Wirkungsbereich. Von den schwindelerregenden Investitionen, die Fred und andere tätigten, mal abgesehen, stellte das Betreiben von Casinos, anders als das Grand Hyatt und der Trump Tower, deren Management man in fremde Hände gegeben hatte, ein permanentes Geschäftsmodell dar. Als solches hätte es Donalds erste Gelegenheit dargestellt, unabhängig von seinem Vater geschäftlich zu reüssieren.

Sein eigenes Casino zu betreiben bot Donald eine übergroße Leinwand; er konnte darauf eine Welt nach seinen Vorstellungen schaffen. Und wenn ein Casino gut war, wären zwei oder gar drei noch besser. Aber natürlich konkurrierten seine Casinos miteinander und schmälerten, wie sich herausstellen sollte, gegenseitig ihren Profit. So absurd es sich anhört, für ihn hatte dieses Immer-mehr-Wollen eine gewisse Logik, hatte es bei seinem Vater doch auch funktioniert. Doch Donald verstand nicht und weigerte sich, einzusehen, dass Casinos in Atlantic City zu besitzen und zu betreiben etwas ganz anderes war, als Mietshäuser in Brooklyn zu besitzen und zu verwalten – angefangen vom Geschäftsmodell, über die Marktsituation und das Kundenprofil bis zur Profitstruktur. Weil er diesen offensichtlichen Unterschied nicht sehen wollte, glaubte er einfach, in Atlantic City wäre mehr immer besser, genau wie es für meinen Großvater in den New Yorker Außenbezirken gewesen war. Wenn ein Casino eine Geldmaschine war, würden drei eine ganze Geldfabrik sein. Den gleichen Erfolg, den Fred mit seinen Mietshäusern hatte, würde er mit Casinos haben.

Unerklärlich ist nur, warum die kreditgebenden Banken und Investoren der ersten beiden Casinos nicht vehementer protestierten, als er auch noch ein drittes eröffnen wollte, obwohl klar war, dass dieses direkten Einfluss auf deren Nettogewinne haben würde. Noch unerklärlicher ist, dass Donald Geldgeber fand, die bereit waren, in dieses Projekt zu investieren. Selbst ein oberflächlicher Blick in die Bücher – vor allem die Schuldenquote – hätte jeden noch so leichtsinnigen Finanzier in die Flucht schlagen müssen. Aber in den späten 1980ern sagte niemand Nein zu Donald. Und so ermöglichte man ihm, einen weiteren Rohrkrepierer in Angriff zu nehmen, der das Ego eines Mannes aufblähte, der nicht das Zeug hatte, das Projekt je zum Erfolg zu führen.

Im August 1990 erschien *Überleben ganz oben*, und bald zeichnete sich ab, dass das Buch angesichts des Themas und des Timings wie eine Parodie anmutete.

Im Juni 1990 war Donald nicht in der Lage gewesen, eine für das Trump's Castle fällige Kreditrate von 43 Millionen zu bezahlen. Sechs Monate später schickte mein Großvater seinen Chauffeur mit mehr als 3 Millionen Dollar zum Castle, um Chips zu kaufen. er Chauffeur kaufte die Chips nicht, um sie im Glücksspiel einzusetzen, sondern er verstaute sie in einer Aktenmappe und verließ damit das Casino. Aber dieser Betrag genügte offenbar nicht. Am nächsten Tag tätigte mein Großvater eine telegrafische Geldanweisung über 150 000 Dollar an das Castle, vermutlich, um weitere Chips zu erwerben. Auch wenn diese Manöver kurzfristig halfen, handelte sich mein Großvater eine Geldstrafe über 30 000 Dollar wegen Verstoßes gegen eine Regel der Glücksspielkommission ein, die es nicht autorisierten Finanzquellen untersagte, Casinos Geld zu leihen. Um Donald weiterhin Geld zufließen zu lassen und dessen Casinos liquide zu halten, hätte er sich ebenfalls eine Glücksspiellizenz für New Jersey besorgen müssen. Doch es war zu spät. Donald hatte zwar 30 Prozent Marktanteil in Atlantic City, aber das Taj verhinderte, dass die anderen beiden Casinos auf einen grünen Zweig kamen (das Plaza und Castle machten in dem Jahr, in dem das Taj Mahal eröffnete, zusammen einen

Verlust von 58 Millionen); für die drei Immobilien waren jährlich 94 Millionen Dollar Schuldzinsen fällig, und das Taj Mahal hätte allein *mehr als 1 Million Dollar Gewinn* am Tag generieren müssen, um in die Gewinnzone zu kommen.

Die Banken mussten zusehen, wie Unsummen ihres Gelds verbrannt wurden. Kaum hatte das Taj Mahal eröffnet, trafen sich die Geldgeber mit Donald, um zu beraten, wie man seine Ausgaben in den Griff bekommen konnte. Da weitere Kreditratenausfälle und sogar ein Bankrott drohten, musste man unbedingt eine Möglichkeit finden, Donalds Image des erfolgreichen Geschäftsmanns aufrechtzuerhalten, um das Geld der Banken zu retten: Die Banker fürchteten, dass seine bereits in Schieflage geratenen Immobilien ohne den Glanz des Erfolgs und das Vertrauen, das er ausstrahlte (und das man in ihn gesetzt hatte), noch mehr an Wert verlieren würden. Sein Nachname hatte Sogwirkung: Wurde dieser Name beschädigt, würde es keine weiteren Glücksspieler oder Mieter oder Menschen geben, die bereit wären, Anleihen zu kaufen, und damit keine neuen Einnahmen.

Abgesehen davon, dass man ihm einen weiteren Kredit gewährte, um die Betriebskosten zu decken, trafen die Banken im Mai 1990 eine Vereinbarung mit Donald, ihm eine monatliche Apanage über 450 000 Dollar zu bezahlen – das heißt, beinahe 5,5 Millionen Dollar jährlich dafür, dass er auf ganzer Linie gescheitert war. Dieses Geld diente lediglich zur Deckung seiner Privatausgaben: für die Triplex-Wohnung im Trump Tower, den Privatjet, die Hypothek auf Mar-a-Lago. Um sein Image zu vermarkten, musste Donald in der Lage sein, den luxuriösen Lebensstil, auf dem es gründete, aufrechtzuerhalten.

Die Banken wollten ihn im Auge behalten, und so musste Donald jeden Freitag zu einer Besprechung antreten, um über seine Ausgaben Rechenschaft abzulegen und darüber, wie weit seine Bemühungen gediehen waren, Vermögenswerte wie etwa die

Yacht zu veräußern. Im Mai 1990 konnte er die Augen nicht mehr vor dem Ernst der Lage verschließen. Obgleich Donald gegenüber Robert klagte, die Banken »brächten ihn um«, war er ihnen in Wahrheit auf eine Art verpflichtet, wie er es seinem Vater nie gewesen war: Nie zuvor war er an der Leine gehalten worden, geschweige denn an einer kurzen, und die scheuerte gewaltig. Er war gesetzlich dazu verpflichtet, den Banken das Geld zurückzuzahlen, und wenn er es nicht tat, würde das Konsequenzen haben. Jedenfalls hätte es so sein sollen.

Doch trotz der Einschränkungen gab Donald weiter Geld aus, das er nicht hatte, unter anderem 250 000 Dollar für Marlas Verlobungsring und 10 Millionen Dollar für Ivana als Teil der Scheidungsvereinbarung. Vermutlich kam ihm nie in den Sinn, dass er sich diese Ausgaben unter den gegebenen Umständen gar nicht leisten konnte. Die Banken rügten ihn immer wieder, er verstoße gegen ihre Vereinbarung, ließen ihren Worten aber keine Taten folgen, was ihn in seinem Glauben bestärkte, weiterhin tun und lassen zu können, was ihm beliebte.

In gewisser Hinsicht kann man Donald nicht einmal die Schuld geben. Die Verlagerung seiner Geschäftstätigkeit nach Atlantic City hatte ihn von der Notwendigkeit befreit, sich die Zustimmung oder Einwilligung seines Vaters einzuholen. Er brauchte sich gar nicht mehr aufzuspielen; durch die Banken, die ihm Aberhunderte Millionen nachwarfen, fühlte er sich in seiner überzogenen Selbstwahrnehmung bestärkt, ebenso wie durch die Medien, die ihn mit Aufmerksamkeiten überhäuften und ihm ungerechtfertigt huldigten. Diese unheilvolle Mischung machte ihn blind gegenüber seiner prekären Lage. Die Welt da draußen strickte fleißig weiter am Mythos Donald Trump, den mein Großvater erfunden hatte.

Aber ein Mythos ist eben ein Mythos. Und so war Donald im Grunde noch immer Freds Erfindung, auch wenn dieser Mythos jetzt von den Banken und Medien fortgeschrieben wurde. Donald wurde von ihnen möglich gemacht und war zugleich von ihnen abhängig, genau wie er von Fred abhängig gewesen war. Er strahlte einen oberflächlichen Charme aus, ja sogar Charisma, und das nahm nicht wenige Menschen für ihn ein. Wenn er hingegen mit seinem Charme auf Granit stieß, wandte er eine andere »Businessstrategie« an: Er bekam einen Wutanfall und drohte damit, bankrottzugehen oder jene, die ihm nicht gaben, was er wollte, in den Ruin zu treiben. Egal, welche Strategie er anwandte, er kam damit durch.

Donald war erfolgreich, weil er ein Erfolgsmensch war. Bei dieser Prämisse blieb indes eine fundamentale Realität außen vor: Er hatte nicht erreicht und konnte auch gar nicht erreichen, was man ihm an Erfolgen zuschrieb. Dessen ungeachtet musste sein inzwischen entfesseltes Ego ständig genährt werden, nicht nur von seiner Familie, sondern von allen, die mit ihm in Berührung kamen.

Zwar erkannte New Yorks Elite ihn nie als einen der Ihren an, sondern sah in ihm immer nur den Hofnarren aus Queens, und doch bestärkten sie ihn in seinen Ambitionen und seinem überzogenen Selbstbild, indem sie ihn zu ihren Partys einluden und ihm erlaubten, ihre exklusiven Clubs (wie Le Club) zu frequentieren. Je mehr die New Yorker nach großem Spektakel lechzten, desto mehr waren die Medien bereit, es ihnen zu geben – auch auf Kosten wichtigerer und substantiellerer Informationen. Warum die Menschen mit Artikeln über seine undurchsichtigen Banktransaktionen langweilen, die ohnehin kaum jemand verstanden hätte? Donald profitierte enorm von den Ablenkungen und Taschenspielertricks, und er bekam zugleich genau das, was er wollte: die fortwährende Schmeichelei der Medien, die den Fokus auf die schlüpfrigen Details seiner Scheidung legten und darauf, wie gut er angeblich im Bett war. Wenn die Medien die

Augen vor der Wirklichkeit verschließen konnten, konnte er das auch.

Wie durch ein Wunder hatte ich nach dem Internat die Zulassung für die Tufts University erhalten, und obwohl ich das zweite Semester ausfallen lassen musste, schloss ich das Studium dort 1989 mit einem B.A. ab. Ein Jahr später, kurz bevor mein Großvater für die bescheidene Summe von 3,15 Millionen Dollar Casinochips kaufte, begann ich an der Columbia University in New York ein Masterstudium in Anglistik und Komparatistik.

Zwei Monate nach Semesterbeginn wurde in mein Apartment eingebrochen. Alle elektronischen Geräte, darunter die Schreibmaschine, die ich unbedingt fürs Studium brauchte, wurden gestohlen. Als ich Irwin anrief und ihn um einen Vorschuss auf meine nächste Unterhaltszahlung bat, schlug er mir die Bitte ab. Mein Großvater habe gesagt, ich solle mir einen Job suchen, gab er mir zur Antwort.

Als ich das nächste Mal meine Großmutter in The House besuchte, erklärte ich ihr meine Notlage, und sie bot mir an, einen Scheck auszustellen. »Nein, ist schon okay, Gam. Ich muss halt ein paar Wochen warten.«

»Mary«, erwiderte sie, »schlag nie ein Geldgeschenk aus.« Sie stellte den Scheck aus, sodass ich mir noch in derselben Woche eine neue Schreibmaschine kaufen konnte.

Kurz darauf rief mich ein wütender Irwin an. »Haben Sie Ihre Großmutter angebettelt?«

»Nein, hab ich nicht«, erwiderte ich, »ich habe ihr nur erzählt, dass meine Wohnung ausgeraubt wurde, und da hat sie mir angeboten, mir zu helfen.«

Während mein Großvater wie immer am Ende eines Monats sämtliche Bewegungen auf den Privat- und Geschäftskonten, einschließlich dem meiner Großmutter durchging, hatte er auch die Einlösung des Schecks entdeckt, den Gam für mich ausgestellt hatte, und er war wütend deswegen.

»Sie müssen vorsichtig sein«, warnte Irwin mich, »Ihr Großvater hat schon öfter davon gesprochen, dass er Sie enterben will.«

Ein paar Wochen später rief mich Irwin erneut an. Wieder war mein Großvater wütend auf mich, diesmal weil ihm die Unterschrift nicht gefiel, mit der ich die Schecks bei der Einlösung auf der Rückseite quittierte.

»Irwin, das ist jetzt aber nicht Ihr Ernst«, sagte ich.

»Doch. Sie ist unleserlich, sagt er, und das kann er nicht leiden.«

»Es ist eine *Unterschrift*.«

Er zögerte kurz und bemühte sich um einen sanfteren Tonfall. »Ändern Sie sie einfach. Halten Sie sich an die Spielregeln, Mary. Ihr Großvater glaubt, Sie seien selbstsüchtig, und wenn Sie so weitermachen, kann es gut sein, dass er, wenn Sie dreißig sind, die Zahlungen einstellt.« Aber ich verstand nie, was er mit »Spielregeln« meinte – das hier war meine Familie und nicht irgendein bürokratischer Vorgang.

»Ich verstehe nicht, was ich falsch mache. Immerhin stehe ich kurz vor dem Master an einer Eliteuniversität.«

»Das interessiert ihn nicht.«

»Weiß Donald davon?«

»Ja.«

»Er ist mein Treuhänder. Was meint er dazu?«

»Donald?« Irwin lachte abfällig. »Nichts.«

Damals war bei meinem Großvater noch nicht Alzheimer diagnostiziert worden, aber er litt seit geraumer Weile unter Demenz, daher nahm ich die Drohungen nicht allzu ernst. Trotzdem änderte ich meine Unterschrift.

Jeder in meiner Familie war einer merkwürdigen Mischung aus Privilegien und der ein oder anderen Form von Vernachlässigung ausgesetzt. Auch wenn ich alle materiellen Dinge hatte, die ich brauchte – und Privatschulen und Sommercamps besuchen durfte –, wurde mir unterschwellig immer bedeutet, dass mit diesem Luxus irgendwann Schluss sein könnte. Dabei schwang auch immer das entmutigende und manchmal auch verheerende Gefühl mit, dass nichts von dem, was wir taten, wirklich eine Rolle spielte, oder, schlimmer noch, dass wir keine Rolle spielten – außer Donald.

Trump Management, Freds Firma, war, auch wenn Donald sie oft als »zweitklassig« bezeichnete, äußerst erfolgreich. Zwischen 1988 und 1993 zahlte sich Fred mehr als 109 Millionen Dollar aus, und auf der Bank lag ein weiterer hoher zweistelliger Millionenbetrag. Unterdessen geriet die Trump Organization, die Firma, die Donald angeblich leitete, zunehmend in Schieflage.

Abhängig von einer monatlichen Apanage – von der eine vierköpfige Familie bequem zehn Jahre hätte leben können, aber es war und blieb trotzdem eine Zuwendung – und von den Banken in Schach gehalten, die sich schließlich weigerten, ihm weiteres Geld zu leihen, glaubte Donald allen Ernstes, seine Situation sei die Folge der wirtschaftlichen Lage, der schlechten Behandlung durch die Banken und einfach nur Pech.

Alles, was ihm widerfuhr, war unfair. Mit dieser Attitüde traf er bei Fred, der an seinen eigenen Kränkungen festhielt und sich – abgesehen von seinen geschäftlichen Erfolgen – ebenfalls nie für etwas verantwortlich fühlte, einen Nerv. Donalds Gabe, sich vor Verantwortung zu drücken und die Schuld stets bei anderen zu suchen, hatte er ganz klar von seinem Vater. Zwar konnte Fred trotz der ungezählten Millionen Dollar, die er in seine Projekte pumpte, Donalds Scheitern nicht verhindern, wohl aber einen Sündenbock finden. So wie er es immer tat, wenn seine eigenen Fehltritte oder Fehleinschätzungen ihn einholten, zum Beispiel das Scheitern von Steeplechase, für das er Freddy die Schuld gegeben hatte. Donald wusste: Verantwortung für sein Scheitern zu übernehmen – was natürlich erst einmal bedeutete, einen Fehler einzugestehen – war nichts, was Fred bewunderte; er hatte gesehen, wohin das Freddy gebracht hatte.

Es ist gut möglich, dass Fred in den späten 1960ern und frühen '70ern nicht wusste, wie unfähig Donald im Grunde war. Jegliche Schwäche bei dem Sohn anzuerkennen, dem er die künftigen Geschicke des eigenen Firmenimperiums anvertrauen wollte und für den er Freddy aufgeopfert hatte, war für ihn nahezu ein Ding der Unmöglichkeit. Es war viel leichter, sich einzureden, dass Donalds Talent im provinziellen Brooklyn verschwendet gewesen wäre; dass er ganz einfach ein größeres Betätigungsfeld brauchte, um zu zeigen, was er draufhatte.

Während sich das Commodore Hotel nach und nach in das Grand Hyatt verwandelte, war Fred so geblendet davon, wie erfolgreich Donald alles und jeden manipulierte und herabwürdigte, um seinen Willen durchzusetzen, dass er vergessen zu haben schien, wie essenziell seine eigenen Verbindungen, sein Wissen und seine Fähigkeiten bei der Realisierung von Donalds Projekten waren; weder das Hyatt noch der Trump Tower hätte ohne Freds Zutun das Licht der Welt erblickt. Selbst Fred musste ganz schwindelig gewesen sein angesichts all der Aufmerksamkeit, die Donald für zwei Projekte generierte, die, wäre jemand anderes Bauherr gewesen, als nichts Ungewöhnliches für Manhattan wahrgenommen worden wären.

Fred wusste von Anfang an von den Spielchen, die Donald spielte, denn er selbst hatte sie ihm beigebracht. Öffentlichkeit und Presse blenden, lügen, andere über den Tisch ziehen – all das waren, in Freds Augen, legitime Geschäftspraktiken. Am besten beherrschten Vater und Sohn das Hütchenspiel. Während Fred unablässig Projekte aus dem Hut zauberte und seinen Ruf als »*der* Nachkriegsbaumeister« festigte, wurde seine Brieftasche durch Gewinnabschöpfung immer dicker. Außerdem soll er so viele Steuern hinterzogen haben, dass vier seiner Kinder noch jahrzehntelang davon profitierten. Während sich die ahnungslose Öffentlichkeit an den schlüpfrigen Details des Privatlebens weidete, mit denen Donald die Boulevardpresse fütterte, machte dieser sich einen Namen als erfolgreicher Geschäftsmann, der in Wahrheit auf toxischen Krediten, schlechten Investitionen und noch schlechterem Urteilsvermögen gründete. Wobei der Unterschied zwischen Vater und Sohn darin bestand, dass Fred trotz seiner Unaufrichtigkeit und mangelnden Seriosität ein solides, gewinnbringendes Unternehmen aufgebaut hatte, während Donald lediglich die Fähigkeit hatte, mithilfe des Geldes von seinem Vater Luftschlösser zu bauen.

Doch als Donald seine Aktivitäten nach Atlantic City verlagerte, wurde offensichtlich, dass er nicht nur nicht für die eintönige Verwaltung von ein paar Dutzend Mittelklasse-Miethäusern in den New Yorker Außenbezirken taugte, sondern er taugte für überhaupt kein Geschäft – auch nicht eines, bei dem er seine Stärken der Selbstvermarktung und Selbstverherrlichung und seine Vorliebe für Glanz und Glitter ausleben konnte.

Wenn Fred mit Donalds Brillanz angab und behauptete, sein Sohn sei bereits weitaus erfolgreicher als er selbst, muss er gewusst haben, dass kein Wort davon wahr war; er war zu klug und zu gut mit Zahlen, um es nicht zu erkennen: Die Rechnung ging einfach nicht auf. Aber die Tatsache, dass Fred Donald finanziell unterstützte, obwohl er wusste, dass er es besser nicht tun sollte, legt die Vermutung nahe, dass hier noch etwas anderes vor sich ging.

Denn Fred leugnete die tatsächliche Lage in Atlantic City ganz einfach. Da er die Augen vor den Fakten verschloss, die nicht in seine vorgefertigte Wahrnehmung passten, gab er genauso lauthals wie sein Sohn der Wirtschaftslage und den Banken und der Casinoindustrie die Schuld. Fred war so tief in den Mythos des erfolgreichen Sohns eingetaucht, dass er und Donald unlösbar miteinander verstrickt waren. Die Wirklichkeit zu erkennen hätte erfordert, seine eigene Verantwortung anzuerkennen, und das hätte er nie im Leben getan. Er hatte alles auf eine Karte gesetzt, und jeder vernünftige Mensch wäre längst ausgestiegen, aber Fred war fest entschlossen, den Einsatz sogar noch zu erhöhen.

Hinzu kam, dass die andauernde öffentliche Aufmerksamkeit Fred Sand in die Augen streute, denn dank der Banken, über die Vater und Sohn kräftig lästerten, musste Donald trotz des finanziellen Desasters, das er heraufbeschworen hatte, den Gürtel kein bisschen enger schnallen und konnte den gewohnten Lebensstil weiterführen. Schließlich begann sich auch die Alzheimer-Erkrankung auf Freds Geschäftsführung auszuwirken. Seit jeher war er geneigt, nur das Beste über seinen schlechtesten Sohn zu denken, nun trug seine Erkrankung zusätzlich dazu bei, dass er den Hype um Donald mit der Wirklichkeit verwechselte.

Wie üblich zog Donald auch jetzt nur die Lehren aus der Misere, die bestätigten, wovon er schon immer überzeugt war: Egal, was passiert, egal, wie viel Schaden er anrichtet, *ihm* wird nichts passieren. Wenn man von vornherein weiß, dass einem aus der Patsche geholfen wird, ist alles, was zu dem Debakel geführt hat, bedeutungslos. Wenn man das Scheitern zu einem grandiosen Sieg erklärt, lässt diese schamlose Verklärung rückwirkend alles andere auch grandios erscheinen. Und das führte dazu, dass sich Donald nie änderte, selbst wenn er dazu in der Lage gewesen wäre, weil er es ganz einfach nicht musste. Ferner sorgte es dafür, dass er eine Lawine weiterer, zunehmend folgenreicherer Fehlschläge lostrat, zu deren Kollateralschaden letztlich wir alle wurden.

Während er immer mehr Pleiten und Zahlungsengpässe anhäufte, geriet Donald zum ersten Mal an einen Punkt, wo er seine Probleme nicht mehr mit Ausreden und Drohungen lösen konnte. Seit jeher geschickt darin, eine Hintertür ausfindig zu machen, ersann er allem Anschein nach einen Plan, wie er seinen Vater hintergehen und seine Geschwister um einen großen Teil ihres Erbes bringen konnte. Heimlich wandte er sich an zwei der dienstältesten Angestellten meines Vaters, an Irwin Durben, seinen Anwalt, und Jack Mitnick, seinen Buchhalter, und überzeugte sie davon, einen Nachtrag für das Testament meines Großvaters aufzusetzen, der Donald nach dessen Tod die komplette Kontrolle über dessen Nachlass eingeräumt hätte, einschließlich des Firmenimperiums und des gesamten Immobilienbesitzes. Somit wären Maryanne, Elizabeth und Robert finanziell völlig von Donalds Gnade abhängig gewesen.

Später erzählte Gam Maryanne, als Irwin und Jack zu ihnen nach The House gekommen seien, um Fred den Testamentsnachtrag unterzeichnen zu lassen, hätten sie das Ganze, während sie ihm das Dokument präsentierten, als Freds Idee hingestellt. Doch mein Großvater, der einen seiner besseren Tage hatte und nicht ganz so verwirrt war, spürte offenbar, dass irgendetwas nicht mit rechten Dingen zuging, auch wenn er nicht genau wusste, was. Jedenfalls wurde er wütend und weigerte sich, das Dokument zu unterschreiben. Nachdem Irwin und Jack wieder gegangen waren, äußerte Fred seiner Frau gegenüber seine Bedenken. Meine Großmutter rief umgehend ihre älteste Tochter an und erzählte ihr, so gut sie es vermochte, was soeben passiert war. Sie schloss mit den Worten: »Aber Fred hat den Braten gerochen.«

Mit ihrem beruflichen Hintergrund als ehemalige Staatsanwältin kannte sich Maryanne ein bisschen mit Stiftungen und Nachlassangelegenheiten aus. Sie bat ihren Mann, einen bekannten und angesehenen Anwalt in New Jersey, ihr jemanden zu nennen, der die Sache unter die Lupe nahm, und er verwies sie an einen seiner Kollegen. Es dauerte nicht lange, und Donalds Plan wurde aufgedeckt. Daraufhin wurde ein neues Testament verfasst, das den Letzten Willen meines Großvaters von 1984 ersetzte und worin Maryanne, Donald und Robert gleichberechtigt als Testamentsvollstrecker aufgeführt wurden. Außerdem enthielt es eine neue Bestimmung: Egal, welche Summe Fred von nun an Donald gab, denselben Betrag würde er auch den anderen drei Kindern geben müssen.

Jahre später meinte Maryanne: »Wir wären leer ausgegangen. Elizabeth hätte betteln gehen können. Um jeden Penny hätten wir Donald anbetteln müssen.« »Pures Glück« habe diesen Plan vereitelt. Und doch kamen die Geschwister weiterhin jeden Feiertag zusammen, als wäre nichts gewesen.

Donalds Versuch, die Kontrolle über Freds Nachlass zu erlangen, war nur die logische Konsequenz dessen, dass Fred seinem Sohn eingeredet hatte, nur er zähle. Donald hatte mehr von allem bekommen; sein Vater hatte große Summen in seine Projekte investiert; er hatte ihn auf Kosten von Maryanne, Elizabeth und Robert (ja, sogar seiner Mutter) auf den Schild gehoben. Und so ruhte in Donalds Vorstellung der Erfolg und der Ruf der Familie auf seinen Schultern. Insofern war es von seiner Warte aus betrachtet durchaus nachvollziehbar, dass er das Gefühl hatte, ihm gebühre nicht nur sein rechtmäßiger Anteil an allem, sondern alles.

Ich stand am Fenster meines Einzimmerapartments und blickte auf den Rushhour-Verkehr, der sich auf der 59th Street Bridge staute, als Donald mich aus seinem Flugzeug anrief – was ziemlich selten vorkam.

»Der Studiendekan von Tufts hat mir die Kopie eines Briefs von dir geschickt.«

»Ach ja, warum das denn?«

Ich brauchte eine Weile, bis mir klar wurde, wovon er sprach. Einer meiner Professoren hatte sich um einen Lehrstuhl auf Lebenszeit beworben, und ich hatte, bevor ich meinen Abschluss machte, ein Unterstützungsschreiben für ihn verfasst. Aber das war schon vier Jahre her, und ich hatte es fast schon wieder vergessen.

»Er wollte mir zu verstehen geben, wie großartig du Tufts findest. Er benutzt den Brief, um Spendengelder einzusammeln.«

»Tut mir leid. Das ist ganz schön dreist von ihm.«

»Nein, der Brief ist großartig.«

Mir war nicht klar, worauf er hinauswollte. Dann sagte Donald aus heiterem Himmel: »Wie wär's, wenn du mein nächstes Buch schriebest? Der Verleger sitzt mir im Nacken, und ich finde, es wäre eine gute Chance für dich. Außerdem macht es bestimmt Spaß.«

»Klingt unglaublich gut«, sagte ich. Und das tat es. Im Hintergrund hörte ich den Flugzeugmotor aufheulen, und mir fiel wieder ein, von wo aus er mich anrief. »Wohin fliegst du eigentlich?«

»Bin auf dem Rückweg von Las Vegas. Ruf morgen Rhona an, okay?« Rhona Graff war seine Vorzimmerdame.

»Mache ich. Danke, Donald.«

Erst später, als ich den Brief nochmals las, wurde mir klar, warum Donald es für eine gute Idee hielt, mich als Ghostwriterin anzuheuern – nicht weil der Brief »großartig« war, sondern weil er zeigte, dass ich andere Menschen großartig dastehen lassen konnte.

Ein paar Tage später bekam ich einen eigenen Schreibtisch im Büro der Trump Organization. Dieser nichtssagende Raum mit abgehängter Decke, Neonlicht und riesigen Stahlaktenschränken an den Wänden hatte weitaus mehr Ähnlichkeit mit den zweckmäßigen Räumlichkeiten von Trump Management in der Avenue Z als mit dem in Glas und Goldtönen gehaltenen repräsentativen Eingangsbereich, wo Donalds Konterfei auf den Covern von Hochglanzmagazinen die Besucher begrüßte.

Die ersten Wochen im Job brachte ich damit zu, mich mit den Mitarbeitern zu unterhalten und mich mit dem Ablagesystem vertraut zu machen. (Überrascht stellte ich fest, dass es sogar eine Akte mit meinem Namen gab, die ein einziges Blatt enthielt – einen handgeschriebenen Brief, den ich in der elften Klasse an Donald geschickt hatte. Darin hatte ich ihn gefragt, ob er mir zwei Tickets für ein Rolling-Stones-Konzert besorgen könne. – Konnte er nicht.) Meistens arbeitete ich im Stillen vor mich hin, aber wenn ich eine Frage hatte, wandte ich mich an Ernie East, einen von Donalds Geschäftsführern, einen überaus netten, hilfsbereiten Mann. Er machte mich auf bestimmte Unterlagen aufmerksam, die vielleicht aufschlussreich sein konnten, und manchmal stellte er mir auch ein paar Aktenordner auf den Schreibtisch, von denen er dachte, sie könnten mir weiterhelfen. Das Problem war, ich wusste nicht wirklich, wovon das Buch eigentlich handeln sollte, sondern konnte mir nur anhand des Arbeitstitels, *The Art of the Comeback* (Die Kunst des Comebacks) eine grobe Vorstellung vom Thema machen.

Ich hatte keines von Donalds früheren Büchern gelesen, wusste aber ein bisschen was über sie. *Die Kunst des Erfolges* hatte, soweit ich es verstanden hatte, zum Ziel, Donald als seriösen großen Bauträger darzustellen. Dem Ghostwriter des Buchs, Tony Schwartz, ist es in der Tat gut gelungen – und er bereut es längst –, das Thema kohärent darzustellen, so als besäße Donald eine voll ausgearbeitete Businessphilosophie, die er verstand und von der er sich in der Praxis leiten ließ.

Nach der Peinlichkeit mit dem ungeschickten Erscheinungstermin von *Überleben ganz oben*, nahm ich an, dass Donald zurück zur Ernsthaftigkeit des Vorgängertitels wollte. Ich hatte vor, darzulegen, wie er unter den ungünstigsten Umständen vom Tiefpunkt wieder nach oben kam: siegreich und erfolgreicher denn je wurde. Für so eine Interpretation der Geschehnisse gab es nicht viele Belege – er stand kurz davor, mit dem Plaza Hotel bankrottzugehen, aber versuchen musste ich es.

Auf meinem Weg ins Büro schaute ich jeden Morgen bei Donald vorbei, in der Hoffnung, er nähme sich ein wenig Zeit für ein Interview. Ich dachte, auf diese Weise könnte ich am ehesten herausfinden, was er alles getan und wie er es getan hatte. Das Buch würde von seiner Perspektive leben, und ich brauchte Geschichten aus seinem Munde. Meistens war er am Telefon, das er auf laut stellte, sobald ich mich setzte. Bei den Anrufen ging es, soweit ich es mitbekam, nur selten um Geschäfte. Meistens wollte die Person am anderen Ende der Leitung, die keine Ahnung hatte, dass jemand das Gespräch mithörte, den neuesten Klatsch und Tratsch erfahren oder Donalds Meinung über irgendeine Frau oder einen Club, der gerade erst eröffnet hatte. Manchmal bat der Anrufer Donald auch um einen Gefallen. Häufig ging es um Golf. Wenn der Anrufer oder die Anruferin etwas Speichelleckerisches, Anzügliches oder Dummes von sich gab, grinste Donald und deutete hämisch auf den Lautsprecher, als wollte er sagen: »Was für ein Idiot.«

Wenn er nicht telefonierte, traf ich ihn meistens dabei an, wie er durch die Pressemappen blätterte, die täglich für ihn zusammengestellt wurden. Sie enthielten ausschließlich Artikel, in denen es um ihn ging oder in denen er erwähnt wurde. Er zeigte sie mir, genau wie den meisten anderen Besuchern. Je nach Inhalt des Artikels kritzelte er mit einem blauem Filzstift von derselben Marke, die auch mein Großvater benutzte, etwas an den Rand und schickte den Artikel dann an den Verfasser zurück. Wenn er fertig geschrieben hatte, hielt er den Ausschnitt hoch und fragte mich nach meiner Meinung zu dem, was er für seine geistreichen Bemerkungen hielt. Bei meinen Recherchen half mir das auch nicht weiter.

Einige Wochen nachdem Donald mich angeheuert hatte, hatte ich immer noch keinen Lohn erhalten und sprach ihn darauf an. Zuerst tat er so, als wüsste er nicht, wovon ich redete. Ich erklärte ihm, ich bräuchte einen Vorschuss, um wenigstens einen Computer und einen Laserdrucker kaufen zu können – ich benutzte noch immer dieselbe elektrische Schreibmaschine, die ich mit Gams Hilfe gekauft hatte, als ich noch aufs College ging. Daraufhin meinte er, dafür sei der Verlag zuständig. »Ruf doch bei Random House an, ja?«

Damals wusste ich es noch nicht, aber wie sich herausstellte, hatte sein Lektor keine Ahnung davon, dass Donald mich angeheuert hatte.

Als ich eines Abends zu Hause saß und mir den Kopf zerbrach, wie ich aus den unergiebigen Unterlagen, über denen ich brütete, etwas Interessantes zusammenstückeln könnte, rief mich Donald an. »Wenn du morgen ins Büro kommst, geh zu Rhona, die gibt dir ein paar Seiten, die sie für mich abtippt. Ich habe ein bisschen was für das Buch zusammengestellt. Es ist wirklich gut.« Er hörte sich aufgeregt an.

Endlich, dachte ich, hätte ich etwas, womit ich wirklich arbeiten könnte, etwas Substanzielles, aus dem ich etwas machen könnte. Ich wusste immer noch nicht, was er unter seinem »Comeback« verstand, wie er seine Geschäfte führte, ja nicht einmal, wie er seine aktuellen Bauprojekte managte.

Am nächsten Tag reichte mir Rhona eine Mappe mit, wie versprochen, ungefähr zehn maschinegeschriebenen Seiten. Ich nahm die Mappe mit zu meinem Schreibtisch und begann zu lesen. Als ich fertig war, war ich noch ratloser als zuvor. Es war offensichtlich das Transkript eines Diktats von Donald, was den bewusstseinsstromartigen Stil erklärte. Ein in beleidigtem Ton gehaltener Abriss über Frauen, mit denen er gern etwas angefangen hätte, die ihm aber eine Abfuhr erteilt hatten, worauf sie plötzlich die schlimmsten, hässlichsten und fettesten Schlampen waren, denen er je begegnet war. Die beiden interessantesten Informationshäppchen waren, dass Madonna auf eine Weise Kaugummi kaue, die Donald abstoßend fand, und dass Katarina Witt, die deutsche Eiskunstlauf-Olympiasiegerin, die zwei Goldmedaillen und vier Weltmeisterschaftstitel gewonnen hatte, dicke Waden habe.

Mir war die Lust vergangen, ihn um ein Interview zu bitten.

Von Zeit zu Zeit erkundigte sich Donald bei mir nach meiner Mutter. Er hatte sie seit vier Jahren nicht mehr gesehen, seit Ivana und Blaine Gam kurz vor Thanksgiving vor die Wahl gestellt hatten, dass entweder Linda oder sie beide zur Familienfeier nach The House kämen: ihre Quasi-Schwägerin sei ihnen zu still und deprimiert, und sie würden sich nicht amüsieren können, wenn sie auch da wäre. Meine Mutter gehörte schon seit 1961 zur Familie Trump. Auch wenn ich nie verstanden hatte, warum mein Großvater nach ihrer Scheidung von Freddy noch auf ihrer Anwesenheit an Feiertagen bestand, erschien sie jedes Mal. Und plötzlich, nach mehr als fünfundzwanzig Jahren, gab meine Großmutter Ivana und Blaine den Vorzug, ohne einen Gedanken daran zu verschwenden, welche Wirkung das auf meinen Bruder und mich haben würde.

Jetzt sagte Donald: »Ich glaube, es war ein Riesenfehler, deine Mutter weiter finanziell zu unterstützen. Es wäre vielleicht besser gewesen, wir hätten ihr nach ein paar Jahren den Geldhahn zugedreht, damit sie lernt, auf eigenen Füßen zu stehen.«

Donald und mein Großvater konnten nicht begreifen, dass noch jemand außer Donald Anspruch auf Unterstützung hatte oder Geld bekam, das er nicht selbst verdient hatte. Die kleine

Apanage, die meine Mutter immer noch erhielt, nachdem sie mit dem ältesten Sohn einer äußerst wohlhabenden Familie verheiratet gewesen war und die beiden gemeinsamen Kinder fast alleine großgezogen hatte, die immerhin die Enkel des Patriarchen waren, kam nicht von meinem Großvater und ganz gewiss nicht von Donald, auch wenn beide so taten, als wäre dies der Fall.

Wobei Donald es vielleicht sogar gut gemeint hatte. Er hatte früher durchaus eine nette Ader gehabt. Einmal hat er mir 100 Dollar geschenkt, damit ich mein abgeschlepptes Auto auslösen konnte. Und nach dem Tod meines Vaters war Donald der Einzige aus der Familie, außer meiner Großmutter, der mich auch mal einbezog. Aber dieser freundliche Zug an ihm verzerrte sich mit der Zeit – unter Freds Einfluss und wegen mangelnder Gelegenheiten –, sodass das, was er unter Freundlichkeit verstand, für alle anderen nicht mehr als solche erkennbar war. Damals wusste ich es nicht, aber als dieses Gespräch stattfand, erhielt Donald noch immer seine monatliche Apanage über 450 000 Dollar von den Banken.

Als ich eines Morgens Donald an seinem Schreibtisch gegenübersaß und wir über den Ablauf unseres bevorstehenden Ausflugs nach Mar-a-Lago sprachen (Donald hatte gemeint, es wäre vielleicht hilfreich für meine Arbeit am Buch, wenn ich sein Resort in Palm Beach mit eigenen Augen sähe), klingelte das Telefon. Es war Philip Johnson.

Während er mit ihm plauderte, hatte Donald mit einem Mal eine Idee. Er drückte auf die Lautsprechertaste. »Philip!«, sagte er. »Du musst unbedingt mit meiner Nichte reden. Sie schreibt gerade mein nächstes Buch. Erzähl ihr alles über das Taj.«

Ich stellte mich ihm vor, worauf Philip mir vorschlug, in der kommenden Woche zu ihm in sein Haus in Connecticut zu kommen, um über das Buch zu reden.

Als Donald aufgelegt hatte, sagte er zu mir: »Das ist fantastisch. Philip ist ein großartiger Kerl. Er hat für mich die *Porta-co-share* für das Taj Mahal entworfen. Sie ist fantastisch – ich habe davor noch nie so was gesehen.«

Nachdem wir die Eckdaten für unseren Trip nach Florida verabredet hatten, verließ ich sein Büro und ging schnurstracks in die Bibliothek. Ich hatte keine Ahnung, wer Philip Johnson war, und noch nie von einer »Porta-co-share« gehört.

Als wir am folgenden Tag in der Limousine zum Flughafen fuhren, sagte ich zu Donald, ich hätte einen Termin mit Johnson in seinem Haus verabredet; wie ich in der Bibliothek herausgefunden hatte, war es das berühmte Glass House und er der Stararchitekt, der es als sein Wohnhaus entworfen hatte. Auch hatte ich herausgefunden, dass es sich bei dem Ding, das Johnson für das Taj Mahal designt hatte – und was Donald wie »Porta-co-share« ausgesprochen hatte –, um eine Porte-cochère handelte, was in diesem besonderen Fall im Grunde ein großer Carport war. Ich verstand jetzt auch, warum Donald Johnson in das Buchprojekt einbeziehen wollte; er war nicht einfach nur berühmt, er bewegte sich auch in den Kreisen, zu denen Donald gern Zugang bekommen hätte. Was ich hingegen nicht verstand, war, warum Johnson sich herabgelassen hatte, diesen Carport zu entwerfen. Es war nur ein unbedeutendes Projekt, das sich für einen Stararchitekten wie ihn eigentlich nicht lohnte.

Als Donald nach zehn Minuten Fahrt die *New York Post* zur Hand nahm, wusste ich, er hatte nicht die Absicht, mir mehr Informationen für das Buch zu geben. Allmählich kam mir der Verdacht, er hatte mich engagiert, ohne es mit seinem Verlag abzusprechen, um sich nicht an detaillierte Vorgaben seitens des Lektorats halten zu müssen. Auch war es sehr viel einfacher, seine Nichte hinzuhalten, die keinen Vertrag hatte und kein nennenswertes Honorar bekam, als einen professionellen Ghostwriter, der höchstwahrscheinlich am Erfolg des Besuchs beteiligt würde. Aber da er die nächsten zwei Stunden in einem Flugzeug mit mir gefangen sein würde, hoffte ich, dass er sich dann mit mir unterhalten würde.

Als wir in die Kabine des Flugzeugs stiegen, das auf dem Rollfeld auf uns wartete, breitete Donald die Arme aus und sagte: »Und, was sagst du nun?«

»Es ist großartig, Donald.« Ich kannte das Sprüchlein, das ich aufsagen musste.

Kaum hatten wir die Reiseflughöhe erreicht und durften die Gurte lösen, stellte ihm einer seiner Bodyguards ein Glas Diät-Cola hin und reichte ihm einen großen Stapel Post. Ich sah zu, wie Donald ein Kuvert nach dem anderen öffnete, kurz den Inhalt inspizierte und dann Umschlag samt Schreiben auf den Boden warf. Als ein großer Haufen zusammengekommen war, erschien der Bodyguard wieder, sammelte ihn ein und warf alles in den Papierkorb. Das Gleiche wiederholte sich mehrmals. Irgendwann reichte es mir, und ich setzte mich woanders hin.

Als der Wagen vor dem Eingang von Mar-a-Lago vorfuhr, wartete das Personal bereits. Donald verschwand mit seinem Butler und überließ es mir, mich den Mitarbeitern vorzustellen. Das Anwesen mit seinen achtundfünfzig Schlafzimmern, dreiunddreißig Bädern mit vergoldeten Armaturen und einem 167 Quadratmeter großen Wohnzimmer mit vier Meter hoher Decke war genau so protzig und ungemütlich, wie ich es erwartet hatte.

Am Abendessen nahmen nur Donald, Marla und ich teil. Marla Maples und ich waren uns ein paar wenige Male begegnet, aber wir hatten nie die Gelegenheit gehabt, uns persönlich kennenzulernen. Ich fand sie nett, und Donald wirkte in ihrer Gesellschaft entspannt. Sie war nur zwei Jahre älter als ich und so verschieden von Ivana, wie zwei Menschen nur sein können. Marla war bodenständig und sprach leise, während Ivana schrill, arrogant und boshaft war.

Am nächsten Morgen erkundete ich das Anwesen. Es waren keine anderen Gäste da, sodass das ehemalige Herrenhaus eine merkwürdige Leere und Stille ausstrahlte. Ich unterhielt mich mit dem Butler, weil ich dachte, dass er vielleicht ein paar interessante Geschichten zu erzählen hätte, und plauderte mit ein paar weiteren Angestellten, dann schwamm ich eine Runde vor dem Mittagessen, wofür wir um ein Uhr verabredet waren. So formell Mar-a-Lago in mancherlei Hinsicht wirkte, ging es dort wesentlich lockerer zu als bei den Familienzusammenkünften in The House, daher erschien ich in Badeanzug und Shorts auf der Terrasse, wo das Essen serviert wurde.

Als ich mich näherte, hob Donald, der Golfsachen trug, den Kopf und starrte mich an, als hätte er mich noch nie gesehen. »Du lieber Himmel, Mary, du hast ja einen richtigen Vorbau!«

»Donald!« Marla schüttelte gespielt empört den Kopf und gab ihm einen Klaps auf den Arm.

Ich war damals neunundzwanzig und nicht mehr leicht zu schockieren, aber in diesem Moment errötete ich und fühlte mich plötzlich befangen. Ich drapierte mir das Handtuch um die Schultern. Mir wurde bewusst, dass mich abgesehen von meinen Eltern und meinem Bruder noch nie jemand aus meiner Familie in Badesachen gesehen hatte. Leider war das die einzig interessante Episode, die sich während meines Aufenthalts in Palm Beach ereignete, die jedoch leider so gar nicht für das Buch verwertbar war.

Wieder in New York, hatte Donald genug davon, dass ich ihm immer in den Ohren damit lag, mir bitte ein Interview zu geben, und reichte mir eine Liste mit Namen. »Sprich mit diesen Leuten.« Darunter befanden sich die Geschäftsführer seiner Casinos und Maryannes Mann John. Schon möglich, dass eine Unterhaltung mit diesen Menschen hilfreich wäre, aber Donald schien einfach nicht zu verstehen, dass es nahezu unmöglich war, ohne jeden Input von ihm das Buch zu schreiben.

Kurz und gut, ich traf mich mit den Geschäftsführern seiner Casinos. Wie zu erwarten, waren viele ihrer Antworten vorgefertigt, und mir wurde klar, dass sie mir nicht erzählen würden, was in den chaotischen Zeiten und auf dem Höhepunkt des finanziellen Desasters alles schiefgelaufen war. Dennoch, die Fahrten zu ihnen waren keine völlige Zeitverschwendung, war ich doch noch nie in Atlantic City gewesen, und so bekam ich wenigstens ein Gefühl für diesen Ort.

Mein Treffen mit John Barry war indes noch unproduktiver als meine Abstecher nach Atlantic City.

»Und, was kannst du mir erzählen?«, fragte ich.

Er verdrehte nur die Augen.

Irgendwann meinte Donald, sein Lektor wolle mich sprechen. Wir verabredeten uns zum Mittagessen, und ich traf in der Erwartung im Restaurant ein, er und ich würden uns über die weiteren Schritte unterhalten. Es war ein teures In-Lokal in Midtown, und man platzierte uns an einen kleinen Tisch in der Nähe der Küche.

Dann eröffnete mir der Lektor ohne große Vorrede, Random House wolle, dass Donald jemanden mit mehr Erfahrung engagiere.

»Aber ich arbeite schon eine geraume Weile an dem Buch«, sagte ich, »und ich glaube, ich habe inzwischen Fortschritte gemacht. Das Problem ist nur, ich kriege Donald einfach nicht dazu, dass er sich Zeit für ein Interview mit mir nimmt.«

»Wissen Sie, wenn Sie sich zum ersten Mal an ein Klavier setzen, können Sie auch nicht erwarten, gleich Mozart spielen zu können«, erwiderte der Lektor, als hätte ich vor Kurzem erst Lesen und Schreiben gelernt.

»Donald hat mir gesagt, ihm gefällt, was ich bislang geschrieben habe«, sagte ich.

Der Lektor sah mich an, als hätte ich ihm gerade den besten Beweis für sein Argument geliefert. »Donald hat kein Wort davon gelesen.«

Am nächsten Tag schaute ich in Donalds Firma vorbei, um meinen Schreibtisch zu räumen und sämtliche Unterlagen, die möglicherweise für meinen Nachfolger hilfreich sein könnten, Donalds Sekretärin zu übergeben. Ich war nicht wütend. Es war mir egal, dass Donald es jemand anderem überlassen hatte, mich zu feuern. Ich steckte längst mit dem Projekt in einer Sackgasse fest. Im Übrigen hatte ich nach all der Zeit, die ich nun in seiner Firma verbracht hatte, immer noch keinen Schimmer, was er eigentlich genau machte.

Kapitel Zehn

Die Nacht bricht nicht sofort herein

Wir saßen am selben Tisch wie vor ein paar Jahren, als ich mal zum Mittagessen in Mar-a-Lago bei Donald und Marla gewesen war. Seit kurzem hatte die Familie die Osterferien hierher verlegt. Mein Großvater zeigte auf mich und sagte zu meiner Großmutter: »Wer ist die nette Dame da?«

Und dann zu mir: »Sie sind aber eine nette Dame.«

»Danke, Grandpa«, sagte ich.

Gam sah verärgert aus. Ich sagte, sie solle sich keine Sorgen machen. Mein Großvater strich auch Leute, die er seit Jahrzehnten kannte – wie seine Enkelkinder, seinen Chauffeur – einfach aus dem Gedächtnis. Das hatte ich ja erlebt. Sein neuer Spitzname für mich blieb hängen, bis zuletzt hat er mich »die nette Dame« genannt. Es klang sanft und offenbar freundlich. Er war überhaupt sehr lieb zu mir, seit er nicht mehr wusste, wer ich war.

»Na komm, Pop.« Rob machte einen Schritt nach vorn, aber mein Großvater rührte sich nicht. Wir waren bei einer Gala zu Ehren meiner Großeltern, aber er starrte nur in die Menschenmenge, zuerst glasig, doch plötzlich trat schiere Panik in seinen

Blick, als ob er keine Ahnung mehr hätte, wer das alles war und was er hier sollte. Bis dahin kannte ich verächtliche, ärgerliche, belustigte und selbstzufriedene Blicke an ihm; Angst in seinen Augen war etwas Neues und Beunruhigendes. Auch verunsichert hatte ich ihn nur ein einziges Mal erlebt, das war, als Donald ihn zum Golf mitgenommen hatte – ein Hobby, mit dem Donald Zeit im Übermaß verbrachte, was Fred aber nie monierte, obwohl er mit Freizeitkram nichts anfangen konnte. Ich war gerade zu Besuch in The House, als sie vom Golfplatz zurückkamen. Ich hätte ihn fast nicht wiedererkannt. Auch mein Großvater trug Golfsachen – hellblaue Hose, weiße Strickjacke, weiße Schuhe. Ich sah ihn zum ersten Mal nicht im Anzug. Und er hatte noch nie so unbehaglich und befangen ausgesehen.

Er hatte schon länger die Angewohnheit, Dinge zu verlegen und Gespräche zu vergessen, bald nach dem Aussetzer auf der Spendengala vergaß er auch immer wieder mal vertraute Gesichter. Wie viel man meinem Großvater wert war, konnte man daran ablesen, wie lange man ihm in Erinnerung blieb. Wie lange er sich noch an Dad erinnern konnte, weiß ich nicht, mir gegenüber hat er ihn all die Jahre nach seinem Tod nicht ein einziges Mal erwähnt.

Maryanne sorgte dafür, dass mein Cousin David meinen Großvater zu sämtlichen Arztterminen und neurologischen Tests begleitete. David war inzwischen klinischer Psychologe und das Ganze eine konzertierte Aktion, um ihn im Gedächtnis meines Großvaters zu verankern. Und schon bald war David bei meinem Großvater nur noch schlicht »der Doktor«.

Ich stand mit Maryanne und meinem Großvater in Mar-a-Lago am Swimmingpool. Er zeigte auf mich und fragte seine Tochter: »Ist das nicht eine nette Dame?« Es war ungefähr ein Jahr her, dass er mich das erste Mal so tituliert hatte.

»Ja, Dad.« Maryanne lächelte matt.
Er sah sie prüfend an. Dann schien er endlich auf eine Nachfrage gekommen zu sein: »Und wer sind Sie?«
Ihr traten die Tränen in die Augen, als hätte sie eine Ohrfeige bekommen. »Dad«, sagte sie sanft, »ich bin Maryanne.«
»Aha, Maryanne.« Er lächelte, aber der Name sagte ihm nichts mehr.
Donald vergaß er nie.

Nachdem Rob unter unguten Umständen seinen Posten als Präsident des Trump's Castle (mit der berüchtigten Chip-Rettung von 3,15 Millionen Dollar) geräumt hatte, vertrat er meinen Großvater im Trump Management, als der 1991 im Krankenhaus lag, und blieb dort. Ein prima Job für Robert. Zusätzlich zu den Millionen, die er jährlich bekam, einfach weil er eins von Freds noch lebenden Kindern war, verdiente er jetzt pro Jahr eine halbe Million Dollar mit einem Job, der weder viel Talent noch viel Anstrengung erforderte. Es war genau der Posten, für den Freddy und Donald präpariert worden waren – und den beide abgelehnt hatten, jeder auf seine Art.
Fred saß auch weiter Tag für Tag an seinem Schreibtisch in der Firma, bis es Zeit war, nach Hause zu fahren, aber Rob hatte, wenn auch nicht formal, das Sagen in der gut geölten, selbsttragenden Maschinerie, die er gern als »Cash Cow« bezeichnete.

Mein Großvater hatte einen schlechten Tag. Wir saßen fast alle in der Bibliothek, als er die Treppe herunterkam, den Schnauzbart und die Augenbrauen frisch gefärbt, mit verrutschtem Toupet, aber ansonsten tadellos im Dreiteiler.
Haarfarbe und Toupet war neue Errungenschaften. Mein Großvater war immer eitel gewesen, legte Wert auf sein Äußeres und haderte mit der beginnenden Glatze. Seine Erscheinung war

dank der neuen Haarpracht etwas zottelig. Das Toupet wurde kaum kommentiert. Die Haarfarbe dagegen löste beträchtliches Entsetzen in der Familie aus, vor allem, wenn er öffentlich auftreten musste. Mein Großvater benutzte eine billige Drugstore-Tönung und ließ sie gern so lange einwirken, dass Augenbrauen und Schnauzbart einen schrillen Magentastich hatten. Als er unten ankam, stolz auf sein Werk, sagte Gam: »Um Gotteswillen, Fred.«

»Jesus Christ, Dad!« schrie Donald ihn an.

»Verdammte Scheiße«, fluchte Rob halblaut.

Maryanne legte ihm die Hand auf den Arm und sagte: »Dad, du darfst das nicht mehr machen.«

Als ich in die Bibliothek kam, stand er vor seinem Zweiersofa. Er sagte: »Hallo.«

»Hi, Grandpa. Wie geht's dir?«

Er sah mich an und griff nach seiner Brieftasche. Sie war prallvoll mit Geldscheinen, ich hatte mich immer gewundert, wie sie in die Tasche passte. In einem der Fächer war ein Foto von einer halbnackten Frau, ich fürchtete einen Moment lang, dass er mir das gleich zeigen würde. So wie damals, als ich zwölf war.

»Guck mal hier«, hatte er damals gesagt und das Bild herausgezogen. Eine grell geschminkte Frau, allerhöchstens achtzehn, womöglich sogar jünger, hielt unschuldig lächelnd ihre Brüste in die Kamera. Donald hatte meinem Großvater über die Schulter gesehen. Ich wusste nicht, was ich sagen sollte. Ich hatte Donald angestarrt, sprachlos, in der Hoffnung auf einen Hinweis, wie ich reagieren sollte, aber Donald hatte nur lüstern auf das Foto geglotzt.

»Was meinst du dazu?«, hatte mein Großvater gekichert. Ich hatte ihn nie lachen gehört, ich glaube, er hat auch nie gelacht. Belustigung drückte er normalerweise durch ein kurzes: »Ha!« aus, gefolgt von einem höhnischen Grinsen.

Diesmal zog er kein Foto heraus, sondern einen Hundert-Dollar-Schein. Er fragte: »Kann ich dir deine Haare abkaufen?«

Das hatte er mich, als ich klein war, jedes Mal gefragt, wenn wir uns sahen. Ich lachte. »Sorry, Grandpa. Die muss ich leider behalten.«

Elizabeth kam mit einer kleinen Schachtel in der Hand herein. Sie schob meinem Großvater einen Arm unter den Ellbogen und lehnte sich an ihn. Er starrte ausdruckslos nach vorn, zog seinen Arm weg und verließ den Raum.

Kurz danach kam Donald mit seinen Kindern und Robs Stiefsohn, außer Eric allesamt Teenager, die Jungs pausbäckig und aufgeschossen und im Anzug. Donald nahm in einem Sessel beim Fernseher Platz. Ivanka kletterte ihm auf den Schoß. Die Jungen fingen an zu rangeln. Donald sah zu und gab Ivanka Küsschen oder kniff sie in die Wange. Ab und zu streckte er einen Fuß aus und gab dem jeweils gerade am Boden festgenagelten Jungen einen Tritt. Er hatte immer mitgeboxt, als sie noch klein gewesen waren – solche Ringkämpfe hatten im Wesentlichen daraus bestanden, dass er sie hochhob, zu Boden warf und so lange auf ihnen kniete, bis sie »hast gewonnen« riefen. Aber kaum waren sie groß genug, um ernsthaft zurückzuschlagen, hatte er sich ausgeklinkt.

Als Liz und ich halbwegs außer Reichweite waren, hielt sie mir die Schachtel hin: »Das ist für dich.«

Wir schenkten uns eigentlich nur zu Weihnachten etwas, also war ich neugierig, nahm ihr die Schachtel ab und fand eine altmodische Timex, Edelstahl mit einem schlichten kleinen Zifferblatt und einem olivgrünen Armband.

»Die hatte dir jemand zu Weihnachten geschenkt«, erklärte sie. »Da warst du zehn, und ich fand, du bist noch zu klein für so eine schöne Uhr. Deshalb habe ich sie genommen.« Dann ging sie, um nach ihrem Vater zu suchen.

Später kluckten Donald und Rob in der Bibliothek zusammen, Schulter an Schulter, die Köpfe gesenkt. Mein Großvater stand daneben, beinah auf Zehenspitzen, und reckte sich, weil er unbedingt hören wollte, worum es ging.

Dann sagte er: »Donald, Donald.« Als der nicht reagierte, zupfte mein Großvater ihn am Ärmel.

»Was, Dad?« Donald drehte sich nicht mal um.

»Guck dir das mal an.« Fred hielt ihm eine herausgerissene Seite aus einem Magazin hin, eine Anzeige für eine Limousine. Er besaß bereits eine ähnliche.

»Was ist damit?«

»Kann ich die kriegen?«

Donald nahm die Seite und gab sie Rob.

Rob faltete sie zusammen und schob sie auf den Tisch: »Klar, Pop«, sagte er.

Donald ging. Was immer sie einst zusammengehalten hatte, inzwischen gaben Freds Söhne nicht mal mehr vor, sich um irgendetwas zu kümmern, was ihr Vater dachte oder wollte. Donald hatte seine Schuldigkeit für meinen Großvater getan, jetzt strafte er ihn mit Verachtung, als ob er an seiner Demenz selber schuld wäre. Das war nicht verwunderlich: Genau so hatte Fred seinen ältesten Sohn und dessen Alkoholismus behandelt. Aber die offene Verachtung für den eigenen Vater war ein gruseliger Anblick. Soweit ich damals wusste, war Donald nicht nur dessen Liebling, sondern wohl auch das einzige Kind, das mein Großvater überhaupt mochte. Dass er grausam sein konnte, wusste ich, aber ich dachte immer, den größten Teil seiner Grausamkeit hätte mein Vater abgekriegt, und zwar, das muss ich zu meiner Schande gestehen, womöglich zu Recht. Ich hatte keine Ahnung, wie einsam und angsterfüllt das Leben in The House gewesen sein musste, damals vor langer Zeit, als meine Großmutter krank und nicht da war. Ich wusste noch nicht, dass sich mein Großvater alle Kinder vernachlässigt hatte und Donald dem besonders schutzlos ausgeliefert war. Auch als mein Vater später in die Welt hinaus zog, mit dem ehrlichen Vorsatz, selbst ein Erfolgsmensch zu werden, gab Fred ihm nicht die geringste Unterstützung und Rückendeckung, sondern ließ einfach Donald alle Zeit, um alt genug für seine Zwecke zu werden.

1994 zog ich von der Upper East Side in Manhattan nach Garden City auf Long Island, eine kleine Stadt nur eine Viertelstunde mit dem Auto entfernt von The House. Ich holte Gam oft ab und fuhr sie in dem roten Rolls Royce, den ihr mein Großvater ein paar Jahre zuvor zum Geburtstag geschenkt hatte, zu Fritz, damit sie ihre Urenkel sehen konnte, seine Tochter und seinen Sohn. Der Sitz hinter dem leichtgängigen Lenkrad aus Nussbaumholz war so hoch, dass es mir vorkam, als könnte ich die Krümmung der Erde sehen. Manchmal plauderten wir während der dreiviertelstündigen Fahrt, aber meistens war Gam mürrisch und schweigsam. An solchen Tagen schien unser Ausflug kein Ende zu nehmen. Manchmal duftete sie nach Vanille, auch wenn sie keinen Kuchen gebacken hatte. Andere Male sah ich sie aus dem Augenwinkel verstohlen in der Handtasche kramen und etwas in den Mund stecken.

Normalerweise setzten wir uns zum Plaudern in die Bibliothek. Oft war ich gerade da, wenn Maryannes täglicher Kontrollanruf kam. Gam nahm den Hörer ab, meldete sich, legte die Hand auf die Muschel, sagte zu mir: »Es ist Maryanne«, und danach zu ihr: »Rate mal, wer hier ist. Mary.« Sie schwieg einen Moment lang, wohl damit Maryanne irgendetwas sagen konnte – »Grüß sie schön«, oder so etwas –, aber das passierte nie.

Manchmal gingen wir zusammen mittagessen, irgendwo in der Nachbarschaft. Eins von Gams Lieblingslokalen war das Sly

Fox Inn, ein unauffälliges Lokal genau gegenüber dem Supermarktparkplatz, auf dem sie überfallen worden war. Über Dad sprachen wir nur selten, aber eines Tages schwelgte Gam in einem Anfall von Nostalgie in Erinnerungen: Wie Freddy und Billy Drake andauernd Ärger machten und wie leicht mein Vater sie zum Lachen bringen konnte. Als der Kellner die leeren Teller abräumen kam, versank sie wieder in Schweigen. Sie reagierte auch nicht, als der Kellner sich erkundigte, ob wir zahlen wollten. Also nickte ich.

»Er war ja so krank, Mary.«

»Ich weiß, Gam.« Ich nahm an, sie meinte Freddys Trinken.

»Ich wusste nicht, was ich machen soll.«

Ich dachte, sie würde anfangen zu weinen, und sagte blödsinnigerweise: »Ist schon gut, Gam.«

»Diese letzten paar Wochen«, sie holte tief Luft, »er kam nicht mal aus dem Bett hoch.«

»An dem Tag, als ich zu euch –«, wollte ich fragen.

Der Kellner brachte die Rechnung.

»War er denn nicht beim Arzt? Ich meine, wenn er so krank war?«

»Er fühlte sich furchtbar, als er hörte, dass du gekommen warst, um ihn zu sehen.«

Ich wartete, ob sie noch etwas sagen wollte, aber sie klappte ihr Portemonnaie auf. Gam bezahlte immer das Essen. Ich fuhr sie schweigend nach Hause.

Mein drittes Studienjahr 1987 verbrachte ich in Deutschland. Ich hatte keine Beziehungen zu dem Land, aber ich dachte, es würde meinem Großvater gefallen, schließlich waren seine Eltern da geboren. (Tat es nicht.) Zu Weihnachten hatte ich nach Hause fahren wollen und meine Großeltern angerufen. Ob ich bei ihnen wohnen könnte?

Mit einer Handvoll Fünfmarkstücken hatte ich vor dem Münztelefon im Flur des Wohnheims gestanden und mich gemeldet mit: »Hi, Grandpa. Hier ist Mary.«

Er hatte nur: »Ja«, gesagt.

Ich hatte ihm den Grund für meinen Anruf in The House erklärt.

»Kannst du denn nicht bei deiner Mutter wohnen?«

»Ich bin doch allergisch gegen Katzen, ich habe Angst, dass ich einen Asthmaanfall kriege.«

»Dann sag ihr, sie soll die Katzen wegschaffen.«

Mein neues Dasein als »nette Dame« war entschieden einfacher.

Welche Belastung das Leben mit meinem Großvater für meine Großmutter geworden war, habe ich selbst erlebt. Angefangen hatten seine Marotten mit Bagatellen, er versteckte zum Beispiel ihr Scheckheft. Wenn sie ihn darauf ansprach, bezichtigte er sie, ihn in den Bankrott zu treiben. Wenn sie mit ihm zu reden versuchte, wurde er wütend, und sie war erschüttert und verunsichert. Er machte sich ständig Sorgen um Geld und war in Panik, dass sein Vermögen dahinschwand. Mein Großvater war nie im Leben arm gewesen, aber Armut war der beherrschende Gedanke für ihn, die Aussicht darauf eine Qual.

Allmählich legten sich seine Stimmungsschwankungen, jetzt wurden die Wiederholungen zum Problem für Gam. Wenn er abends aus der Firma kam, ging er wie üblich hoch, um sich umzuziehen, und kam wieder herunter mit frischem Hemd und Schlips, aber ohne Hose, nur in Boxershorts, Socken und Hausschuhen. »So, wie geht's uns? Okay? Okay. Gute Nacht, Schätzchen«, tönte er, ging wieder hoch und stand ein paar Minuten später wieder unten.

Eines Abends, als ich mit Gam in der Bibliothek saß, kam er herein und fragte: »Na, Schätzchen, was gibt's zu essen?«

Sie antwortete, er ging wieder. Kurz darauf kam er wieder: »Was gibt's denn zum Essen?« Sie sagte es ihm noch einmal. Er ging und kam wieder, zehn, zwölf, fünfzehn Mal. Jedes Mal und mit wachsender Ungeduld sagte sie: »Roastbeef und Kartoffeln.« Irgendwann fuhr sie ihn an: »Um Gotteswillen, Fred, hör auf! Das habe ich dir schon gesagt.«

»Okay, okay, Schätzchen«, sagte er mit einem nervösen Lacher, hob beschwichtigend die Hände und schoss hoch auf die Zehenspitzen. »Nun, dann wäre das ja geklärt«, verkündete er und schob die Daumen unter die Hosenträger, als hätte er soeben ein Gespräch beendet. Seine Gestik war wie immer, aber neuerdings hatten seine Augen ein stumpfsinnig huldvolles Funkeln.

Er ging aus der Bibliothek, nur um ein paar Minuten später wieder hereinzuspazieren: »Was gibt's zum Essen?«

Gam zog mich auf die Veranda – ein nicht sehr einladendes Zementviereck an einer Seite von The House, gleich neben der Bibliothek. Vor Jahrzehnten hatten hier Grillpartys stattgefunden. Jetzt war die Veranda so verwahrlost, dass ich sie oft komplett vergaß.

»Ich schwör's dir, Mary«, sagte sie, »der macht mich noch irre.« Die Stühle hatten auch ewig ungenutzt draußen gestanden und waren so mit Zweigen und altem Laub zugemüllt, dass wir lieber stehen blieben.

»Du brauchst Hilfe«, sagte ich. »Du musst mal mit jemandem reden.«

»Ich kann ihn nicht allein lassen.« Gam war den Tränen nahe.

Einmal erzählte sie mir wehmütig: »Ich wäre so gerne nochmal nach Hause gefahren.« Ich verstand nicht, warum sie nicht nach Schottland fahren konnte. Sie weigerte sich stur, irgendetwas zu tun, das egoistisch wirken könnte.

Wenn meine Großeltern nicht in Mar-a-Lago waren, fuhren sie am Wochenende in eins der Landhäuser ihrer Kinder: das von

Robert in Millbrook, New York, Elizabeth in Southampton, Long Island, oder Maryanne in Sparta, New Jersey. Vorgesehen war, über Nacht zu bleiben, und meine Großmutter freute sich auf ein geruhsames, entspanntes Wochenende unter Menschen. Aber kaum waren sie da, fragte mein Großvater, ob sie jetzt wieder nach Hause fahren könnten. Er ließ nicht locker, und irgendwann gab Gam auf und sie stiegen ins Auto. Eigentlich sollte die kleine Auszeit Gam gut tun – mal ein Wochenende (oder einen Tag lang) rauskommen aus The House und Gesellschaft haben. Bald wurde aus diesen Besuchen nur eine weitere Tortur. Es war völlig unverständlich, wie so Vieles in der Familie, aber sie hielten daran fest.

Gam lag wieder im Krankenhaus. Ich weiß nicht mehr, was sie sich gebrochen hatte, aber im Anschluss daran durfte sie sich aussuchen, ob sie in eine Rehaklinik gehen oder Physiotherapie zu Hause haben wollte. Sie nahm die Rehaklinik. »Alles, bloß nicht zurück nach The House«, erklärte sie mir.

Es war das Beste so. Nach dem Raubüberfall hatte sie wochenlang in der Bibliothek in einem Klinikbett schlafen müssen. Mein Großvater, der sich blendend von seiner Hüftoperation erholte, brachte weder Anteilnahme noch Trost auf.

»Alles großartig. Stimmt's, Schätzchen?« sagte er nur immer.

1998 feierten wir den Vatertag zum ersten Mal in Donalds Wohnung im Trump Tower. Öffentliche Auftritte wurden immer schwieriger für meinen Großvater, deshalb kam der traditionelle Ausflug nach Brooklyn zu Peter Luger nicht in Frage. Dort zweimal im Jahr zu speisen, am Vatertag und am Geburtstag meines Großvaters, war ein Familienritual.

Peter Luger war ein zutiefst merkwürdiges und extrem teures Restaurant, das seinen miesen Service extra berechnete und nur

Bargeld und Schecks nahm oder eine Peter-Luger-Kreditkarte (die mein Großvater hatte). Die Speisekarte war sehr übersichtlich, und egal, ob man es bestellt hatte oder nicht, immer kam eine große Platte mit Fleischtomatenscheiben und weißen Zwiebeln auf den Tisch, außerdem Keramiknäpfchen mit labberigen Pommes Frites und Sahnespinat, die gewöhnlich nicht angerührt wurden. Dann wurde eine Rinderflanke serviert, auf Riesenplatten und gekennzeichnet mit kleinen Plastikkühen in verschiedenen Farben, von Rot (noch muhend) und Rosa (gerade noch in der Lage, über den Tisch zu krabbeln) bis – keine Ahnung. Unsere kleinen Kühe waren alle rot und rosa. Fast alle tranken wir Cola, die gab es nur in Fläschchen. Dank des legendär miesen Service war der Tisch am Ende des Abends überladen mit Kuhkarkassen, Dutzenden Colafläschchen und tellerweise Essen, das niemand angerührt hatte.

Das Diner war erst zu Ende, wenn mein Großvater das Mark aus den Knochen gelutscht hatte – dank seinem Schnauzbart ein Anblick für die Götter.

Ich aß seit der Collegezeit kein Fleisch mehr, die Abendessen bei Peter Luger waren eine echte Herausforderung für mich. Einmal hatte ich den Fehler gemacht, Lachs zu bestellen. Er nahm den halben Tisch ein und schmeckte genau so, wie man es in einem Steakhaus erwarten darf. Seitdem beschränkten sich meine Menüs auf Cola, die kleinen Kartoffeln und einen Iceberg-Wedge-Salat.

Bei Donald zu Hause würde ich zwar auf die rüpelhaften Kellner verzichten müssen, aber ich würde doch hoffentlich etwas Brauchbares zu essen zu kriegen.

Dummerweise kam ich zu früh und allein. Donald war damals zwar noch mit Marla verheiratet, aber sie war nur noch eine ferne Erinnerung und durch seine neue Freundin ersetzt worden. Melania war ein achtundzwanzigjähriges slowenisches Model, ich kannte sie noch nicht. Sie und Donald saßen auf einem unbequem aussehenden Zweiersofa im Foyer. Überall Marmor, Blattgold, verspiegelte oder weiße Wände und Fresken – ein großer, schwer zu beschreibender Raum. Ich weiß nicht, wie Donald das geschafft hatte, aber seine Wohnung fühlte sich noch kälter und ungemütlicher an als The House.

Melania war fünf Jahre jünger als ich. Sie saß neben Donald, leicht seitlich, die Fesseln überkreuzt. Sie wirkte beeindruckend geschmeidig. Rob hatte erzählt, Melania habe, als er und Blaine sie zum ersten Mal trafen, während des ganzen Essens praktisch nichts gesagt.

»Vielleicht kann sie nicht gut Englisch«, sagte ich.

»Nein«, feixte er, »die weiß genau, wofür sie da ist.« Eindeutig nicht für funkelnde Gesprächsbeiträge.

Ich setzte mich, und sofort erzählte Donald Melania, wie er mich einmal angeheuert hatte, sein Buch *The Art of the Comeback* zu schreiben, und kam von da auf seine Version von meiner Errettung »vom Rand des Abgrunds«. Seiner Ansicht nach hatten wir etwas gemein: Wir waren beide mal ganz unten gewesen und hatten uns irgendwie zurück nach ganz oben (er) oder einfach zurück (ich) gekämpft.

»Du hast ja auch das College geschmissen, nicht wahr?«

»Ja, Donald, hingeschmissen.« Die ideale Art, mich jemandem vorzustellen, den ich noch nie gesehen hatte. Und es war eine Überraschung, dass er das überhaupt wusste.

»War eine richtig schlimme Zeit – mit Drogen hat sie dann auch angefangen.«

»Whoa«, sagte ich und hielt die Hände hoch.

»Wirklich?« fragte Melania, plötzlich interessiert.

»Nein, nein, nein. Ich habe nie im Leben Drogen genommen.«

Donald schoss mir einen Blick zu und lächelte. Er hatte die Geschichte extra aufgemotzt, und er wusste, dass ich das wusste. »Sie war mal eine echte Katastrophe.« Sein Lächeln wurde noch breiter.

Donald liebte Comeback-Geschichten. Und er hatte eins genau begriffen: Je tiefer das Loch, aus dem man wieder herauskrabbelt, desto besser die Vermarktungschancen für das triumphale Comeback. Genau so hatte er seinen eigenen Werdegang erlebt. Jetzt plusterte er meinen Collegeflop und seinen Schreibauftrag auf, rührte eine fiktive Drogensucht dazu, und schon hatte er eine tolle Story zusammengebastelt, in der er auch noch als mein Retter glänzen konnte. Natürlich war ich, bevor er mich sein Buch schreiben lassen wollte, längst wieder zurück aufs College gegangen und hatte den Bachelor und den Master gemacht – und zwar ohne irgendeine Art Drogen. Aber es hatte keinen Sinn, die Sache geradezurücken, das hatte es bei ihm nie. Meine angebliche Story war für ihn und jeden Zuhörer da, und vermutlich glaubte er, als es an der Tür klingelte, schon selbst daran. Wir standen alle drei auf, und ich registrierte, dass Melania in der ganzen Zeit nur ein einziges Wort gesagt hatte.

Am 11. Juni 1999 rief mich Fritz an. Unser Großvater war ins Long Island Jewish Medical Center eingeliefert worden, auch eine der Kliniken in Queens, die meine Großeltern seit ein paar Jahren sponserten. Fritz sagte, es gehe wohl zu Ende.

Als ich zehn Minuten später direkt von zu Hause eintraf, war das Krankenzimmer voll. Gam saß auf dem einzigen Stuhl am Bett, Elizabeth stand daneben und hielt meinem Großvater die Hand.

Ich grüßte in die Runde und stellte mich zu Roberts Frau Blaine ans Fenster. »Wir sollten eigentlich in London sein, bei

Prinz Charles«, erzählte sie mir. Sie erzählte mir nur sehr selten etwas.

»Aha«, sagte ich.

»Er hat uns zu einem Polomatch eingeladen. Wir mussten absagen, nicht zu fassen.« Sie klang aufgebracht und gab sich keine Mühe, die Stimme zu senken.

Ich hätte noch eins draufsetzen können. Ich sollte in einer Woche heiraten, an einem Strand in Maui. Niemand in der Familie wusste davon. Mein Privatleben war allen immer sensationell egal gewesen (notfalls nahm ich einen befreundeten Mann mit zu Familienanlässen, bei denen die Einladung für zwei Personen galt), und niemand hatte mich je nach Liebhabern oder Beziehungen gefragt.

Ein paar Jahre vorher hatte ich mich mit Gam über die Beerdigung von Prinzessin Diana unterhalten. Plötzlich erklärte sie in einiger Drastik: »Eine Schande, dass diese kleine Schwuchtel Elton John in der Kirche singen darf.« Und ich dachte nur: Wie gut, dass sie nicht weiß, dass ich mit einer Frau zusammenlebe und verlobt bin.

Ich konnte sehen, wie ernst es um meinen Großvater stand, und hatte das schreckliche Gefühl, dass ich meine Verlobte mit der Nachricht überfallen müsste, unsere fast geheimgehaltene Hochzeit müsse nach monatelanger Planung und Überwindung diverser logistischer Alpträume nun verschoben werden.

Plötzlich war es still im Raum, als wäre allen gleichzeitig der Stoff für Smalltalk ausgegangen. Einen Moment lang konnten wir nur alle dem unregelmäßigen Atem meines Großvaters zuhören: ein unsicheres flatteriges Einatmen, dann eine unnatürliche Pause, länger als gesund schien, und schließlich ein Aushauchen.

KAPITEL ELF

Die einzige Währung

Fred Trump starb am 25. Juni 1999. Am darauffolgenden Tag wurde unter dem Titel »Fred C. Trump, Nachkriegsbaumeister für Mittelklassewohnraum, stirbt mit 93« ein Nachruf auf ihn in der *New York Times* veröffentlicht. Der Autor stellte Freds Status als »Selfmademan« dem seines »großspurigen Sohnes Donald« gegenüber. Die Angewohnheit meines Großvaters, auf seinen Baustellen unbenutzte Nägel aufzusammeln und seinen Zimmerleuten am nächsten Tag zurückzugeben, wurde vor der Angabe seines Geburtsjahres erwähnt. Die *Times* wiederholte auch die Familienlegende, der zufolge Donald sein Unternehmen mit nur minimaler Hilfe meines Großvaters aufgebaut habe – »mit einer geringfügigen Geldsumme« war eine Aussage, die die Zeitung zwanzig Jahre später widerlegen sollte.

Wir saßen in der Bibliothek, jeder mit seinem eigenen Exemplar der *Times*. Robert war von seinen Geschwistern scharf kritisiert worden, da er der *Times* erzählt hatte, der Nachlass meines Großvaters habe einen Wert zwischen 250 und 300 Millionen Dollar. »Man darf ihnen nie, nie Zahlen geben«, belehrte ihn seine Schwester Maryanne, als wäre er ein dummes Kind. Betreten stand er da, ließ seine Fingergelenke knacken und wippte auf seinen Fußballen, ganz so wie es mein Großvater getan hatte, als wäre ihm plötzlich der daraus sich ergebende Steuerbescheid in den Sinn gekommen. Die Wertermittlung fiel absurd niedrig aus – irgendwann erfuhren wir, dass sein Firmenimperium wahrscheinlich vier Mal so viel wert gewesen war –, aber Maryanne und Donald hätten nie für möglich gehalten, dass es so viel war.

Später standen wir im Madison Room im Obergeschoss der Frank E. Campbell Funeral Chapel auf der Upper East Side Manhattans, dem exklusivsten und teuersten Beerdigungsunternehmen der Stadt, Spalier. Wir lächelten und schüttelten die Hände einer schier endlos erscheinenden Reihe an uns vorbeiströmender Besucher.

Insgesamt bewegten sich über achthundert Menschen durch den Raum. Manche waren gekommen, um ihm ihre letzte Ehre zu erweisen, darunter Geschäftskonkurrenten wie Sam LeFrak, der Gouverneur von New York George Pataki, der ehemalige Senator Al D'Amato und die Entertainerin und künftige *Celebrity Apprentice*-Kandidatin Joan Rivers. Die anderen waren höchstwahrscheinlich da, um einen Blick auf Donald zu erhaschen.

Am Tag der Beerdigung war die Marble Collegiate Church bis auf den letzten Platz belegt. Von Anfang bis Ende hatte während des Gottesdiensts jeder eine Rolle zu spielen. Alles war sehr gut durchchoreografiert. Elizabeth las das »Lieblingsgedicht« meines Großvaters vor, und die anderen Geschwister hielten Trauerreden, so auch mein Bruder, der anstelle meines Vaters sprach und mein Cousin David, der uns Enkelkinder vertrat. Größtenteils erzählten sie Anekdoten über meinen Großvater, wobei mein Bruder der Einzige war, der ihm einen Hauch von Menschlichkeit zugestand. Überwiegend, und zwar sowohl verblümt als auch direkt, lag die Betonung auf dem materiellen Erfolg meines Großvaters, seinem Killer-Instinkt und seinem Talent, zu sparen. Donald war der Einzige, der vom Drehbuch abwich. Durch eine zum Fremdschämen blamable Wendung münzte er seine Trauerrede in einen Lobgesang auf seine eigene Großartigkeit um. Es war dermaßen peinlich, dass Maryanne ihrem Sohn später auftrug, keines ihrer Geschwister bei ihrer Beerdigung zu Wort kommen zu lassen.

Auch Rudolph Giuliani, der damalige Bürgermeister von New York, hielt eine Rede. Als der Gottesdienst vorüber war, gaben die sechs ältesten Enkel (Tiffany war noch zu klein) ihrem Großvater als Ehren-Sargträger das Geleit zum Bestattungswagen. Wie so oft in dieser Familie bedeutete dies, dass andere die schwere Arbeit verrichteten, während wir das Ansehen einkassierten.

Alle Straßen von der Fifth Avenue und 45th Street bis zum Midtown Tunnel in mehr als sechs Blocks Entfernung waren für Autos und Fußgänger gesperrt worden, damit unsere von der Polizei eskortierte Autokolonne mühelos aus der Stadt gleiten konnte. Die Fahrt zum Begräbnis auf dem All Faiths Cemetery in Middle Village in Queens war schnell vorüber.

Genauso schnell, aber mit weniger Trara fuhren wir für das Mittagessen in Donalds Wohnung zurück in die Stadt. Danach begleitete ich meine Großmutter nach The House. Eine Weile lang saßen wir in der Bibliothek und unterhielten uns. Sie wirkte müde, aber erleichtert. Es war ein sehr langer Tag gewesen – mehr noch: ein paar sehr lange Jahre. Außer der Hausangestellten, die im Obergeschoss schlief, waren nur wir beide da. Eigentlich hätte ich in meinen Flitterwochen sein sollen. Ich blieb bei ihr, bis sie bereit war, schlafen zu gehen.

Als sie meinte, sie würde nun gerne zu Bett gehen, fragte ich sie, ob ich bei ihr bleiben solle oder ob es sonst irgendetwas gäbe, was ich für sie tun könnte.

»Nein, Liebes, mir geht's gut.«

Ich beugte mich zu ihr hinüber, um ihr einen Kuss auf die Wange zu geben. Sie roch nach Vanille. »Du bist mein Lieblingsmensch«, sagte ich zu ihr. Es stimmte nicht, aber ich sagte es, weil ich sie mochte. Ich sagte es aber auch, weil sich sonst niemand darum geschert hatte, bei ihr zu bleiben, und das, nachdem ihr Ehemann, mit dem sie 63 Jahre verheiratet gewesen war, gerade unter die Erde gebracht worden war.

»Gut«, antwortet sie. »So sollte es auch sein.«

Und dann ließ ich sie allein in dem großen, stillen, leeren Haus.

Zwei Wochen nach der Beerdigung meines Großvaters war ich zu Hause, als der DHL-Wagen anhielt und einen gelben Umschlag lieferte, der eine Kopie des Testaments meines Großvaters enthielt. Ich las es zwei Mal, um ganz sicher zu gehen, dass ich nichts falsch verstanden hatte. Ich hatte meinem Bruder versprochen, ihn anzurufen, sobald ich irgend etwas erfuhr, aber jetzt zögerte ich. Nur wenige Stunden nach der Beerdigung meines Großvaters war William, das dritte Kind von Fritz und Lisa, geboren worden. Vierundzwanzig Stunden später hatte der Kleine Krampfanfälle bekommen. Seitdem lag er auf einer Neugeborenen-Intensivstation. Sie hatten zwei kleine Kinder zu Hause, und Fritz musste arbeiten. Ich hatte keine Ahnung, wie sie das alles schafften.

Ich war nur ungern die Überbringerin weiterer schlechter Nachrichten, aber er musste es wissen.

Ich rief ihn an.

»Also, wie sieht es aus?«, fragt er.

»Nichts«, antworte ich ihm, »wir haben nichts bekommen.«

Ein paar Tage später rief mich Rob an. Soweit ich mich erinnern konnte, hatte er mich nur einmal davor angerufen, als er mich wissen ließ, dass Gam im Krankenhaus war. Er tat, als wäre alles in bester Ordnung. Wenn ich unterschriebe, deutete er an, würde alles gut werden. Und er war auf meine Unterschrift für die gerichtliche Testamentseröffnung angewiesen. Auch wenn es wahr ist, dass mein Großvater mich und meinen Bruder enterbte – das heißt, anstatt die 20 Prozent seines Vermögens, die meinem Vater zugestanden hätten zwischen mir und meinem Bruder aufzuteilen, hatte er sie gleichmäßig auf seine vier anderen Kinder verteilt –, waren wir doch Teil eines Vermächtnisses, das allen Enkelkinder separat zukam. Es handelte sich um eine Summe von weniger als einem Zehntel von 1 Prozent dessen, was meine Tanten und Onkel geerbt hatten. Gemessen am Gesamterbe war es ein äußerst kleiner Geldbetrag, und es muss Robert fuchsteufelswild gemacht haben, dass Fritz und ich dadurch die Macht hatten, die Vermögensverteilung aufzuhalten.

Die Tage verstrichen, aber ich konnte mich einfach nicht dazu durchringen, zu unterschreiben. Was das Ausmaß und die Präzision der Grausamkeiten anging, war das Testament ein beeindruckendes Dokument, das mich an das Scheidungsabkommen meiner Eltern erinnerte.

Eine Zeit lang rief Robert jeden Tag bei mir an. Maryanne und Donald hatten ihn zur Kontaktperson bestimmt; Donald wollte sich nicht damit beschäftigen und bei Maryannes Ehemann John war Speiseröhrenkrebs diagnostiziert worden und es stand nicht gut um ihn.

»Bring deine Schäfchen ins Trockene, meine Süße«, sagte Rob immer wieder, als ob mich das vergessen lassen könnte, was im Testament stand. Aber egal wie oft er es noch sagte, mein Bruder und ich hatten vereinbart, dass wir nichts unterschreiben, bevor wir Kenntnis über unsere Optionen hätten.

Schließlich wurde Rob ungeduldig. Fritz und ich hielten alles auf; das Testament konnte nicht eröffnet werden, bis alle Begünstigten unterschrieben hätten. Als ich Rob mitteilte, dass Fritz und ich für den Schritt noch nicht bereit wären, schlug er vor, wir sollten uns treffen und die Sache gemeinsam besprechen.

Bei unserem ersten Treffen antwortete Rob, nachdem wir ihn gefragt hatten, warum mein Großvater so gehandelt hatte, »Hört her, ihr habt euren Großvater einen feuchten Dreck interessiert. Und nicht nur ihr, auch seine Enkelkinder waren ihm alle völlig egal.«

»Wir werden schlechter behandelt, weil unser Vater gestorben ist«, sagte ich.

»Nein, überhaupt nicht.«

Als wir ihn darauf hinwiesen, dass unsere Cousins noch immer von dem profitieren würden, was ihre Eltern von meinem Großvater erbten, sagte Rob: »Jeder von ihnen könnte jederzeit enterbt werden. Donny wollte zur Armee oder irgend so ein Schwachsinn, und Donald und Ivana sagten zu ihm, sie würden ihn enterben, ohne mit der Wimper zu zucken.«

»Diesen Luxus hatte unser Vater nicht«, sagte ich.

Rob lehnte sich zurück. Ich konnte sehen, wie es in ihm arbeitete. »Es ist recht einfach«, sagte er, »in den Augen deines Großvaters ist tot, wer tot ist. Er kümmerte sich nur um seine lebenden Kinder.«

Ich wollte gerade einwenden, dass sich mein Großvater auch um Rob nicht gekümmert hatte, doch Fritz ging dazwischen. »Rob«, sagte er, »es ist einfach nicht gerecht.«

Ich habe den Überblick darüber verloren, wie oft wir drei uns zwischen Juli und Oktober 1999 getroffen haben. Im September, während ich meine aufgeschobenen Flitterwochen auf Hawaii nachholte, gab es eine kurze Verschnaufpause.

Ganz zu Beginn unserer Diskussionen einigten Fritz, Robert und ich uns darauf, dass wir Gam aus der Sache heraushalten würden. Ich nahm an, dass sie keine Ahnung davon hatte, wie wir in dem Testament meines Großvaters behandelt wurden, und sah keinen Grund, warum ich sie hätte in Aufregung versetzen sollen. Hoffentlich würden wir alles rasch beilegen können, und sie würde nie erfahren, dass es überhaupt ein Problem gegeben hatte. Während ich verreist war, redete ich täglich mit ihr, und zurück in New York nahm ich meine Besuche bei ihr wieder auf. Die Verhandlungen, wenn man es so nennen möchte, gingen auch weiter. Unsere Besprechungen waren von lähmender Gleichförmigkeit. Egal, was Fritz und ich auch sagten, begegnete uns Rob immer wieder mit den gleichen Klischees und vorformulierten Antworten. So würden wir nicht weiterkommen.

Ich fragte ihn nach Midland Associates, der Verwaltungsgesellschaft, die mein Großvater vor Jahrzehnten gegründet hatte, um sich gewisse Steuern zu sparen und seine Kindern zu begünstigen. Zu Midland gehörte eine Gruppe von sieben Gebäuden (darunter die Sunnyside Towers und The Highlander), die in meiner Familie »das Mini-Imperium« genannt wurden. Ich wusste nur sehr wenig darüber – keiner meiner Treuhänder hatte mir jemals erklärt, welche Rolle es spielte oder wie das Geld reinkam –, aber ich erhielt alle paar Monate einen Scheck. Wir wollten wissen, ob oder wie sich der Tod meines Großvaters auf die Teilhaberschaft auswirken würde.

Wir fragten nicht nach Geldbeträgen oder Vermögensanteilen, wir wollten nur sichergehen, dass die Anlagegüter, die wir bereits besaßen, auch in Zukunft abgesichert wären. Und wir wollten wissen, ob sie, in Anbetracht des enormen Reichtums der Familie, irgendeine Möglichkeit sahen, was den Nachlass meines Großvaters betraf. Als Testamentsvollstreckern und, gemeinsam mit Elizabeth, alleinig Begünstigten stand Maryanne, Donald und Robert in diesem Bereich ein großer Spielraum zur Verfügung, aber Robert blieb unverbindlich.

Bei unserem letzten Treffen in der Bar des Drake Hotels an der Ecke 56th Street und Park Avenue war klar, dass Robert begriffen hatte, dass wir nicht klein beigeben würden. Bis zu diesem

Zeitpunkt hatte er, trotz manch unschöner Dinge, die er zu uns gesagt hatte, eine umgängliche »Hey Kinder, ich bin nur der Bote«-Attitüde aufrechterhalten. An diesem Tag erinnerte er uns wieder einmal daran, dass mein Großvater unsere Mutter gehasst hatte und fürchtete, sein Geld würde in ihre Hände gelangen.

Das war lächerlich, weil meine Mutter mehr als fünfundzwanzig Jahre lang gemäß den Regeln gelebt hatte, die die Trumps aufgestellt hatten, und ihre Anweisungen bis ins kleinste Detail befolgte. Sie war immer in de gleichen heruntergekommenen Wohnung in Jamaica in Queens geblieben; ihre Unterhaltszahlungen und die für uns Kinder waren nur selten erhöht worden, und doch hatte sie nie um mehr gebeten.

Es war ganz einfach so, dass Fred uns enterbt hatte, weil er es konnte. Die Menschen, die dazu angehalten waren, uns zumindest finanziell zu schützen, waren unsere Treuhänder – Maryanne, Donald, Robert und Irwin Durben –, aber offenkundig hatten sie kein Interesse daran, uns zu schützen, vor allem nicht auf eigene Kosten.

Rob wurde plötzlich ernst und beugte sich vor: »Hört zu, wenn ihr das Testament nicht unterschreibt, wenn ihr auch nur daran denkt, uns zu verklagen, werden wir Midland Associates in den Bankrott treiben, und ihr werdet für den Rest eures Lebens Steuern zahlen müssen für Geld, das ihr habt.«

Danach gab es nichts mehr zu sagen. Entweder Fritz und ich gaben nach, oder wir kämpften. Keine der beiden Optionen war verlockend.

Wir berieten uns mit Irwin, der uns der einzig verbliebene Verbündete zu sein schien. Er war darüber erbost, wie übel uns unser Großvater in seinem Testament mitgespielt hatte. Als wir erzählten, wie Robert reagiert hatte, als wir ihn nach Midland Associates und unserem Anteil an anderen Unternehmen der Trumps befragten, sagte Irwin: »Allein Ihr Anteil an den Pachten der Grundstücke, auf denen Shore Haven und Beach Haven gebaut wurden, ist von unschätzbarem Wert. Wenn sie Ihnen nicht entgegenkommen, müssen Sie sie verklagen.«

Ich hatte keine Ahnung, was eine Grundpacht war, ganz zu schweigen davon, dass ich Anteile an zwei Pachten hatte, aber ich wusste, was das Wort »unschätzbar« bedeutete. Und ich vertraute Irwin. Seiner Empfehlung folgend, trafen Fritz und ich eine Entscheidung.

Nach all den Monaten war William noch immer im Krankenhaus, und Fritz und Lisa waren mit ihren Kräften am Ende. Ich sagte den beiden, ich könne mich um das Weitere kümmern und rief noch am gleichen Nachmittag bei Robert an.

»Gibt es etwas, womit ihr uns entgegenkommen könntet, Rob?«, fragte ich.

»Unterschreibt das Testament, dann werden wir sehen.«

»Wirklich?«

»Dein Vater ist tot«, sagte er.

»Ich *weiß*, dass er tot ist, Rob. Aber *wir* sind es nicht.« Ich hatte es so satt, diese Gespräche mit ihm zu führen.

Er machte eine Pause. »Maryanne, Donald und ich befolgen einfach nur Dads Wünsche. Dein Großvater wollte nicht, dass du oder Fritz oder ganz besonders deine Mutter etwas bekommt.«

Ich holte tief Luft. »Das bringt uns nicht weiter«, sagte ich, »Fritz und ich werden einen Anwalt nehmen.«

Als wäre ein Schalter umgelegt worden, brüllte Robert: »Verdammte Scheiße, mach doch, was du willst!« und knallte den Hörer auf.

Als ich am nächsten Tag nach Hause kam, war eine Botschaft von Gam auf meinem Anrufbeantworter. »Mary, ich bin's, deine Großmutter«, sagte sie knapp. So hatte sie sich noch nie genannt. Sie war immer »Gam« gewesen.

Ich rief sie umgehend zurück.

»Dein Onkel Robert erzählt mir, dass du und dein Bruder zwanzig Prozent des Vermögens deines Großvaters einklagen wollt.«

Das traf mich unvorbereitet und ich antwortete nicht sofort. Offensichtlich hatte Robert unsere Vereinbarung gebrochen und meiner Großmutter seine Version dessen erzählt, worüber wir diskutiert hatten. Was mich auch kalt erwischte, war, dass meine Großmutter klang, als wäre es falsch und ungehörig, sollten wir den Vermögensanteil meines Vaters bekommen. Ich war verwirrt – was Loyalität anging und Liebe und Nachbarschaft von beidem. Ich hatte gedacht, ich wäre Teil der Familie. Aber ich hatte mich geirrt.

»Gam, wir haben nichts gefordert. Ich weiß nicht, was Rob dir erzählt hat, aber wir werden niemanden verklagen.«

»Da tätet ihr gut dran.«

»Wir versuchen nur, eine Lösung zu finden, das ist alles.«

»Weißt du, wie viel dein Vater wert war, als er starb?«, sagte sie.

»Rein gar nichts.«

Es entstand eine kurze Pause und dann klickte es in der Leitung. Sie hatte aufgelegt.

Kapitel Zwölf

Rechtsstreit

Da saß ich, das Telefon noch in der Hand, und wusste nicht, was ich tun sollte. Es war einer dieser Momente im Leben, die alles verändern – das, was zurückliegt, und das, was kommt – und es war zu gewaltig, um es verarbeiten zu können.

Ich rief meinen Bruder an. Kaum hörte ich seine Stimme, brach ich in Tränen aus.

Er rief Gam an, vielleicht würde er ihr klarmachen können, worum wir in Wirklichkeit baten, aber sie führten im Grunde das gleiche Gespräch. Ihr letztes Geschoss fiel in seinem Fall allerdings geringfügig anders aus: »Als dein Vater starb, hatte er keinen roten Heller mehr.« Und das war in der Welt meiner Familie das Einzige, was zählte. Wenn einzige Währung Geld ist, bestimmt man jeden Wert ausschließlich danach; wer in dieser Hinsicht so wenig zuwege gebracht hat wie mein Vater, war nichts wert – nicht einmal dann, wenn er zufällig der eigene Sohn war. Und da mein Vater mittellos starb, hatten auch seine Kinder keinen Anspruch auf irgend etwas.

Mein Großvater hatte jedes Recht, sein Testament nach eigenem Gutdünken zu ändern. Meine Tanten und Onkel hatten jedes Recht, seinen Anweisungen Wort für Wort Folge zu leisten, ungeachtet der Tatsache, dass auch von ihnen keiner seinen Anteil an Freds Vermögen mehr verdiente als mein Vater. Ohne den Zufall ihrer Geburt wären sie alle keine Multimillionäre geworden. Staatsanwälte und Bundesrichter besitzen in der Regel keine 20-Millionen-Dollar-Häuser in Palm Beach. Chefsekretärinnen haben keine Wochenendhäuser in Southampton. (Obwohl, um fair zu sein, Maryanne und Elizabeth neben meinem Vater die einzigen beiden Geschwister waren, die außerhalb des Familienunternehmens arbeiteten.) Dennoch benahmen sie sich, als hätten sie jeden Penny des Vermögens meines Großvaters selbst erarbeitet. Ihr Selbstwertgefühl war so sehr an dieses Geld gekoppelt, dass es nicht in Frage kam, etwas davon loszulassen.

Auf Irwins Rat hin wandten wir uns an Jack Barnosky, Partner bei Farrell Fritz, der größten Anwaltskanzlei im Bezirk Nassau. Jack, ein wichtigtuerischer, selbstgefälliger Mann, willigte ein, unser Mandat anzunehmen. Seine Strategie bestand darin, das Testament meines Großvaters von 1990 zu kippen: Fred Trump war nicht mehr zurechnungsfähig, als er das Testament unterzeichnet hat, und stand unter dem unbilligen Einfluss seiner Kinder.

Kaum eine Woche nachdem wir die Klage gegen die Testamentsvollstrecker eingereicht hatten, erhielt Jack einen Brief von Lou Laurino, einem kleinen, drahtigen Pitbull von Anwalt, der den Nachlass meines Großvaters vertrat. Die betriebliche Krankenversicherung von Trump Management, bei der wir seit unserer Geburt Mitglied waren, war uns entzogen worden. Alle Familienmitglieder waren dort versichert. Mein Bruder war von dieser Versicherung abhängig, um die erdrückenden Arztkosten für meinen Neffen tragen zu können. Als William krank wurde, hatte Robert Fritz versprochen, dass sie für alles aufkommen würden; er solle die Rechnungen einfach ins Büro schicken.

Maryannes Idee, uns den Versicherungsschutz zu entziehen, nützte ihnen gar nichts; auf diese Art fügten sie uns nur noch mehr Schmerz zu und verstärkten unsere Verzweiflung. William war damals nicht mehr im Krankenhaus, aber er war anfällig für Krampfanfälle, die schon mehr als einmal zu einem schweren Herzstillstand geführt hatten, den er ohne Herz-Lungen-Wiederbelebung nicht überlebt hätte. Er benötigte weiterhin eine Rund-um-die-Uhr-Pflege.

Die ganze Familie wusste das, doch keiner erhob Einspruch, nicht einmal meine Großmutter, der noch mehr als allen anderen klar sein musste, dass ihr eigener, schrecklich kranker Urenkel wahrscheinlich für den Rest seines Lebens teure medizinische Versorgung brauchen würde.

Fritz und mir blieb keine Wahl, als eine weitere Klage anzustrengen, um Williams Krankenversicherung wiederzuerlangen. Für die Klage waren Berichte und eidesstattliche Erklärungen der Ärzte und Pflegepersonen erforderlich, die William betreuten. Das war zeitraubend und belastend und gipfelte in einer Gerichtsverhandlung.

Laurino verteidigte die Auflösung der Versicherung, indem er zunächst behauptete, wir hätten kein Recht, für alle Zeiten Versicherungsschutz zu erwarten. Dieser sei vielmehr ein Geschenk, das uns mein Großvater in seiner Herzensgüte habe zukommen lassen. Dann spielte er Williams Gesundheitszustand herunter und versteifte sich darauf, dass die Pflegerinnen, die William rund um die Uhr betreuten und die ihm mehr als einmal das Leben gerettet hatten, nichts weiter seien als überteuerte Babysitter. Falls Fritz und Lisa Sorge hätten, ihr Kleinkind würde einen weiteren Anfall erleiden, sagte er, bräuchten sie nur die Herz-Lungen-Wiederbelebung zu erlernen.

Die Zeugenaussagen halfen uns nicht. Ich konnte es kaum glauben, was für ein schwacher Widerpart Jack war. Er versäumte es nachzufassen und kaprizierte sich auf Unwesentliches. Fritz und ich hatten lange Fragelisten für ihn vorbereitet, doch er nahm kaum, wenn überhaupt, Bezug darauf. Robert, viel distanzierter als beim letzten Mal, als ich ihn gesprochen hatte, wiederholte als hauptsächlichen Grund für die Enterbung den Hass meines Großvaters auf meine Mutter; Maryanne bezeichnete mich und meinen Bruder wütend als »abwesende Enkel«. Ich dachte an die vielen Male, die sie in The House angerufen hatte, als ich meine Großmutter besuchte; jetzt verstand ich, warum sie meiner Großmutter nie gesagt hatte, sie solle mich grüßen. Mein Großvater, sagte sie, sei wütend auf uns gewesen, weil wir nie Zeit mit unserer Großmutter verbracht hätten. Die letzten zehn Jahre blendete sie völlig aus. Offenbar hatte mein Großvater es auch verabscheut, dass Fritz nie Krawatte trug und ich als Teenager in Schlabberpullis und Jeans herumlief. Als Donald aussagen musste, wusste er nichts und konnte sich an nichts erinnern, eine Art strategische Vergesslichkeit, die er oft eingesetzt hatte, um sich einem Vorwurf oder einer Überprüfung zu entziehen. Alle drei sagten unter Eid aus, dass mein Großvater bis kurz vor seinem Tod bei »klarstem Verstand« gewesen sei.

Zu der Zeit traf meine Tante Elizabeth zufällig einen engen Freund, der meinem Bruder später von dem Wortwechsel erzählte. »Können Sie fassen, was Fritz und Mary da tun?«, fragte sie ihn, »sie denken doch nur ans Geld.« Ja, Testamente drehen sich ums Geld, aber in einer Familie, in der das die einzige Währung ist, handeln Testamente eben auch von Liebe. Ich dachte, Liz hätte das vielleicht verstanden. Sie hatte keinen Einfluss. Ihre Meinung zur Situation hätte für niemanden eine Rolle gespielt, nur für mich und meinen Bruder. Es tut noch immer weh, dass sie der Parteilinie folgte. Auch ein stiller, machtloser Verbündeter wäre besser gewesen als gar keiner.

Nach fast zwei Jahren, in denen sich die Rechnungen der Anwälte stapelten und keinerlei Fortschritte hin zu irgendeiner

Art Einigung erzielt wurden, mussten wir entscheiden, ob wir unsere Familie vor Gericht bringen wollten. Williams Gesundheitszustand blieb ernst, und ein Prozess hätte ein Maß an Energie und Konzentration erfordert, das mein Bruder nicht hatte. Schweren Herzens beschlossen wir, den Streit beizulegen.

Maryanne, Donald und Robert verweigerten eine Einigung, es sei denn, wir willigten ein, ihnen unsere Anteile an den Vermögenswerten zu verkaufen, die wir von unserem Vater geerbt hatten – seine 20 Prozent des Mini-Imperiums und die »unbezahlbaren« Erbbaurechte.

Meine Tanten und Onkel legten Jack Barnosky eine Vermögensschätzung vor, und auf dieser Grundlage setzten er und Lou Laurino einen Vergleichsvorschlag auf, der vermutlich auf fragwürdigen Zahlen beruhte. Jack sagte, dass wir ohne Prozess kaum etwas Besseres erwarten konnten. »Wir wissen, dass sie lügen«, sagte er, »aber es steht nun mal Aussage gegen Aussage. Außerdem ist das Vermögen Ihres Großvaters nur um die dreißig Millionen Dollar wert.« Das war gerade mal ein Zehntel der Schätzung, die Robert der *New York Times* 1999 gegeben hatte und die sich ihrerseits als nur 25 Prozent des tatsächlichen Nachlasswerts herausstellte.

Fred hatte wohl geglaubt, dass mein Vater die gleichen Mittel, die gleichen Vorteile und die gleichen Möglichkeiten mitbekommen hatte wie Donald. Dass Freddy dies alles verschleudert hatte, war schließlich nicht das Problem seines Vaters. Wenn unser Vater trotz alledem ein schlechter Ernährer der Familie blieb, sollten mein Bruder und ich uns doch glücklich schätzen, dass es die Treuhandfonds gab, die er zu Lebzeiten nicht hatte verschwenden können. Was danach mit uns geschah, hatte mit Fred Trump nichts mehr zu tun. Er hatte seinen Teil geleistet, und wir hatten nicht das Recht, mehr zu erwarten.

Noch während die Klagen anhängig waren, erhielt ich die Nachricht, dass Gam am 7. August 2000 nach kurzer Krankheit im Long Island Jewish Medical Center gestorben war, genau wie mein Großvater. Sie wurde achtundachtzig Jahre alt.

Hätte ich gewusst, dass sie krank war, hätte ich wohl versucht, sie noch einmal zu sehen, aber dass sie nicht mehr nach mir verlangt hatte, zeigte deutlich, wie leicht es uns fiel, einander loszulassen.

Nach jenem Telefonat hatten wir uns nie wieder gesprochen, so wie ich auch mit Robert, Donald, Maryanne und Elizabeth nicht mehr gesprochen hatte. Es war mir nie in den Sinn gekommen, es zu versuchen.

Fritz und ich beschlossen, zu Gams Beerdigung zu gehen, doch da wir wussten, dass wir nicht willkommen waren, standen wir in einem der überfüllten Räume im hinteren Teil der Marble Collegiate Church. Zusammen mit ein paar von Donalds Sicherheitsleuten verfolgten wir den Gottesdienst auf einem Überwachungsmonitor.

Bemerkenswert waren die Trauerreden nur für das, was sie aussparten. Es wurde viel über das Wiedersehen meiner Großeltern im Himmel spekuliert, mein Vater jedoch, ihr ältester Sohn, der seit fast siebenundzwanzig Jahren tot war, wurde mit keinem Wort erwähnt. Er tauchte nicht einmal im Nachruf meiner Großmutter auf.

Wenige Tage nach ihrem Tod erhielt ich eine Kopie von Gams Testament. Es war eine Kopie des Testaments meines Großvaters mit einer Ausnahme: Mein Bruder und ich waren aus dem Abschnitt, der die Vermächtnisse für ihre Enkel enthielt, gestrichen worden. Mein Vater und seine gesamte Linie waren damit faktisch ausgelöscht.

TEIL VIER

DIE SCHLECHTESTE INVESTITION ALLER ZEITEN

KAPITEL DREIZEHN

Das Politische ist persönlich

Fast ein Jahrzehnt sollte vergehen, ehe ich meine Familie im Oktober 2009 wiedersah, bei der Hochzeit meiner Cousine Ivanka mit Jared Kushner. Ich hatte keine Ahnung, warum ich diese Einladung erhalten hatte – sie war auf demselben dicken Briefpapier gedruckt, das die Trump Organization schon immer benutzt hatte.

Als die Limousine, die ich von zu Hause auf Long Island zu Donalds Golfclub in Bedminster, New Jersey genommen hatte, sich dem Clubhaus näherte, das The House bedrückend ähnlich sah, war ich nicht sicher, was mich erwartete. Bedienstete teilten schwarze Schals aus, und als ich einen um meine Schultern legte, fühlte ich mich etwas weniger exponiert.

Die Trauung fand im Freien unter einem großen weißen Zelt statt. Vergoldete Stühle standen in Reihen zu beiden Seiten eines mit goldgesäumten Läufers. Die traditionelle jüdische Chuppa, mit weißen Rosen bedeckt, war etwa so groß wie mein Haus. Donald stand verlegen mit einer Jarmulke auf dem Kopf da. Vor dem Eheversprechen erhob sich Jareds Vater, Charles, der vor drei Jahren aus dem Gefängnis entlassen worden war, und erzählte uns, dass er, als Jared ihn Ivanka vorgestellt hatte, dachte, sie würde nie gut genug sein, um seiner Familie anzugehören.

Erst nachdem sie sich verpflichtet hatte, zum Judentum überzutreten, und hart daran gearbeitet hatte, begann er zu denken, dass sie ihrer vielleicht doch würdig sei. Vor dem Hintergrund, dass Charles dafür verurteilt worden war, dass er eine Prostituierte engagiert hatte, die seinen Schwager verführen und ihre unziemliche Begegnung filmen sollte, und die Aufnahme dann zur Verlobungsfeier seines Neffen an seine Schwester geschickt hatte, fand ich seine herablassende Haltung eher unangebracht.

Nach der Trauung gingen mein Bruder, meine Schwägerin und ich ins Clubhaus. Auf dem Gang traf ich meinen Onkel Rob. Das letzte Mal, dass wir uns ausgetauscht hatten, war 1999, als er den Hörer auflegte, nachdem ich ihm erzählt hatte, dass Fritz und ich einen Anwalt beauftragen würden, um das Testament meines Großvaters anzufechten. Als ich nun auf ihn zuging, überraschte er mich dadurch, dass er zu lächeln begann. Er streckte seine Hand aus, beugte sich dann nach vorne – er war viel größer als ich, obwohl ich hohe Absätze trug – schüttelte mir die Hand und gab mir einen Kuss auf die Wange, die typische Trump-Begrüßung.

»Na, meine Süße! Wie geht es dir?«, sagte er strahlend. Ehe ich antworten konnte, fuhr er fort, »weißt du, ich bin der Meinung, dass die Familienentfremdung längst verjährt ist.« Dann wippte er auf den Fußballen und schlug eine geballte Faust in die offene Handfläche – die nicht ganz getreue Nachahmung einer Geste meines Großvaters.

»Klingt gut«, erwiderte ich. Wir tauschten ein paar Minuten lang Höflichkeiten aus. Als wir damit fertig waren, ging ich die Stufen zu dem Cocktail-Empfang hinauf, wo ich Donald entdeckte, der mit jemandem sprach, den ich irgendwoher kannte – ein Bürgermeister oder Gouverneur –, dessen Namen ich aber nicht erinnere.

»Hi, Donald«, sagte ich und ging auf ihn zu.

»Mary, du siehst großartig aus!« Er schüttelte mir die Hand und gab mir einen Kuss auf die Wange, genau wie Rob. »Ich freue mich, dich zu sehen.«

»Ja, ich freue mich auch.« Mit Erleichterung stellte ich fest, dass wir freundlich und höflich miteinander umgingen. Nach dieser Entdeckung machte ich Platz für die nächste Person in der immer länger werdenden Schlange derer, die darauf warteten, dem Brautvater zu gratulieren. Aber die achte Staffel von *The Apprentice* war gerade gelaufen, deshalb ist es genauso wahrscheinlich, dass viele von ihnen einfach für den Fototermin da waren. »Viel Spaß«, rief Donald mir nach, als ich weiterging.

Der Empfang fand in einem riesigen Ballsaal statt und war ziemlich weit von den Tischen entfernt, an denen die Vorspeise serviert wurde. Auf dem Weg dorthin sah ich in der Ferne meine Tante Liz, die hinter ihrem Mann herjagte. Es gelang mir, ihren Blick einzufangen, und ich winkte ihr zu. Sie winkte zurück und sagte, »Hi, meine Süße.« Doch sie blieb nicht stehen, und ich sah sie danach nicht mehr. Ich ging an reich mit Wimpeln geschmückten Wänden und dem auf Hochglanz polierten Tanzparkett vorbei, bis ich schließlich meinen Platz am Tisch der Großcousins und -cousinen am Ende des Ballsaals fand. In der Ferne konnte ich das gelegentliche Schlagen von Rotorblättern hören, da immer wieder Hubschrauber landeten und starteten.

Nach dem ersten Gang beschloss ich, Maryanne zu suchen. Als ich mir einen Weg zwischen den Tischen hindurch bahnte, trat Donald auf die Bühne, um eine kurze Ansprache zu halten. Hätte ich nicht gewusst, über wen er sprach, hätte ich gedacht, dass er auf die Tochter seiner Sekretärin anstößt.

Ich entdeckte Maryanne und hielt inne. Fritz und ich wären zu Ivankas Hochzeit nicht ohne die Zustimmung von Maryanne eingeladen worden. Sie sah mich nicht, bis ich direkt vor ihr stand.

»Hi, Tante Maryanne.«

Sie brauchte ein paar Sekunden, um zu begreifen, wer ich war. »Mary.« Sie lächelte nicht. »Wie geht es dir?«, fragte sie mit starrer Miene.

»Gut. Meine Tochter ist gerade acht geworden, und ...«

»Ich wusste nicht, dass du eine Tochter hast.«

Natürlich wusste sie nicht, dass ich eine Tochter hatte, und dass ich sie mit der Frau, die ich nach der Beerdigung meines Großvaters geheiratet und von der ich mich später getrennt hatte, aufzog, und dass ich erst kürzlich in Klinischer Psychologie promoviert hatte. Doch sie reagierte beleidigt, dass sie es nicht wusste. Der Rest unserer kurzen Unterhaltung war genauso angespannt. Sie erwähnte, dass Ivana die Hochzeitsparty von Ivanka verpasst habe, aber ergänzte im Flüsterton, dass sie mir jetzt den Grund nicht sagen könne.

Ich kehrte an meinen Tisch zurück. Als ich bemerkte, dass das vegetarische Gericht, das ich bestellt hatte, nicht gekommen war, bestellte ich stattdessen einen Martini. Die Oliven würden genügen.

Etwas später sah ich Maryanne mit entschlossener Miene, als hätte sie eine Mission, auf uns zu kommen. Vor meinem Bruder blieb sie stehen und sagte: »Wir müssen über den Elefanten hier im Saal sprechen.« Und dann mit einer Geste, die mich einschloss: »Wir drei.«

Ein paar Wochen nach der Hochzeit von Ivanka und Jared trafen Fritz und ich uns mit Maryanne und Robert in ihrer Wohnung in der Upper East Side. Es war mir nicht klar, warum Rob da war, aber ich dachte, er wollte seiner Bemerkung, dass die Familienentfremdung »verjährt« sei, Taten folgen lassen. Ich nahm es als ein gutes Zeichen, aber je weiter der Nachmittag fortschritt, desto unsicherer wurde ich. Wir sprachen nur über Belangloses. Als wir im Wohnzimmer mit seinem spektakulären Blick auf Central Park und Metropolitan Museum of Art saßen, streifte Maryanne zwischendurch »das Debakel«, wie sie den Rechtsstreit nannte, aber niemand sonst schien scharf darauf zu sein, dieses Thema weiter zu verfolgen.

Rob richtete sich in seinem Stuhl auf, und ich hoffte, wir würden nun endlich das Gespräch über den sogenannten Elefanten im Saal beginnen. Stattdessen erzählte er eine Geschichte.

Vor zehn Jahren, als Rob noch für Donald in Atlantic City arbeitete, war Donalds finanzielle Lage düster. Seine Investoren waren schwer getroffen, die Banken waren hinter ihm her, und sein Privatleben lag in Scherben. Auf dem Höhepunkt der Krise wandte Donald sich mit einer Bitte an Rob.

»Hör zu, Rob, ich weiß nicht, wie das alles hier enden wird«, sagte er damals am Telefon. »Aber es ist schwierig, und es ist gut möglich, dass ich plötzlich an einem Herzinfarkt sterbe. Wenn mir irgendetwas zustoßen sollte, kümmere dich darum, dass es Marla gut geht.«

»Na klar, Donald. Sag mir einfach, was ich tun soll.«

»Besorg ihr zehn Millionen Dollar.«

Ich dachte, *das ist Scheiß viel Geld!*, und im selben Augenblick sagte Rob: »Was für ein Geizkragen.«

Rob lachte, als er sich daran erinnerte, und ich saß da und fragte mich, wie viel Geld diese Leute bloß hatten. Nach meiner letzten Information wären 10 Millionen Dollar ein Drittel der gesamten Erbmasse meines Großvaters gewesen.

»Etwa zur selben Zeit rief Donald mich an, um mir zu sagen, dass ich einer seiner drei liebsten Menschen sei«, sagte Maryanne. Offenbar hatte er vergessen, dass er drei Kinder hatte. (Tiffany und Barron waren noch nicht geboren.)

Wir haben uns nie wieder mit Rob getroffen, aber Fritz und ich trafen uns gelegentlich, einzeln oder gemeinsam, mit Maryanne zum Lunch. Erst jetzt lernte ich meine Tante kennen.

Zum ersten Mal seit damals, als ich Zeit mit Donald verbrachte, während ich an seinem Buch arbeitete, fühlte ich mich wieder ein klein wenig als Teil der Familie.

Ein paar Monate nach der Geburtstagsparty meiner Tante im April 2017, ich war gerade im Wohnzimmer und band mir die Schuhe, klingelte es an der Tür. Ich weiß nicht, warum ich überhaupt hinging. Das tat ich eigentlich nie. In fünfundsiebzig Prozent der Fälle waren es Missionare der Zeugen Jehovas oder der Mormonen. In allen anderen Fällen war es jemand, der mich bat, eine Petition zu unterschreiben. Als ich die Tür öffnete, nahm ich nur wahr, dass ich die Frau, die mit ihrem blond gelocktem Haarschopf und der dunkel eingefassten Brille vor mir stand, nicht kannte. Ihre Khakis, die Button-down-Bluse und die Messenger-Bag wiesen sie als Ortsfremde in Rockville Centre aus.

»Hi, mein Name ist Susanne Craig. Ich schreibe für die *New York Times*.«

Journalisten hatten schon längst aufgehört, mich zu kontaktieren. Mit Ausnahme von David Corn von *Mother Jones* und jemandem von *Frontline* war die einzige Person, die vor der Wahl eine Nachricht für mich hinterließ, jemand von *Inside Edition*. Nichts, was ich über meinen Onkel zu sagen hatte, hätte vor November 2016 eine Rolle gespielt; warum wollte irgendjemand jetzt etwas von mir hören?

Es war so sinnlos, dass ich mich ärgerte und sagte: »Ich finde es gar nicht cool, dass Sie hier einfach aufkreuzen.«

»Das verstehe ich. Es tut mir leid. Aber wir arbeiten an einer wirklich wichtigen Story über die Finanzen Ihrer Familie und denken, sie könnten uns tatsächlich helfen.«

»Ich kann nicht mit Ihnen sprechen.«

»Nehmen Sie wenigstens meine Karte. Rufen Sie mich jederzeit gerne an, wenn Sie Ihre Meinung ändern.

»Ich spreche nicht mit Reportern«, sagte ich, nahm die Visitenkarte aber trotzdem.

Ein paar Wochen später brach ich mir den fünften Mittelfußknochen meines linken Fußes. Die nächsten vier Monate lang war ich eine Gefangene in meinem Haus und saß mit hochgelegtem Bein die ganze Zeit auf der Couch.
Da erhielt ich einen Brief von Susanne Craig, in dem sie nochmals ihre Überzeugung bekräftigte, ich hätte Unterlagen, die dazu beitragen könnten, »die Geschichte des Präsidenten der Vereinigten Staaten neu zu schreiben«, wie sie sich ausdrückte. Ich ignorierte den Brief, aber sie ließ nicht locker.
Nachdem ich einen Monat lang durch Twitter scrollend auf der Couch verbracht hatte und die Nachrichten dabei ständig im Hintergrund liefen, sah ich in Echtzeit, wie Donald Normen in Stücke riss, Bündnisse gefährdete und auf den Verwundbaren herumtrampelte. Das Einzige, was mich überraschte, war die zunehmende Zahl von Leuten, die bereit waren, ihm dies zu ermöglichen.
Während ich zusah, wie wegen der Politik meines Onkels unsere Demokratie zerfiel und das Leben der Menschen zerbrach, kam mir der Brief von Susanne Craig in den Sinn. Ich suchte ihre Visitenkarte heraus und rief sie an. Ich sagte ihr, ich sei bereit, zu helfen, hätte aber keine Unterlagen zu dem Jahre zurückliegenden Rechtsstreit mehr.
»Jack Barnosky könnte sie noch haben«, meinte sie.
Zehn Tage später war ich auf dem Weg in sein Büro.
Der Hauptsitz von Farrell Fritz war in einem von zwei länglichen mit blauem Glas verkleideten Gebäuden. Bitterkalter Luftzug drang zwischen ihnen hinaus auf die Weite des riesigen Parkplatzes. Es ist unmöglich, irgendwo in der Nähe des Eingangs zu parken. Nachdem ich einen freien Platz gefunden hatte, brauchte ich zehn Minuten, um auf meinen Krücken in die

Lobby zu humpeln. Mit großer Vorsicht benutze ich die Rolltreppen und ging über die Marmorböden.

Am Ziel angelangt, war ich müde und mir war heiß. Dreißig Kartons säumten zwei Wände und füllten ein Bücherregal. Außerdem waren in dem Raum nur noch ein Tisch und ein Stuhl. Jacks Sekretärin hatte freundlicherweise einen Block, einen Stift und ein paar Klammern zurechtgelegt. Ich stellte meine Taschen ab, lehnte die Krücken gegen die Wand und fiel fast rückwärts in den Schreibtischstuhl. Keiner der Kartons war beschriftet; ich hatte keine Ahnung, wo ich anfangen sollte.

Ich brauchte etwa eine Stunde, um mir einen Überblick über den Inhalt der Schachteln zu verschaffen und eine Liste zusammenzustellen. Zu diesem Zweck musste ich in dem Büro auf dem Stuhl herumfahren und auf einem Bein stehend Kartons auf den Tisch hieven. Als Jack vorbeikam, hatte ich einen hochroten Kopf und war ganz durchgeschwitzt. Er machte mich darauf aufmerksam, dass ich keine Unterlagen mitnehmen durfte. »Sie gehören auch Ihrem Bruder, und ich benötige seine Genehmigung«, was überhaupt nicht stimmte.

Als er sich umdrehte und gehen wollte, rief ich ihm nach: »Jack, warten Sie eine Sekunde. Wie war das nochmals, warum trafen wir die Entscheidung, uns außergerichtlich zu einigen?«

»Nun, Sie hatten allmählich Bedenken wegen der Kosten und, wie Sie wissen, arbeiten wir nicht auf Erfolgshonorarbasis. Obwohl wir wussten, dass die Gegenseite log, war es nichts als ein ›Er hat gesagt, sie hat gesagt‹. Außerdem war die Erbmasse Ihres Großvaters nur dreißig Millionen Dollar wert.« Das war beinahe wortwörtlich, was er vor fast zwanzig Jahren gesagt hatte, als ich ihn das letzte Mal sah.

»Ah, okay. Danke.« Ich hielt Unterlagen in Händen, die bewiesen, dass das Vermögen bei Freds Tod einen Wert von nahezu einer Milliarde Dollar hatte; ich wusste es nur noch nicht.

Nachdem ich sicher sein konnte, dass Jack weg war, griff ich mir Kopien von den Testamenten meines Großvaters, Disketten mit sämtlichen Verfügungen aus dem Rechtsstreit und etliche Bankunterlagen – wozu ich als an dem Rechtsstreit beteiligte Partei berechtigt war – und stopfte alles in meine Taschen.

Sue kam am nächsten Tag zu mir, um die Unterlagen abzuholen und mir ein Wegwerfhandy zu geben, sodass wir künftig sicherer kommunizieren konnten. Wir überließen nichts dem Zufall.

Auf meiner dritten Fahrt zu Farrell Fritz ging ich ganz methodisch durch jeden Karton und entdeckte, dass es zwei Kopien von *allen* Unterlagen gab. Ich erwähnte dies gegenüber Jacks Sekretärin und legte ihr nahe, dass dies die Notwendigkeit, die Genehmigung meines Bruders einzuholen, überflüssig mache, was eine Erleichterung war, da ich ihn nicht involvieren wollte. Ich würde ihm einen Satz Unterlagen überlassen für den unwahrscheinlichen Fall, dass er je einen wollte.

Ich hatte gerade damit begonnen, nach der Liste mit dem Material, das die *Times* wollte, zu suchen, als ich eine Nachricht von Jack erhielt: Ich durfte alles nehmen, was ich wollte, solange ich eine Kopie dort ließ. Darauf war ich nicht vorbereitet gewesen. Tatsächlich hatte ich geplant, Sue und ihre Kollegen Russ Buettner und David Barstow (die anderen beiden Journalisten, die an der Story schrieben) um 13 Uhr bei mir zu Hause zu treffen – mit allem, was ich herausschmuggeln konnte. Ich schickte eine SMS an Sue mit der Nachricht, dass ich mich verspäten würde.

Um 15 Uhr fuhr ich an die Laderampe unterhalb des Gebäudes und ließ neunzehn Kartons auf die Ladefläche des Kleinlasters laden, den ich mir geliehen hatte, da ich die Kupplung meines eigenen Autos nicht bedienen konnte.

Es begann gerade zu dämmern, als ich in meine Auffahrt einbog. Die drei Journalisten warteten auf mich in Davids weißem

SUV, an dessen Kühlergrill mit Draht ein Rentiergeweih und eine riesige rote Nase befestigt waren. Als ich ihnen die Kartons zeigte, gab es allerseits Umarmungen. So glücklich hatte ich mich seit Monaten nicht gefühlt.

Ich war erschöpft und erleichtert zugleich, als Sue, Russ und David wieder abfuhren. Es waren ein paar schwindelerregende Wochen gewesen. Ich hatte nicht ganz begriffen, was für ein Risiko ich einging. Wenn irgendjemand in meiner Familie herausfand, was ich tat, dann würde es ein Nachspiel geben – ich wusste, wie rachsüchtig sie waren –, und es ließ sich nicht abschätzen, wie ernsthaft die Konsequenzen sein würden. Gegenüber dem, was sie bereits getan hatten, würde alles verblassen. Endlich fühlte ich mich so, als könnte ich vielleicht doch etwas bewirken.

In der Vergangenheit gab es nichts, das ich hätte tun können und das bedeutend genug gewesen wäre, deshalb hatte ich keine großen Anstrengungen unternommen. Denn gut sein oder Gutes tun zählte nicht viel; alles, was man tat, musste außerordentlich sein. Es war nicht genug, nur Staatsanwältin zu sein; man musste die beste Staatsanwältin im Lande sein, man musste eine Bundesrichterin sein. Es war nicht genug, nur Flugzeuge zu fliegen, man musste Berufspilot bei einer der großen Fluggesellschaften am Beginn des Jet-Zeitalters sein. Lange machte ich meinem Großvater Vorwürfe, dass ich mich so fühlte. Aber keiner von uns nahm wahr, dass die Erwartung, »der Beste« zu sein, in den Augen meines Großvaters nur für meinen Vater (der scheiterte) und Donald (der Freds Erwartungen bei Weitem übertraf) gegolten hatte.

Als ich am Ende erkannte, dass es meinem Großvater egal war, was ich erreichte oder leistete, und dass meine eigenen unrealistischen Erwartungen mich lähmten, fühlte ich dennoch, dass es einer gewaltigen Geste bedurfte, um das alles in Ordnung zu bringen. Es genügte nicht, dass ich als Freiwillige bei einer Hilfsorganisation für syrische Flüchtlinge half; ich musste Donald zu Fall bringen.

Nach der Wahl rief Donald seine große Schwester an, vorgeblich um herauszufinden, wie er sich mache. Selbstverständlich dachte er, dass er die Antwort bereits kenne; sonst hätte er sie überhaupt nicht angerufen. Er wollte nur eine Bekräftigung ihrerseits, dass er eine fantastische Arbeit mache.

Als sie sagte: »Nicht besonders gut«, ging Donald sofort zum Angriff über.

»Das ist garstig«, sagte er. Sie konnte das spöttische Lächeln in seinem Gesicht praktisch sehen. Dann fragte er sie wie beiläufig: »Maryanne, wo wärst du ohne mich?« Das war eine selbstgefällige Anspielung auf die Tatsache, dass Maryanne ihr erstes Amt als Bundesrichterin Donald zu verdanken hatte, weil Roy Cohn ihm (und ihr) vor so vielen Jahren einen Gefallen getan hatte.

Meine Tante hat immer darauf bestanden, dass sie allein aufgrund ihrer eigenen Verdienste in ihr Amt berufen wurde, und sie konterte: »Wenn du das noch mal sagst, mach ich dich dem *Erdboden gleich.*«

Doch es war eine leere Drohung. Auch wenn Maryanne mal stolz darauf gewesen war, die einzige Person auf dem ganzen Planeten zu sein, der Donald je zugehört hat, so sind diese Tage längst vorbei, was sich kurze Zeit später im Juni 2018 zeigte. Am Vorabend von Donalds erstem Gipfel mit dem nordkoreanischen Diktator Kim Jong-un rief Maryanne im Weißen Haus an und hinterließ eine Nachricht bei seiner Sekretärin: »Sagen Sie ihm, seine große Schwester hat angerufen, um ihm einen schwesterlichen Rat zu geben. Bereite dich vor. Lerne von denen, die wissen, was sie tun. Halte dich fern von Dennis Rodman. Und er soll sein Twitter zu Hause lassen.«

Er ignorierte das alles. Am nächsten Tag hieß es in der Schlagzeile des *Politico*: »Trump sagt, in dem Meeting mit Kim werde es um ›Haltung‹ und nicht um Vorbereitung gehen.« Wenn Maryanne je Einfluss auf ihren kleinen Bruder gehabt hatte, dann war das jetzt jedenfalls vorbei. Über den obligatorischen Anruf am Geburtstag hinaus sprachen sie danach kaum noch miteinander.

Während sie an dem Artikel schrieben, luden mich die Reporter der *Times* zu einer Besichtigung der Grundstücke meines Großvaters ein. Am Morgen des 10. Januar 2018 holten sie mich in Davids SUV, der immer noch mit dem Geweih und der roten Nase geschmückt war, am Bahnhof in Jamaica ab. Wir begannen mit The Highlander, wo ich aufgewachsen war, und fuhren im Laufe des Tages an Schneeverwehungen und Eisflächen vorbei in dem Bemühen, möglichst viel vom Trump-Imperium zu besichtigen.

Nach neun Stunden hatten wir immer noch nicht alles gesehen. Meine Krücken hatte ich damals bereits gegen einen Stock eingetauscht, doch als ich nach Hause kam, fühlte ich mich immer noch geistig und körperlich erschöpft. Ich versuchte zu verstehen, was ich da gesehen hatte. Es war mir immer klar gewesen, dass mein Großvater Gebäude besaß, aber ich hatte ja keine Ahnung, wie viele. Noch verstörender war, dass mein Vater offenbar 20 Prozent von einigen Gebäuden besessen hatte, von denen ich nie zuvor gehört hatte.

Am 2. Oktober 2018 veröffentlichte die *New York Times* einen vierzigseitigen Artikel, den längsten in ihrer Geschichte, in dem sie die lange Litanei von möglicherweise betrügerischen und kriminellen Tätigkeiten, die mein Großvater, meine Tanten und Onkel betrieben, enthüllte.

Durch die außerordentliche Berichterstattung des Teams von der *Times* erfuhr ich mehr über die Finanzen meiner Familie, als ich je gewusst hatte.

Es war vorherzusehen, dass Donalds Anwalt, Charles J. Harder, die Vorwürfe abstritt, doch die Investigativ-Journalisten hatten einen verheerenden Fall aufbereitet. Im Lauf von Freds Leben hatten er und meine Großmutter Hunderte von Millionen Dollar auf ihre Kinder übertragen. Als mein Großvater noch lebte, hatte allein Donald den Gegenwert von 413 Millionen Dollar erhalten, einen Großteil davon auf zweifelhafte Weise: Darlehen, die er nie zurückgezahlt hatte, Investitionen in Immobilien, die nie fertig wurden; im Grunde genommen also Geschenke, die nie versteuert worden waren. Dies schloss die 170 Millionen Dollar nicht ein, die er aus dem Verkauf des Imperiums meines Großvaters erhalten hatte. Die in dem Artikel genannten Geldsummen waren schwindelerregend, und die vier Geschwister hatten jahrzehntelang profitiert. Dad hatte in jungen Jahren an diesem Reichtum teilgehabt, aber als Dreißigjähriger stand er mit leeren Händen da. Ich habe keine Ahnung, was mit seinem Geld geschehen ist.

1992, nur zwei Jahre nach Donalds Versuch, dem Testament meines Großvaters einen Nachtrag hinzuzufügen und seine Geschwister dadurch de facto auszuschließen, brauchten sie sich plötzlich gegenseitig: Nachdem ihr Vater sie ein Leben lang gegeneinander ausgespielt hatte, hatten sie endlich ein gemeinsames Ziel: ihr Erbe vor dem Zugriff des Staates zu schützen. Fred hatte sich geweigert, dem Rat seiner Anwälte zu folgen und die Kontrolle über sein Imperium noch vor seinem Tod seinen Kindern zu übertragen, um die Erbschaftssteuer zu minimieren. Das bedeutete, dass Maryanne, Elizabeth, Donald und Robert für möglicherweise Hunderte Millionen Dollar Erbschaftssteuer aufkommen müssten. Zusätzlich zu Dutzenden Gebäuden hatte mein Großvater außerordentliche Summen Bargeld angehäuft. Seine Liegenschaften waren schuldenfrei und brachten jedes Jahr Millionen Dollar ein. Die Lösung der Geschwister war die Gründung der Firma All County Building Supply & Maintenance. Zu diesem Zeitpunkt war mein Großvater wegen seiner zunehmenden Demenz praktisch ausgeschaltet – aber er hätte gegen ihren raffinierten Plan gewiss nichts einzuwenden gehabt. Und da mein Vater längst tot war, konnten Maryanne, Donald und Robert tun, was sie wollten; sie waren unsere Testamentsvollstrecker, aber es gab niemanden, der sie zwang, ihre Pflichten gegenüber mir und Fritz zu erfüllen, und sie konnten uns ganz einfach außen vor lassen.

Meine Tanten und Onkel hassten es so sehr wie ihr Vater, Steuern zu zahlen, und laut Zeitungsartikel lag der Hauptzweck von All County offenbar darin, Geld aus Trump Management durch große als »rechtmäßige Geschäftstransaktionen« getarnte Geschenke abzuschöpfen. Die List war so wirksam, dass Fred, als er 1999 starb, nur noch 1,9 Millionen Dollar Bargeld hatte und keine Vermögenswerte, die größer waren als ein Schuldschein von Donald über 10,3 Millionen Dollar. Nach Gams Tod im Jahr darauf wurde der Gesamtwert der Erbmasse meiner Großeltern mit nur 51,8 Millionen Dollar angegeben, eine lächerliche Behauptung, insbesondere deshalb, weil die Geschwister das Imperium vier Jahre später für mehr als 700 Millionen verkauften.

Die Investition meines Großvaters in Donald war kurzfristig extrem erfolgreich gewesen. Er hatte in entscheidenden Momenten Millionen Dollars und regelmäßig Dutzende Millionen ganz gezielt in Donalds »Karriere« angelegt. Manchmal hatten die Gelder den damit verbundenen Lifestyle und das Image unterstützt; manchmal hatten sie Donald Zutritt verschafft und Gefälligkeiten gekauft. Immer öfter hatten sie ihm aus der Patsche geholfen. Auf diese Weise erkaufte sich Fred die Möglichkeit, sich im Widerschein von Donalds Ruhm zu sonnen, und war zufrieden zu wissen, dass nichts davon ohne seine Expertise und seine Großzügigkeit möglich gewesen wäre. Langfristig jedoch ging meinem Großvater, der nur einen Wunsch hatte – nämlich das ewige Fortbestehen seines Imperiums –, alles verloren.

Wenn mein Bruder und ich uns mit Robert trafen, um über den Nachlass meines Großvaters zu sprechen, betonte er jedes Mal, er respektiere nur den Wunsch meines Großvaters, dass wir nichts bekommen. Wenn es jedoch um ihren eigenen Vorteil ging, hatten die vier noch lebenden Trump-Geschwister keinerlei Bedenken, das zu tun, was mein Großvater auf keinen Fall gewollt hätte: Als Donald seinen Wunsch zu verkaufen kundtat, wehrte sich niemand dagegen.

2004 wurde der Großteil des Imperiums, das mein Großvater in mehr als siebzig Jahren aufgebaut hatte, für 705,6 Millionen Dollar an einen einzigen Käufer, Ruby Schron, verkauft. Die Banken, die diese Veräußerung für Schron finanzierten, hatten die Immobilien mit nahezu 1 Milliarde Dollar bewertet; mein Onkel Donald, der große Dealmaker, ließ also auf einen Schlag beinahe 300 Millionen Dollar auf dem Tisch liegen.

Der Verkauf des Nachlasses als ein Paket war strategisch ein Desaster. Es wäre am klügsten gewesen, Trump Management nicht anzurühren. Ohne jegliche Anstrengung hätte *jedes* der vier Geschwister jährlich 5 bis 10 Millionen Dollar einnehmen können. Aber Donald brauchte eine größere Finanzspritze. Ein derart belangloser Betrag – selbst wenn er ihn jährlich erhielt – war nicht ausreichend.

Sie hätten die Häuser und Gebäudekomplexe auch separat verkaufen können, was den Erlös wesentlich erhöht hätte. Doch dies wäre ein langwieriges Verfahren gewesen. Donald saßen seine Atlantic-City-Gläubiger im Nacken, und die wollten nicht länger warten. Außerdem wäre es nahezu unmöglich gewesen, die Nachricht von Dutzenden Verkäufen geheim zu halten. Die Veräußerung musste in einer einzigen Transaktion so schnell und geräuschlos wie möglich über die Bühne gehen.

In dieser Hinsicht waren sie erfolgreich. Das war vielleicht der einzige Immobilien-Deal von Donald, der keine Aufmerksamkeit in der Presse erregte. Welche Einwände Maryanne, Elizabeth und Robert auch immer gehabt haben mögen, sie behielten sie für sich. Jetzt hatte auch Maryanne, die fast zehn Jahre älter, klüger und versierter war als das zweitjüngste Trump-Kind, sich ihm gefügt. »Donald hat immer seinen Willen bekommen«, sagte sie. Darüber hinaus konnte keiner von ihnen riskieren, zu warten; sie wussten alle, wo die Leichen begraben waren, denn sie hatten sie gemeinsam in All County verscharrt.

Es wurde durch vier geteilt, und jeder bekam etwa 170 Millionen Dollar. Für Donald war das immer noch nicht genug. Vielleicht für keinen von ihnen. Nichts war je genug.

Als ich Maryanne im September 2018 besuchte, weniger als einen Monat vor Veröffentlichung des Artikels, erwähnte sie, dass David Barstow Kontakt zu ihr aufgenommen hatte. Mein Cousin David, der den früheren Buchhalter meines Großvaters, den inzwischen 91-jährigen Jack Mitnick, irgendwo in Florida in einem Altenheim aufgespürt hatte, hielt ihn für den Informanten. Maryanne tat das Ganze als unwichtig ab und vermutete, dass es in dem Artikel lediglich um den umstrittenen Testamentsnachtrag im Jahr 1990 gehe. Wenn sie aber mit Barstow gesprochen hatte, musste ihr das Ausmaß dessen, was sie untersuchten, bewusst sein – All County, der mutmaßliche Steuerbetrug –, doch sie schien davon unbeeindruckt.

Ich fragte mich, nun aus völlig anderen Gründen, warum sie und Robert nicht alles in ihrer Macht Stehende versucht hatten, um Donald davon abzuhalten, für das Amt des Präsidenten zu kandidieren. Sie können kaum gedacht haben, dass er (und infolgedessen auch sie) einer Überprüfung weiterhin entkommen könnten.

Kurz nachdem der Artikel erschienen war, traf ich Maryanne nochmals. Sie leugnete alles. Sie war schließlich nur »ein Mädchen«. Wenn jemand ihr ein Stück Papier zur Unterschrift vorlegte, dann unterschrieb sie, ohne weitere Fragen zu stellen. »Der Artikel geht sechzig Jahre zurück, das liegt ja vor meiner Zeit als Richterin«, sagte sie, als ob die Ermittlung auch vor sechzig Jahren abgeschlossen gewesen wäre. Sie schien unbesorgt, dass es noch irgendein Nachspiel geben könnte. Obwohl eine gerichtliche Untersuchung zu ihrem vermeintlich rechtswidrigen Verhalten eingeleitet worden war, musste sie einfach nur in den Ruhestand gehen, um diese zu beenden. Genau das tat sie auch und verlor dadurch nicht ihre Pensionsansprüche von jährlich 200 000 Dollar.

Zwischenzeitlich hatte sich ihr Verdacht von dem greisen Jack Mitnick auf ihren Cousin ersten Grades John Walter verlagert, den Sohn der Schwester meines Großvaters, Elizabeth, der im Januar gestorben war. Ich staunte über die Leichtigkeit, mit der Maryanne zu dieser Schlussfolgerung kam. John hatte jahrzehntelang für und mit meinem Großvater gearbeitet, hatte enorm vom Reichtum seines Onkels profitiert, war stark involviert in All County und, soweit ich weiß, war er immer loyal gewesen. Es mutete mich seltsam an, dass sie ihn in die Sache hineinzog – obwohl die Tatsache, dass sie ihn verdächtigte, natürlich zu meinem Vorteil war. Was ich damals nicht wusste, war, dass Donalds Name in Johns Nachruf nicht genannt wurde. John war immer an der Familiengeschichte der Trumps interessiert gewesen und hatte mit seiner Verbindung zu Trump Management geprahlt, insofern war dies eine bemerkenswerte Lücke.

Doch noch überraschender war die Tatsache, dass Maryanne offenbar nicht auf die Idee kam, dass mich irgendetwas in dem Artikel verstören könnte – als ob auch sie mittlerweile an eine Version des Geschehens glaube, die die Wahrheit verdunkelte und die Geschichte neu schrieb. Es kam ihr nicht in den Sinn, dass die Enthüllungen mich in irgendeiner Weise betrafen.

In der Tat ließen die enormen Geldbeträge, welche die Geschwister möglicherweise gestohlen hatten, deren Kampf gegen uns wegen des Testaments meines Großvaters sowie ihr drastisches Abwerten unseres Gesellschaftsanteils (was ich jetzt zum ersten Mal verstand) pathologisch kleinlich erscheinen und die Art, wie sie meinen Neffen in Bezug auf unsere Krankenversicherung behandelten, noch grausamer.

KAPITEL VIERZEHN

Staatsdiener im öffentlichen Bau

Zwischen The House, dem Triplex im Trump Tower und dem West Wing des Weißen Hauses besteht eine direkte Verbindungslinie, ebenso zwischen Trump Management, der Trump Organization und dem Oval Office. Bei den Ersten handelt es sich im Grunde um kontrollierte Umgebungen, in denen Donalds materielle Bedürfnisse befriedigt wurden; bei den Zweiten um eine Serie höchst einträglicher Ämter, bei denen andere die Arbeit erledigten und Donald nie darauf angewiesen war, Expertise zu erlangen, um an Macht heranzukommen oder diese zu behalten (was seine Verachtung gegenüber der Expertise anderer zumindest teilweise erklärt). All das hat Donald bei seinen Fehlschlägen geschützt und ihm zugleich ermöglicht, sein Selbstbild als Erfolgsmensch aufrechtzuerhalten.

Donald war für meinen Großvater das, was die Grenzmauer für Donald ist: ein Prestigeprojekt, auf Kosten würdigerer Bestrebungen. Fred zog Donald nicht heran, damit er in seine Fußstapfen trat; als er noch bei vollem Verstand war, vertraute er Trump Management niemandem an. Stattdessen benutzte er Donald trotz seiner Ausfälle und seines schlechten Urteilsvermögens als öffentliches Gesicht seiner eigenen, gescheiterten Ambitionen. Fred befeuerte Donalds falsches Erfolgsgefühl immer weiter, bis Donalds einziger Aktivposten war, wie leicht er von noch mächtigeren Männern hinters Licht zu führen war.

Es gab eine ganze Reihe von Menschen, die ihn nur zu bereitwillig ausnutzten. In den 1980ern stellten New Yorker Journalisten und Klatschkolumnisten fest, dass Donald nicht zwischen Spott und Schmeichelei unterscheiden konnte, und sie machten sich seine Schamlosigkeit zunutze, um den Verkauf der Zeitungen anzukurbeln. Dieses Image und die Schwäche des Mannes, der es verkörperte, waren genau das, was Mark Burnett gefiel. Im Jahr 2004, als *The Apprentice* zum ersten Mal ausgestrahlt wurde, waren Donalds Finanzen ein einziges Chaos (sogar mit seinem Anteil in Höhe von 170 Millionen Dollar aus dem Nachlass meines Großvaters, nachdem die Geschwister die Liegenschaften verkauft hatten), und sein eigenes »Imperium« bestand aus immer verzweifelter werdenden Versuchen, die Marke an den Mann zu bringen, was zu Trump Steaks, Trump Vodka und der Trump University führte. Das machte ihn für Burnett zu einem einfachen Opfer. Sowohl Donald als auch die Zuschauer wurden Zielscheibe des Spotts, und nichts anderes als ein Witz war *The Apprentice*, allerdings einer, der Donald trotz aller Beweise des Gegenteils als legitim erfolgreichen Baulöwen präsentierte.

Im Laufe der ersten vierzig Jahre seiner Karriere in der Immobilienbranche hatte mein Großvater nie Schulden gemacht. In den 1970ern und '80ern änderte sich das jedoch, da Donalds Ehrgeiz wuchs und sich seine Fehltritte häuften. Weit entfernt davon, das Imperium seines Vaters auszubauen, ging alles, was Donald nach dem Trump Tower anfasste (der, ebenso wie sein erstes Projekt, das Grand Hyatt, ohne Freds Geld und Einfluss nie hätte realisiert werden können) zulasten des Marktwerts des Imperiums. Ende der 1980er schien es, als wäre Geldverlieren das Kerngeschäft der Trump Organization, weil Donald Abermillionen von Trump Management abzapfte, um den wachsenden Mythos von sich als Immobilien-Phänomen und meisterlichem Dealmaker zu nähren.

Ironischerweise wuchs mit Donalds sich mehrenden Fehlschlägen in der Immobilienbranche auch das Bedürfnis meines Großvaters, er möge erfolgreich erscheinen. Fred umgab Donald mit Menschen, die wussten, was sie taten, ihm zugleich jedoch die Anerkennung überließen; die ihn aufrichteten und für ihn logen; die wussten, wie das Familienunternehmen funktionierte.

Je mehr Geld mein Großvater für Donald verjubelte, desto selbstbewusster wurde Donald, was dazu führte, dass er größere und riskantere Projekte verfolgte, die sich zu größeren Misserfolgen auswuchsen und Fred zwangen, mit noch mehr Unterstützung einzuspringen. Indem er Donald weiterhin unterstützte, machte mein Großvater ihn immer schlimmer: bedürftiger nach medialer Aufmerksamkeit und hinterhergeschmissenem Geld, selbstherrlicher und wahnhafter, was seine »Großartigkeit« anging.

Obwohl zunächst Freds exklusives Spezialgebiet, dauerte es nicht lange, bis auch die Banken Partner dabei wurden, Donald aus der Patsche zu helfen. Zu Beginn waren sie von dem eingenommen gewesen, was sie für Donalds gnadenlose Arbeitsleistung und seine Macherfähigkeiten gehalten hatten, und sie handelten guten Glaubens. Auch als sich die Insolvenzen häuften und die Rechnungen für waghalsige Käufe fällig wurden, flossen die Darlehen weiter, nun aber als Mittel, um die Illusion des Erfolgs aufrechtzuerhalten, die sie ursprünglich getäuscht hatte. Es ist nachvollziehbar, dass Donalds Überzeugung wuchs, die Oberhand zu haben, auch wenn das nicht der Realität entsprach. Es entging ihm völlig, dass andere Menschen ihn für ihre eigenen Zwecke benutzten, und er glaubte, er habe die Kontrolle. Fred, die Banken und die Medien verschafften ihm immer mehr Spielraum, damit er tat, was sie wollten.

In der Anfangsphase, als er versuchte, das Commodore Hotel zu übernehmen, hielt Donald eine Pressekonferenz ab, bei der er seine Beteiligung an dem Projekt als vollendete Tatsache darstellte. Er log über Zahlungsvorgänge, die es nie gegeben hatte, und ließ sich selbst in einem Licht erscheinen, das es den anderen schwer machte, ihn abzusägen. Er und Fred nutzten seine durch diesen Schachzug neu aufgeblähte Reputation in den New Yorker Medien – und viele Millionen Dollar vom Geld meines Großvaters –, um beträchtliche Steuernachlässe für seinen nächsten Bau zu erhalten, den Trump Tower.

In Donalds Kopf hat er alles, was er je erreicht hat, aus eigener Kraft geschafft, ungeachtet aller Schummeleien. Wie viele Interviews mag er wohl gegeben haben, in denen er die offenkundige Unwahrheit verbreitete, sein Vater habe ihm bloß eine Million Dollar geliehen, die er ihm zurückzahlen musste, dass er ansonsten aber ganz allein für seinen Erfolg verantwortlich sei? Es ist leicht nachvollziehbar, warum wir das glauben wollten. Keiner ist so beständig und auf so spektakuläre Weise die Treppe hinaufgefallen wie der vorgebliche Führer der schwindenden freien Welt.

Donald unterscheidet sich auch heute noch kaum von seinem dreijährigen Ich: Er ist unfähig zu wachsen, zu lernen oder sich zu entwickeln; er hat seine Gefühle nicht unter Kontrolle, kann seine Reaktionen nicht zügeln, kann Informationen nicht aufnehmen und zusammenführen.

Donalds Bedürfnis nach Anerkennung ist so immens, dass er wohl gar nicht wahrnimmt, dass die größte Gruppe seiner Anhänger aus Menschen besteht, zu denen er sich außerhalb einer Kundgebung niemals herablassen würde. Seine tief sitzenden Unsicherheiten haben in ihm ein schwarzes Loch der Bedürftigkeit erzeugt, das ständig des Lichts der Anerkennung bedarf,

das, sobald er es aufgesaugt hat, schon wieder verschwunden ist.
Nichts ist je genug. Das geht weit über den gewöhnlichen Narzissmus hinaus; Donald ist nicht einfach nur schwach, sein Ego ist ein fragiles Wesen, das ständig gepäppelt werden muss, weil er tief in seinem Inneren weiß, dass er nichts von alldem ist, was er zu sein behauptet. Er weiß, dass er nie geliebt wurde. Daher muss er einen, wo immer er kann, auf seine Seite ziehen, wenn es sein muss, dadurch, dass man der scheinbar unwichtigsten Sache der Welt Zustimmung schenkt: »Ist dieses Flugzeug nicht toll?« – »Ja, Donald, das Flugzeug ist toll.« Es wäre unfreundlich, ihm dieses kleine Zugeständnis zu verwehren. Und er lädt seine Verletzlichkeiten und Unsicherheiten den anderen auf: Man muss ihn darüber beruhigen, muss sich um ihn kümmern. Tut man es nicht, entsteht ein Vakuum, das für ihn unerträglich ist und dem er nicht lange standhält. Liegt einem an seiner Anerkennung, so wird man ihm alles sagen, um sie zu behalten. Er hat gewaltig gelitten, und wenn man nicht alles in seiner Kraft Stehende tut, um dieses Leiden zu mildern, so soll man das auch zu spüren bekommen.

Von seiner Kindheit in The House über seine frühen Vorstöße in die Welt der New Yorker Immobilien und der High Society bis heute wurde sein anormales Verhalten stets von anderen normalisiert. Als er die Immobilienbranche New Yorks eroberte, wurde er als dreister Selfmade-Dealmaker angepriesen. »Dreist« wurde in seinem Fall als Kompliment verwendet (eher im Sinn von »Selbstbehauptung« als von »ungehobeltes Verhalten« und »Arroganz«), und er war weder selfmade noch ein guter Dealmaker. Aber so fing alles an – mit seinen Sprachverdrehungen und dem Versagen der Medien, die keine gezielten Fragen stellten.
Seine wahren Begabungen (Selbstherrlichkeit, Lügen und Taschenspielertricks) wurden als Stärken interpretiert, als Teil des

Erfolgs seiner Marke. Da er seine Version der Geschichte fortschrieb, die er über seinen Reichtum und seinen daraus hervorgehenden »Erfolgskurs« verbreitet sehen wollte, begannen zunächst meine Familie und dann auch viele andere, Donald zu normalisieren. Man ging davon aus, dass man seine Beauftragung (und Behandlung) von Arbeitern ohne Papiere und seine Weigerung, seine Auftragnehmer für abgeschlossene Aufträge zu bezahlen, als Unkosten zu verbuchen hätte, die das Geschäft mit sich brachte. Dass er Menschen respektlos behandelte und zermürbte, ließ ihn stark aussehen.

Damals müssen diese Fehlinterpretationen harmlos gewirkt haben – eine Möglichkeit, mehr Exemplare der *New York Post* an die Leser zu bringen oder die Zuschauerquote für *Inside Edition* zu steigern –, doch jede Grenzüberschreitung führte unweigerlich zu einer weiteren, schwerwiegenderen. Die Vorstellung, dass seinen Methoden seriöse Berechnungen zugrunde lagen und nicht unlautere Betrügereien, war ein weiterer Aspekt des Mythos, den er und mein Großvater jahrzehntelang konstruiert hatten.

Auch wenn sich an Donalds Charakter grundsätzlich nichts geändert hat: Das Ausmaß an Stress seit seiner Amtseinführung *hat* sich drastisch gewandelt. Dabei geht es nicht um den Stress, den das Amt mit sich bringt. Denn sein Amt füllt er mitnichten aus – es sei denn, es ist damit Fernsehen und das Twittern von Beleidigungen gemeint. Es ist vielmehr sein Bemühen, uns von der Tatsache abzulenken, dass er nichts weiß – weder über Politik, noch über Staatskunde oder gar über menschlichen Anstand. Das ist unheimlich viel Arbeit. Jahrzehntelang hat er Publicity bekommen, gute und schlechte, aber er war nur selten einer kritischen Überprüfung ausgesetzt, und er war nie groß mit Widerspruch konfrontiert. Jetzt wird seine gesamte Selbst- und Weltauffassung in Frage gestellt.

Donalds Probleme türmen sich auf, weil die Manöver, die er ausführen muss, um sie zu lösen oder um so zu tun, als existierten sie nicht, immer komplizierter geworden sind und es sehr viel mehr Menschen braucht, die seine Vertuschungsaktionen ausführen. Donald ist komplett unvorbereitet darauf, seine eigenen Probleme zu lösen oder seine Spuren hinreichend zu verwischen. Schließlich wurden Systeme primär dazu errichtet, um ihn vor seinen eigenen Schwächen zu schützen und nicht, um ihm dabei zu helfen, sich in der großen, weiten Welt zurechtzufinden.

Die Wände seiner teuren und gut bewachten Gummizelle beginnen sich aufzulösen. Die Menschen, die Zugang zu ihm haben, sind schwächer als er, feiger, aber ganz genauso verzweifelt. Ihre Zukunft hängt unmittelbar von seinem Erfolg und Wohlwollen ab. Sie können oder wollen nicht wahrhaben, dass ihr Schicksal das gleiche sein wird wie das derjenigen, die ihm in der Vergangenheit die Treue geschworen haben. Es scheint, als gäbe es einen endlosen Nachschub an Menschen, die willens sind, dem Club der Claqueure beizutreten, der Donald vor seinen Unzulänglichkeiten schützt und seinen völlig unbegründeten Glauben an sich selbst aufrechterhält. Auch wenn Donald von mächtigeren Menschen, als er selbst es ist, in die Institutionen eingesetzt wurde, die ihn von Anfang an abgeschirmt haben, sind es die Schwächeren, die ihm ermöglichen, sich dort zu halten.

Als Donald erst ein ernst zu nehmender Anwärter auf die Nominierung und dann für die Republikaner nominiert wurde, behandelten die Medien seine Krankheitsbilder (seine Verlogenheit und seinen Größenwahn) ebenso wie seinen Rassismus und seine Misogynie, als wären dies unterhaltsame Eigenarten, unter denen die gebotene Reife und Ernsthaftigkeit verborgen liegen. Der Großteil der Republikanischen Partei – von der extremen

Rechten bis zu den sogenannten Moderaten – hat ihn entweder akzeptiert oder, um seine Schwäche und Formbarkeit zu ihrem eigenen Vorteil auszunutzen, nicht allzu genau hingesehen.

Nach der Wahl erkannten Wladimir Putin, Kim Jong-un und Mitch McConnell, die Fred in psychologischer Hinsicht alle mehr als nur ein bisschen ähneln, etwas, das anderen hätte auffallen müssen – was jedoch nicht geschah. Sie begriffen, dass Donalds wechselvolle persönliche Geschichte und seine einzigartigen Charakterschwächen ihn extrem anfällig für die Manipulation durch intelligentere, mächtigere Männer machen. Seine krankhaften Eigenschaften haben ihn derart einfältig werden lassen, dass man nicht mehr tun muss, als das zu wiederholen, was er über sich selbst Dutzende Male am Tag sagt – er ist der Schlaueste, der Größte, der Beste. Und schon bekommt man ihn dazu, zu tun, was immer man möchte; ob es sich darum handelt, Kinder in Konzentrationslagern gefangen zu halten, Verbündete zu hintergehen, die Wirtschaft zersetzende Steuererlässe einzuführen oder jede Institution herabzuwürdigen, die zum Aufstieg der Vereinigten Staaten von Amerika und dem Gedeihen der liberalen Demokratie beigetragen hat.

In einem Artikel im *Atlantic* schrieb Adam Serwer, dass Grausamkeit genau das ist, worum es Donald geht. Auf Fred traf das absolut zu. Neben dem Geldverdienen war es eine der wenigen Freuden meines Großvaters, andere zu demütigen. Überzeugt, in jeder Situation im Recht zu sein, von seinem atemberaubenden Erfolg und seinem Glauben an seine Überlegenheit beflügelt, musste er jede Infragestellung seiner Autorität schnell und entschieden bestrafen und den Herausforderer auf seinen Platz verweisen. In gewisser Hinsicht geschah dies auch, als Fred Donald den Vorzug gab und ihn anstelle von Freddy zum Geschäftsführer von Trump Management beförderte.

Anders als mein Großvater musste Donald immer darum kämpfen, anerkannt zu werden – als adäquater Ersatz für Freddy, als Immobilienentwickler in Manhattan oder als Casino-Magnat, und jetzt als Bewohner des Oval Office, der nie den Makel abstreifen kann, gänzlich unqualifiziert zu sein, und an dem immer der Verdacht klebt, sein »Sieg« sei nicht rechtens. Während sich Donalds Fehltritte über die Jahre häuften, und trotz des wiederholten – und großzügigen – Eingreifens meines Großvaters, wurde sein niemals zu gewinnender Kampf um Geltung zu einer Intrige, um sicherzustellen, dass niemand dahinterkam, dass er von vornherein gar nicht legitimiert war. Das traf nie mehr zu als heute und ist genau das Dilemma, in dem sich unser Land befindet: In ihrer aktuellen Zusammensetzung dient die Regierung, zu der die Exekutive, der halbe Kongress und die Mehrheit des Supreme Court gehört, einzig dazu, Donalds Ego zu schonen; diese Aufgabe wurde zu ihrem beinah alleinigen Zweck.

Seine Grausamkeit dient teilweise als Mittel, um ihn selbst und uns vom wahren Ausmaß seiner Unfähigkeit abzulenken. Je ungeheuerlicher sein Versagen, desto ungeheuerlicher seine Grausamkeit. Wer hat noch Aufmerksamkeit dafür übrig, wenn er Kinder entführt und in Konzentrationslager an der mexikanischen Grenze steckt, wenn er droht, Whistleblower zu enttarnen, wenn er Senatoren zwingt, ihn trotz überwältigender Schuldbeweise freizusprechen, und wenn er den Navy SEAL Eddie Gallagher begnadigt, der wegen Kriegsverbrechen angeklagt wurde und verurteilt, weil er auf einem Foto mit einer Leiche posierte – und das alles innerhalb eines Monats? Wenn er siebenundvierzigtausend Bälle in der Luft hält, kann sich niemand auf einen einzigen konzentrieren. Es läuft also letztendlich auf Eines hinaus: Das alles ist nur Ablenkung.

Im Grunde übt er durch seine Grausamkeit auch Macht aus. Er hat sie immer gegen Menschen gerichtet, die schwächer sind als er oder aufgrund ihrer Pflicht oder Abhängigkeit nichts gegen ihn ausrichten können. Angestellte oder Beauftragte der Regierung können sich nicht zur Wehr setzen, wenn er sie auf Twitter angreift, weil sie sonst ihren Job und ihren Ruf aufs Spiel setzen. Freddy konnte sich aufgrund seines brüderlichen Verantwortungsgefühls und seiner Anständigkeit nicht rächen, wenn sein kleiner Bruder seine Leidenschaft fürs Fliegen verspottete. So geht es auch den Gouverneuren in den demokratischen Bundesstaaten. Da sie in der Corona-Pandemie auf angemessene Unterstützung für ihre Bürger angewiesen sind, können sie Donalds Inkompetenz nicht anprangern, aus Angst, er könnte Beatmungsgeräte und andere lebensrettende Hilfsgüter zurückhalten. Donald hat bereits vor langer Zeit gelernt, wie man sein Opfer wählt.

Donald existiert weiterhin in dem dunklen Raum zwischen der Angst vor Gleichgültigkeit und der Angst zu scheitern, die bereits seinen Bruder zerstörten. Es dauerte zweiundvierzig Jahre, bis die Vernichtung zur Vollendung kam, doch die Grundlagen dafür wurden früh gelegt, und das vor Donalds Augen, während er sein eigenes Trauma erlitt. Die Kombination dieser beiden Faktoren – was er mit ansehen und was er erleben musste – isolierten und verängstigten ihn. Die Rolle, die Angst in seiner Kindheit gespielt hat und auch heute noch spielt, kann nicht hoch genug bewertet werden. Und der Umstand, dass Angst auch heute noch eines seiner vorherrschenden Gefühle ist, spricht für die Hölle, die im Inneren von The House vor sechs Jahrzehnten geherrscht haben muss.

Jedes Mal, wenn man Donald über etwas als das Tollste, Beste und Größte, das Ungeheuerlichste sprechen hört (was stets impliziert, dies sei ihm zuzuschreiben), muss man sich vor Augen halten, dass der Mann, der da spricht, im Wesentlichen noch immer der gleiche kleine Junge ist, der so große Angst hat, er könnte, wie sein älterer Bruder, nicht genügen und aufgrund seiner Unzulänglichkeit vernichtet werden. Auf einer sehr tiefen Ebene seines Bewusstseins ist die ganze Angeberei, das falsche Draufgängertum nicht an ein Publikum vor ihm gerichtet, sondern an ein Gegenüber, das aus genau einer Person besteht: an seinen vor langer Zeit gestorbenen Vater.

Donald hat es immer geschafft, mit hohlen Phrasen davonzukommen (»Glaub mir, ich weiß mehr über [bitte ergänzen] als irgendjemand sonst« oder alternativ, »Niemand weiß mehr über [bitte ergänzen] als ich«); es wurde ihm zugestanden, sich über nukleare Waffen auszulassen, den Handel mit China und andere Dinge, von denen er keine Ahnung hat; letztlich hat ihm niemand Einhalt geboten, als er die Wirksamkeit von Medikamenten zur Behandlung von Corona bewarb, die noch nicht getestet waren, oder als er eine absurde, revisionistische Chronik des Verlaufs der Krise verbreitete, in der er keinen einzigen Fehler begangen hat und nichts seine Schuld ist.

Es ist einfach, schlüssig und einigermaßen kompetent zu klingen, wenn man das Narrativ kontrolliert und nie dazu angehalten wird, seine Grundannahmen weiter auszuführen oder zu zeigen, dass man die zugrunde liegenden Tatsachen wirklich verstanden hat. Einer der (vielen) Anklagepunkte gegen die Medien lautet, dass sich an alledem nichts geändert hat während des Wahlkampfs, als die Aufdeckung seiner Lügen und seiner schockierenden Behauptungen uns vielleicht noch vor seiner Präsidentschaft hätte bewahren können. Die wenigen Male, bei denen er zu seinen Positionen und Strategien befragt wurde (die es praktisch nicht gibt), hat immer noch niemand erwartet oder verlangt, dass seine Aussagen Sinn ergeben oder einen gewissen Grad an Wissen zeigen. Seit den Wahlen hat er es raus, wie man solche Fragen komplett vermeidet; die Pressebriefings und formellen Medienkonferenzen im Weißen Haus wurden durch Kurz-Audienzen des Präsidenten (dem sogenannten Chopper-Talk auf dem Rasen zwischen Hubschrauberlandeplatz und Weißem Haus) ersetzt, während derer er so tut, als könne er unwillkommene Fragen im Lärm der Rotorblätter nicht hören.

Seine sogenannten Pressekonferenzen zu Pandemie-Zeiten im Jahr 2020 haben sich schnell zu Wahlkampfveranstaltungen in Miniaturformat entwickelt, die vor Selbstbeweihräucherung, Demagogie und Loyalitätsbekundungen strotzen. In diesem Rahmen hat er die unzumutbaren Fehleinschätzungen geleugnet, die schon heute Tausende Menschen das Leben gekostet haben, er hat über vermeintliche Fortschritte gelogen und die Menschen angeprangert, die täglich ihr Leben riskieren, um uns zu retten, obwohl ihnen angemessener Schutz und Ausrüstung von seiner Regierung verwehrt bleiben. Selbst jetzt, da Hunderttausende Amerikaner krank sind und sterben, will er sein Handeln als Sieg, als Beweis für seine fantastische Führung verkaufen. Und bevor jemand auf die Idee kommen könnte, er wäre dazu in der Lage, ernst oder bedrückt zu sein, macht er schnell noch einen Scherz darüber, wie er Models ins Bett bekommt, oder er lügt als Zugabe über die Anzahl seiner Follower auf Facebook. Dennoch lassen sich die Nachrichtensender das nicht entgehen. Die wenigen Journalisten, die ihn herausfordern, und selbst die, die Donald nur um ein paar Worte des Trostes für eine Nation in Angst und Schrecken bitten, werden verhöhnt und als »garstig« abgewiesen. Die direkte Verbindungslinie von Donalds frühem, von Fred aktiv gefördertem, destruktiven Verhalten zur Unwilligkeit der Medien, es mit ihm aufzunehmen, führt heute über die Partei der Republikaner, die nur zu gerne ein Auge zudrückt, bis hin zur täglichen Korruption seit dem 20. Januar

2017 bis hin zur drohenden Wirtschaftskrise, zur Krise der Demokratie und Gesundheit dieser einst großen Nation.

Wir müssen uns von der Vorstellung verabschieden, Donald sei »strategisch brillant«, weil er das Zusammenspiel von Medien und Politik durchschaut habe. Er verfolgt keinerlei Strategie und hat es nie getan. Sein Vorsprung bei den Wahlen war ein Glückstreffer und sein »Sieg« im besten Fall verdächtig, im schlimmsten rechtswidrig. Er hatte nie einen Finger am Puls des Zeitgeists; sein Toben und seine Schamlosigkeit fanden nur zufällig Anklang bei bestimmten Bevölkerungsgruppen. Hätte das, was er während seines Wahlkampfes 2016 tat, nicht funktioniert, hätte er damit trotzdem weitergemacht, weil ügen, niedrigste Instinkte ansprechen, betrügen und Zwietracht säen alles ist, was er kann. Er ist ebenso unfähig, sich den sich wandelnden Umständen anzupassen, wie er außerstande ist, »präsidial« zu werden. Er hat eine gewisse Engstirnigkeit und eine unbestimmte Wut für sich genutzt, etwas, das er schon immer gut konnte. Bei seiner Tirade, für deren Veröffentlichung auf einer ganzen Seite er die *New York Times* 1989 bezahlte und die die Todesstrafe für die Central Park Five forderte, ging es ihm nicht um seine tiefe Sorge um die Rechtsstaatlichkeit; für ihn war es einfach nur eine leicht gewonnene Möglichkeit, ein zutiefst ernstes Thema aufzugreifen, das für die Stadt sehr wichtig war, und dabei in den einflussreichen und prestigeträchtigen Seiten der *Gray Lady* als Autorität aufzutreten. Mit seinem unverblümten Rassismus wollte er den Hass zwischen Schwarzen und Weißen Bürgern schüren, und das in einer Stadt, in der es vor rassistischer Feindseligkeit nur so brodelte. Nachträglich wurden alle fünf Jungs – Kevin Richardson, Antron McCray, Raymond Santana, Korey Wise und Yusef Salaam – von den rassistischen Anschuldigungen freigesprochen; ihre Unschuld wurde auf Grundlage unanfechtbarer DNA-Nachweise zweifelsfrei festgestellt. Aber Donald besteht bis zum heutigen Tag darauf, dass sie schuldig seien – ein weiteres Beispiel seiner Unfähigkeit, sich von einem Narrativ zu lösen, selbst wenn es durch erwiesene Tatsachen widerlegt worden ist. Donald fasst jeden Tadel als Herausforderung auf und verstärkt dann noch das kritisierte Verhalten, als wäre Kritik eine Erlaubnis, sich danach noch schlimmer aufzuführen. Fred gefiel Donalds Starrsinnigkeit, sie signalisierte genau die Art von Stärke, die er von seinen Söhnen erwartete. Fünfzig Jahre später sterben buchstäblich Menschen aufgrund seiner katastrophalen Entscheidungen und seiner desaströsen Tatenlosigkeit. In einer Zeit, in der Millionen Leben auf dem Spiel stehen, nimmt er Vorwürfe über das Versagen der Regierung, Beatmungsgeräte zur Verfügung zu stellen, persönlich und droht damit, den Bundesstaaten, deren Gouverneure ihm nicht genügend gehuldigt haben, Finanzmittel und lebensrettende Ausrüstung vorzuenthalten. Das überrascht mich nicht. Die ohrenbetäubende Stille, die als Antwort auf eine so unverhohlen zur Schau gestellte, psychopathische Missachtung menschlichen Lebens und der Konsequenzen des eigenen Handelns folgt, erfüllt mich mit Verzweiflung und ruft mir in Erinnerung, dass Donald letztlich nicht wirklich das Problem ist.

All das ist das Resultat davon, dass man Donald fortwährend alles hat durchgehen lassen und er nicht nur für seine Misserfolge, sondern auch für seine Verfehlungen belohnt wurde – gegen die Tradition, gegen den Anstand, gegen das Gesetz und gegen seine Mitmenschen. Sein Freispruch im Rahmen des heuchlerischen Amtsenthebungsprozesses war eine weitere solche Belohnung für schlechtes Benehmen.

In seinem Bewusstsein mögen die Lügen im selben Moment zur Wahrheit werden, in dem er sie äußert, aber sie bleiben immer noch Lügen. Für ihn ist das nur eine weitere Möglichkeit, auszutesten, womit er davonkommen kann. Und bislang ist er mit allem davongekommen.

Epilog
_____
Der zehnte Kreis

Am 9. November 2016 spürte ich nackte Verzweiflung, war ich mir doch sicher, dass Donalds Grausamkeit und Inkompetenz Menschenleben kosten würden. Damals dachte ich, dies werde als Folge seines eigenen Tuns geschehen, wie zum Beispiel durch einen vermeidbaren Krieg, den er entweder anzetteln oder aber in den er »hineinstolpern« würde. Was ich nicht ahnen konnte, war, wie viele Menschen absichtlich seine schlimmsten Instinkte wachrufen würden. Das führte, neben weiteren Ungeheuerlichkeiten, dazu, dass auf Geheiß der Regierung Kinder ihren Eltern weggenommen und Flüchtlinge an der Grenze festgehalten wurden, oder dass die Regierung Trump unsere Bündnispartner verriet und brüskierte. Und natürlich konnte ich nicht die globale Pandemie voraussehen, die ihm ermöglichte, seine groteske Gleichgültigkeit gegenüber dem Leben anderer Menschen unter Beweis zu stellen.

Donalds anfängliche Reaktion auf COVID-19 unterstreicht, dass er negative Nachrichten um jeden Preis verhindern möchte. Angst – was in unserer Familie gleichbedeutend mit Schwäche ist – kann er heute ebenso wenig akzeptieren wie damals als Dreijähriger. Sieht er sich schlimmen Krisen gegenüber, reichen Donald selbst verbale Superlative nicht mehr: Sowohl die jeweilige Situation als auch seine Reaktion darauf stellt er als einzigartig dar, mögen die Behauptungen noch so absurd oder unsinnig sein. Wenn es nach ihm geht, brachte noch nie ein Hurrikan so große Wassermassen mit sich wie Hurrikan Maria.»Niemand konnte voraussehen«, dass eine Pandemie eintreten würde, wie sie sein eigenes Gesundheitsministerium nur wenige Monate, bevor COVID-19 mit voller Wucht den Staat Washington traf, simuliert hatte. Warum tut er das? Aus Angst.

Donald verschwendete im Dezember 2019 und im Januar, Februar und März 2020 nicht aufgrund seines Narzissmus so viel Zeit; er tat es aus Angst, schwach zu erscheinen oder nicht mehr die Botschaft aussenden zu können, alles sei »großartig«, »schön« und »perfekt«. Die Ironie dabei ist, dass sein Versagen, der Wahrheit ins Gesicht zu sehen, unvermeidbar zu einem Versagen noch sehr viel größeren Ausmaßes geführt hat. Abertausende weitere Menschen werden möglicherweise ihr Leben verlieren, und die Wirtschaft des reichsten Lands der Erde wird zerstört werden. Aber Donald würde das nie im Leben zugeben, stattdessen tut er alles, um die Wahrheit zu verschleiern und sich einzureden, dass er einen besseren Job macht, als irgendjemand anderes ihn an seiner Stelle hätte machen können, wenn nur ein paar Hunderttausend Menschen sterben und keine zwei Millionen.

»Wer mich linkt, kriegt es heimgezahlt«, hat Donald einmal gesagt, aber häufig hat er die Person, der er es heimzahlt, zuerst reingelegt – wie etwa die Subunternehmer, die er nicht bezahlt hat, oder die Nichte und den Neffen, die zu beschützen er sich geweigert hat. Nicht selten verursacht er, auch wenn er sein eigentliches Ziel trifft, einen Kollateralschaden. Andrew Cuomo, der Gouverneur von New York und gegenwärtig der eigentliche Manager der COVID-19-Krise in unserem Land, hat den Riesenfehler begangen, Donald nicht in den Arsch zu kriechen. Seine größte Sünde aber ist, dass er Donald bloßgestellt hat, indem er sich als besserer und fähigerer Krisenmanager erweist, als wahre Führungsperson, die respektiert und bewundert wird. Doch Donald kann nicht zurückschlagen, indem er Cuomo zum Schweigen bringt oder dessen Entscheidungen rückgängig macht; nachdem er es versäumt hat, seinem Amt entsprechend der Krise mit einer nationalen Strategie zu begegnen, kann er Entscheidungen, die auf Bundesebene getroffen wurden, nicht aufheben. Donald kann Cuomo beleidigen und über ihn herziehen, doch Tag für Tag entlarvt der Gouverneur ihn durch seine kompetente Führung als kleingeistigen, erbärmlichen Menschen – ignorant, zutiefst unfähig und in seiner Scheinwelt gefangen. Was Donald tun *kann*, um seine Ohnmacht und Wut zu kompensieren, ist, uns alle in Mitleidenschaft zu ziehen. Zum Beispiel, indem er Beatmungsmaschinen zurückhält oder Bundesstaaten, die ihm nicht schöngetan haben, die notwendige Ausrüstung stiehlt. Wenn New York weiterhin nicht ausreichend gerüstet ist, wird Cuomo schlecht dastehen, und wir können zum Teufel gehen. Zum Glück hat Donald in New York City nicht viele Unterstützer, aber auch von diesen werden ein paar aufgrund seines feigen Bedürfnisses nach »Rache« sterben. Was Donald für berechtigte Vergeltung hält, ist in diesem Fall Massenmord.

Donald hätte so leicht ein Held sein können. Jene, die ihn hassten und kritisierten, hätten ihm verziehen und über die endlose Kette seiner himmelschreienden Handlungen hinweggesehen, hätte er einfach nur jemanden das Pandemiemaßnahmen-Handbuch hervorholen lassen, das beiseitegestellt worden war, nachdem die Regierung Obama es ihm übergeben hatte. Oder hätte er rechtzeitig die betreffenden Behörden und Regierungsstellen einbezogen und gewarnt, dass dieses neue Virus hochansteckend ist, eine hohe Sterblichkeit aufweist und keineswegs unter Kontrolle ist. Hätte er rechtzeitig den Defense Production Act von 1950 in Kraft gesetzt, mit dem er die heimische Industrie hätte verpflichten können, Schutzbekleidung, Beatmungsmaschinen und andere benötigte Ausrüstungsgegenstände herzustellen und das Land so auf das Worst-Case-Szenario vorzubereiten. Hätte er Medizinern und wissenschaftlichen Experten die Gelegenheit gegeben, täglich Pressekonferenzen abzuhalten und offen und ehrlich die Fakten zu präsentieren. Hätte er sich für einen Top-down-Ansatz entschieden und für ein koordiniertes Agieren zwischen allen zuständigen Behörden gesorgt. All diese Schritte hätten ihn persönlich nicht viel Mühe gekostet. Er hätte lediglich ein paar Anrufe tätigen, die ein oder andere Ansprache halten und alles Weitere delegieren müssen. Man hätte ihm dann vielleicht vorwerfen können, zu vorsichtig zu sein, aber die Bevölkerung wäre sehr viel besser geschützt gewesen und es hätten sehr viel mehr Menschen überlebt. Stattdessen sind nun die einzelnen Bundesstaaten gezwungen, dringend benötigte Ausrüstung von privaten Lieferanten zu kaufen; Ausrüstung, die die Bundesregierung anfordert und von der Bundesagentur für Katastrophenschutz an private Lieferanten verteilt, damit diese sie an öffentliche Einrichtungen weiterverkaufen.

Während tausende Amerikaner ohne ihre Liebsten an der Seite sterben, jubelt Donald über steigende Aktienkurse. Als mein Vater allein im Sterben lag, ging Donald ins Kino. Wenn er auf irgendeine Weise vom Tod eines Menschen profitieren kann, wird er nicht zögern, ihn zu beschleunigen, und anschließend die Tatsache, dass er gestorben ist, ignorieren.

Warum hat Donald so lange gebraucht, um endlich zu reagieren? Warum hat er das neuartige Coronavirus nicht ernst genommen? Teils weil es ihm, genau wie meinem Großvater, an Fantasie mangelt. Die Pandemie hatte zunächst nicht unmittelbar mit ihm zu tun, und Schritt für Schritt die Krise zu managen hilft ihm nicht, seine Lieblingslegende zu verbreiten, dass niemand je einen besseren Job gemacht hat als er.

Als die Pandemie den dritten und dann den vierten Monat in Folge wütete und sich die Zahl der Todesopfer der Hunderttausendmarke näherte, begann die Presse Donalds mangelnde Empathie gegenüber den Gestorbenen und ihren Angehörigen zu kommentieren. Aber Donald ist schlicht und einfach nicht fähig, am Leiden anderer Menschen Anteil zu nehmen. Von den Menschen zu erzählen, die wir verloren haben, würde ihn *langweilen*. Den Opfern von COVID-19 die Ehre zu erweisen hieße, sich in Verbindung mit deren Schwäche zu bringen, ein Charakterzug, den er verachtet, genau wie sein Vater es ihm vorgemacht hat. Donald kann ebenso wenig für Kranke und Sterbende eintreten, wie er sich gegenüber seinem Vater vor Freddy hätte hinstellen können. Und, vielleicht am Entscheidensten, in Donalds Augen hat Empathie keinen Wert – sich um andere kümmern bringt einem keinen konkreten Vorteil. David Corn hat es auf den Punkt gebracht: »Alles, was dieses arme, gebrochene Individuum tut, muss einen Tauschwert haben. Wirklich alles.« Mein Onkel begreift nicht, dass er und alle Menschen per se wertvoll sind, und das ist einem elterlichen Versagen von tragischem Ausmaß geschuldet.

Allein schon zuzugeben, dass es unvermeidliche Gefahren gibt, wäre für Donald ein Indiz der Schwäche. Verantwortung zu übernehmen, würde ihn einer möglichen Blamage aussetzen. Kurzum, er ist nicht in der Lage, ein Held zu sein, gut zu sein.

Das Gleiche gilt für seine Reaktion auf die schlimmsten sozialen Unruhen seit Martin Luther King Jr. Sie sind eine weitere Krise, in der es für Donald leicht gewesen wäre, ein Held zu sein, aber aufgrund seiner Ignoranz ist er völlig unfähig, die dritte nationale Katastrophe in seiner Amtszeit zu seinem Vorteil zu nutzen und sich zu bewähren. Eine angemessene Reaktion wäre zunächst gewesen, das Land zur Einheit aufzurufen, aber Donald braucht einfach die Uneinigkeit. Nur so kann er überleben –

dafür hat mein Großvater vor vielen Jahren gesorgt, als er die Kinder gegeneinander ausspielte.

Ich kann mir nur ausmalen, wie Donald beinahe neidisch zusah, mit welch beiläufiger Grausamkeit der Polizist Derek Chauvin George Floyd umbrachte; eine Hand in der Hosentasche, während er sorglos in die Kamera blickt. Ich kann mir nur ausmalen, dass Donald wünschte, es wäre sein Knie gewesen, das auf Floyds Hals drückte.

Nein, statt zur Einheit aufzurufen, zog sich Donald in seine Komfortzonen zurück – Twitter, Fox News – und teilte aus der Ferne Schuldzuweisungen aus, geschützt durch seinen mentalen aber auch physischen Bunker. Während er seine eigene Schwäche demonstriert, entblödet er sich nicht, über die anderer herzuziehen. Aber vor der Tatsache, dass er für immer ein ängstlicher kleiner Junge bleiben wird, kann er nicht fliehen.

Donalds Monstrosität ist die Verkörperung genau der Schwäche in ihm, vor der er schon sein Leben lang davonzulaufen versucht. In seinen Augen gab es nie eine andere Option, als sich positiv zu geben, Stärke auszustrahlen, mag sie noch so illusorisch sein, denn alles andere hätte eine Art Todesurteil bedeutet; das kurze Leben meines Vaters ist das beste Beispiel. Das Land leidet jetzt unter der gleichen toxischen Haltung, sich um jeden Preis positiv zu geben, die mein Großvater an den Tag legte, vor allem, wenn es darum ging, die Klagen seiner kränklichen Ehefrau zu übertönen, seinen sterbenden Sohn zu quälen und die Psyche seines Lieblingskindes, Donald J. Trump, bis zur Unheilbarkeit zu schädigen.

»Alles großartig. Stimmt's, Schätzchen?«

Dank

Ich danke Jon Karp, Eamon Dolan, Jessica Chin, Paul Dippolito, Lynn Anderson und Jackie Seow bei Simon and Schuster. Jay Mandel und Sian-Ashleigh Edwards bei WME.

Ferner geht mein Dank an Carolyn Levin für die gründliche Durchsicht; David Corn bei *Mother Jones* für seine freundliche Hilfe; Darren Ankrom für seinen großartigen Faktencheck; Stuart Oltchick dafür, dass er mir von besseren Zeiten erzählt hat; Captain Jerry Lawler, der mir so viel über die TWA berichtet hat; und Maryanne Trump Barry für all die erhellenden Informationen.

Meine ganz besondere Anerkennung gebührt Denise Kemp, weil sie so solidarisch mir gegenüber war; meiner Mutter, Linda Trump, für all ihre großartigen Geschichten; Laura Schweers; Debbie R.; Stefanie B.; und Jennifer T. für ihre Freundschaft und das Vertrauen, das sie in mich gesetzt hat, als ich es am meisten brauchte. Jill und Mark Nass, die uns geholfen haben, die Tradition lebendig zu halten (JCE!).

Unserem geliebten Trumpy, den ich tagtäglich vermisse.

Zutiefst dankbar bin ich Ted Boutrous für unser denkwürdiges erstes Treffen und dafür, dass er an die Sache geglaubt hat; Annie Champion für ihre Großzügigkeit und Freundschaft; Pat Roth für das aufmerksame Feedback und dafür, dass es sie gibt; Annamaria Forcier, die meinem Dad eine so gute Freundin war – ich bin überaus froh, sie gefunden zu haben; Susanne Craig und

Russ Buettner dafür, dass sie so großartige Journalisten und so integer sind; danke, dass ihr mich mitgenommen habt. Sue, ohne deren Beharrlichkeit, Mut und Ermutigung dieses Buch nicht möglich gewesen wäre; Liz Stein dafür, dass sie mich begleitet und dafür gesorgt hat, dass dieses Buch noch besser wird – sodass es für mich zu einer vergnüglicheren und weniger einsamen Erfahrung wurde (und, natürlich, für Baby Yoda); Eric Adler, der die ganze Zeit für mich da war, für sein unermüdliches Feedback und dafür, dass er mir beim örtlichen Pfandleiher den Rücken freigehalten hat; und Alice Frankston, die von Anfang an in dieses Projekt eingebunden war und selbst dann daran glaubte, als ich es nicht tat, und jedes Wort Dutzende Male gelesen hat. Ich bin gespannt, was als Nächstes kommt.

Und schließlich meiner Tochter Avary, die geduldiger und verständnisvoller ist, als man es von einem Kind verlangen kann. Ich hab dich lieb.

Register

Access-Hollywood-Video 22
Affordable Care Act 29
Air Force Reserve Officer Training Corps (ROTC) 72-75, 170
Alkoholismus 21, 125, 156, 210
All County Building Supply & Maintenance 251f., 254f.
All Faiths Cemetery 169, 222
Amtseinführung 29
Amtsenthebungsprozess 270
Angst 68, 266ff., 271f.
Anonyme Alkoholiker 125
Antikommunismus 136
Antisoziale Persönlichkeitsstörung 26, 38 61
Apprentice, The 24, 221, 241, 258
Atlantic City, N.J. 51, 176, 179-182, 184, 190, 203, 243, 253
Atlantic, The 264

Banken/Geldinstitute 24, 107, 167, 176, 179ff., 183ff., 188, 191, 199
Bankrott 21, 176, 183, 185, 196, 213, 227
Barnosky, John J. »Jack« 231f., 234, 245f.
Barr, William 25

Barry, John 155, 203
Barry, Maryanne Trump 11ff., 15ff., 19ff., 35f., 38, 42f., 47ff., 57f., 64, 66, 71f., 79, 83, 87, 90, 98, 110ff., 127ff., 146, 151, 155, 163ff., 171, 179f., 192f., 206ff., 211, 215, 220ff., 224, 226ff., 231, 233f., 241ff., 249ff., 254f.
Barstow, David 9, 247f., 250, 254
Baseball 131
Beach Haven 39, 43, 51, 75, 121f.
Beame, Abe 153
Bedminster, N.J. 155, 239
Bishop, Joey 150
Bonwit-Teller-Gebäude (New York) 178
Booth Memorial Hospital Brooklyn 162 175
Boulevardpresse 153, 175, 190
Bronx 97, 134
Brooklyn 11, 14, 39, 46ff., 75ff., 100, 105, 112, 121f., 134, 181, 189
Buettner, Russ 9, 247f., 278
Bundesagentur für Katastrophenschutz 274

Burnett, Mark 24, 258
Businessphilosophie 195
Businessstrategie 185

Carey, Hugh 153
Carnegie, Dale 54, 121
Carrier Clinic 155
Casinos 51, 180ff., 203
Celebrity Apprentice, The 221
Central Park Five 269
Charles, Prinz 219
Chase Manhattan Bank 83
Chauvin, Derek 276
Chopper-Talk 268
Clapp, Mike 79
Clinton, Hillary 13, 21f.
Cohn, Roy 135ff., 145, 179f., 249
Columbia University 110, 186
Comeback 197, 218
Commodore Hotel 142, 154, 189
Coney Island 51, 59, 79, 92
Corn, David 10, 244, 275
Corona-Pandemie 27, 266f.
COVID-19-Krise 271f., 275
Craig, Susanne 9, 244ff.
Cuomo, Andrew 272f.

D'Amato, Al 221
Dealmaker 24, 138, 253, 259, 261
Defense Production Act 273
Demagogie 268
Demenz 15, 187, 210, 252
Demokraten/Demokratische Partei 51, 76, 100
Demokratie 32, 245, 264, 269

Depression, Große 52
Deprivation 41, 53
Derner Institute of Advanced Psychological Studies 25
Dershowitz, Alan 136
Desmond, David, Jr. 12f.,
Desmond, David, Sr. 79, 110ff., 128
Deutschland 44, 212
Diagnostic and Statistical Manual of Mental Disorders (DSM-5) 25
Diana, Prinzessin 219
Diskriminierung 122, 135, 127
Dixon, James 36
Drake, Billy 57, 74, 97, 166, 212
Dunn, Diane 159f., 163
Durben, Irwin 117, 170f., 192, 227

E. Trump & Son 45
East, Ernie 195
Eastern Air Lines Shuttle 180
Einkommensquelle 108, 145
Einreiseverbot gegen Muslime 29
21 Club 150
Einwanderungsgesetze 46
Empathie 37, 39, 275
Erbstreit 230ff.
Erster Weltkrieg 53
Esquire 28
Ethel Walker School 158
Evangelikale 21

Fair Housing Act 135
Falwell, Jerry, Jr. 21
Farrell, Fritz 231, 245, 247

Federal Housing Administration (FHA) 48ff., 120, 123
Firmenimperium 48, 52, 91, 138, 189, 192, 221, 250ff., 258
Floyd, George 276
Flugverkehr 81
Football 131, 149
Forcier, Annamaria (Freundin von Billy Drake) 97, 115f.
Fordham University 97, 99, 102
Fort Drum 77
Fox News 276
Frank E. Campbell Funeral Chapel 221
Frankenstein (Shelley) 28
Frontline 244
frühkindliche Entwicklung 37

Gallagher, Eddie 265
Gargiulo's 135
Geldgeber/Investoren 153, 181ff., 243
Geltungsdrang 265
Gesundheitskrise 267, 269, 272ff.
Ghostwriter 128, 195, 200f.
Giuliani, Rudolph 222
Glass House 200
Golfsport 66, 155, 196, 202, 206
Gotti, John 136
Graff, Rhona 29, 194, 197
Grand Hyatt New York 142, 153ff., 178, 181
Grau, Elizabeth Trump 11, 22, 38, 42f., 48f., 71f., 78, 83, 111ff., 115, 129, 152, 162ff., 167ff., 192f., 215, 218, 221, 226, 231, 233, 235, 251, 254f.
Grau, James 12
Grausamkeit 29, 64, 102, 116, 136, 210, 264ff., 271, 276
Guccione, Bob 148

Harder, Charles J. 251
Harrah's 180 180
Heilsarmee 162
High Society 261
Highlander, The 79, 91, 103ff., 116f., 124, 157, 226, 250
Hofstra Law School 127
Homosexualität 136, 219, 242
Hopper, Hedda 84
Hospital for Special Surgery 177
House, The 35ff., 43, 50, 53, 58, 62, 97, 102, 128f., 144ff., 152ff., 160, 162ff., 170, 186, 192, 198, 202f., 206, 210ff., 222, 233, 239, 257, 261, 266
Hughes, Howard 84
Hütchenspiel 189
Hypotheken 107, 123, 183

illegale Aktivitäten 144, 178
Immigration 46, 121
Inkompetenz 27, 139, 266, 271
Inside Edition 244, 262
Insolvenz/Pleiten 24, 192, 259

Jamaica Estates 49f., 75, 77, 105, 113, 127, 129
Jamaica Hospital 35, 53, 105, 162
Johanna (Freundin von Freddy Trump) 140f.

John, Elton 219
Johnson, Philip 199f.
Judentum 72, 239f.
Justizministerium 122, 135

Kelly, John 146
Kew-Forest School 36, 69f., 156f.
Khan-Familie 22
Kid Rock 20
Kim Jong-un 139, 249f., 264
Kindesmisshandlung 41
King, Martin Luther Jr. 275
Kongress 146, 265
Kovaleski, Serge 21
Kraft positiven Denkens, Die (Peale) 9, 54
Krankenversicherung 29
Krisenmanager 273
Kritik 270
Die Kunst des Comebacks (The Art of the Comeback) 195
Die Kunst des Erfolges (The Art of the Deal) 195
Die Kunst des Überlebens (The Art of Survival / Surviving at the Top) 176f.
Kushner, Charles 239
Kushner, Jared 15, 17, 19, 239, 242

Laurino, Louis »Lou« 231f., 234
Le Club 51, 135, 185
LeFrak, Sam 221
Lifestyle 252
Long Island 51, 79, 107, 165, 211, 215, 239

Long Island Jewish Medical Center 218, 235
Luerssen, Amy 134
Lügen 28, 39, 57f., 62, 122, 189, 261, 267, 270

Madonna 198
Mafia 178
Manhattan 11, 46, 52, 54, 77, 121f., 132, 138f., 150, 163, 177, 179, 189, 211, 221, 265
Manhattan Psychiatric Center 26
Maples, Marla 176, 201f., 205, 216, 243
Mar-a-Lago 180, 183, 199, 201f., 205f., 214
Marble Collegiate Church 54, 149, 221, 235
Marblehead, Mass. 85f., 89ff., 103, 108
McCarthy, Joseph 136
McCarthy, Kevin 25
McConnell, Mitch 25, 264
McCray, Antron 269
Medien 23f., 30, 48, 54, 137, 142, 179, 184f., 259ff., 267ff.
Medienkonferenzen 268
Meese, Ed 180
Metropolitan Museum of Art 178, 243
Mexikanische Grenze 265
Midland Associates 132, 226f.
Misogynie 263
Mitchell-Lama Housing Program 120
Mitnick, Jack 192, 254f.

Montauk Airport 99f., 103f.,
107, 169
Mother Jones 244, 277
Mount Holyoke College 66, 71
Mulvaney, Mick 146
Murdoch, Rupert 136
Mythos Trump 24f., 179, 184,
191, 259, 262

Narzissmus 25, 41, 261, 272
Nationalgarde der Air Force 75,
77, 89, 115, 127, 170
New York City 24, 29, 44, 46,
49, 51, 70, 79, 85, 101f., 114,
120f., 136, 151ff., 170, 175,
181, 185f., 190, 202, 215,
221f., 226, 258, 260ff., 272f.
New York Military Academy
(NYMA) 70, 86f., 97, 102,
130f., 137, 177
New York Post 200, 262
New York Times 9, 21, 144, 220,
234, 244, 250
Nolan, James 98f.
Nugent, Ted 20

Omni 147
Opioidkrise 21
organisierte Kriminalität 51,
178
Oval Office 14, 16f., 20

Palin, Sarah 20
Parsons, Louella 84
Parteitag der Republikaner 22
Pataki, George 221
Peale, Norman Vincent 54f.,
59, 125

Pence, Mike 14f.
Penthouse 148
Peter Luger Steak House 18,
215f.
Piedmont Airlines 92
Pierce, Charles P. 28
Piloten 73, 75, 80ff., 83ff., 88ff.,
92, 115, 119, 248
Politico 9, 250
Pompeo, Mike 25
Präsidentschaftskandidatur 20f.,
25, 254
Präsidentschaftsnominierung 22,
263
Präsidentschaftswahl (2016)
22ff., 29, 244, 271
Pressebriefings 268
Psychopathie 25f., 270
Putin, Vladimir 20, 136, 264

Queens 11, 14, 45, 49ff., 75, 77,
92, 112, 124, 185, 218, 222,
227
Queens Hospital Center 162

Rachsucht 28, 273
Random House 197, 203
Rassismus 21, 29, 50, 135, 263,
269,
Rassismusproteste 275
Reagan, Ronald 179
Reality-TV-Star 21, 31
Republikaner/Republikanische
Partei 22, 25, 146, 263
Reserve Officer Training Corps
(ROTC) 72ff., 170
Richardson, Kevin 269
Rivers, Joan 221

283

Rodman, Dennis 249
römisch-katholische Erzdiözese von New York 136
Roosevelt, Franklin D. 48
Rosch ha-Schana 166
Russland 20
Ryan, Paul 14

Salaam, Yusef 269
Santana, Raymond 269
Schron, Ruby 253
Schulden 52, 180, 258
Schumer, Chuck 14
Schwartz, Tony 195
Selbstverherrlichung 58, 190
Selbstvermarktung 190
Selbstvertrauen 24, 54f., 63, 102, 115, 121f., 138
Selfmade-Geschäftsmann 21, 24, 84, 92, 122, 220, 261
Serwer, Adam 264
Shapiro, Joe 98
Shelley, Mary Wollstonecraft 28
Shore Haven 39, 43, 50, 75, 228
Sigma Alpha Mu 72, 75
Slatington Flying Club 72
Sly Fox Inn 211f.
Soziopathie 25, 38f., 41, Spanische Grippe 45f., 53
Speichellecker 30, 146, 196
Spiegelung 37, 41
Starrsinnigkeit 64, 270
Steeplechase Park 92f., 99ff., 106ff., 118ff., 138, 189
Steuererleichterungen 50, 153f.
Steuern 52, 107, 190, 226

Suchterkrankung 21, 26, 125f., 152
Sunnyside Towers 127f., 131f., 140, 226
Sunshine, Louise 153
Swifton Gardens 123

Taj Mahal 176, 180, 182f., 199f.
Testament 23, 170, 192f., 224f., 227f., 230ff., 240, 251
Top-down-Ansatz 274
Tosti, Matthew 117f., 141, 171
Trans World Airlines (TWA) 81f., 84, 89ff., 107, 115, 119, 277
Trump, Barron 243
Trump, Blaine 148, 163, 198, 217f.
Trump, Donald »Donny« Jr. 15, 17, 19, 163, 225
Trump, Elizabeth (Schwester von Donald), *siehe* Grau, Elizabeth Trump
Trump, Elizabeth (Schwester von Fred) 44
Trump, Elizabeth Christ (Mutter von Fred) 43ff., 169
Trump, Eric 14, 19, 209
Trump, Frederick Christ »Fred« (Vater von Donald) 12, 23f., 28, 35-55, 56-65, 66-82, 83ff., 90ff., 98, 100ff., 111ff., 120ff., 136ff., 144, 151, 153ff., 167, 170, 179, 181, 188ff., 206ff., 210ff., 220ff., 227, 231, 234, 251f., 257ff., 264, 268, 270
Trump, Frederick Crist »Freddy« (Bruder von Donald) 13, 19,

284

21, 24f., 38, 40ff., 48f., 52, 56ff., 66ff., 77ff., 83ff., 97ff., 110ff., 119ff., 133ff., 151ff., 155f., 158ff., 163ff., 189, 198, 207, 212, 234, 264ff., 275
Trump, Frederick Crist »Fritz« III. (Neffe von Donald) 12, 44, 92, 100, 126ff., 140, 142, 144, 149ff., 170ff., 211, 218, 223ff., 231ff., 240ff., 252
Trump, Friedrich (Vater von Fred) 44f., 53, 169
Trump International Hotel 12
Trump, Ivana 132, 143ff., 163, 165, 176, 184, 198, 202, 225, 242
Trump, Ivanka 15, 17, 163, 170, 209, 239, 241f.
Trump, John 45
Trump, Lara 14f., 18f.
Trump, Linda Clapp 74, 77ff., 85ff., 91ff., 103ff., 116ff., 134, 145ff., 156, 161ff., 169, 198f., 227, 233
Trump, Lisa 12, 223, 228, 232
Trump Management 39, 53, 56, 72, 79, 81f., 84ff., 90f., 98ff., 106ff., 111, 113f., 119ff., 137 151, 188, 195, 207, 231, 252ff., 257f., 264
Trump, Mary Anne MacLeod »Gam« (Mutter von Donald) 45ff., 78, 98, 105, 111ff., 126ff., 129, 140, 145ff., 149, 152f., 157ff., 162ff., 175ff., 186f., 192, 198ff., 205ff., 211ff., 218f., 222ff., 228f., 230, 232ff., 251

Trump, Maryanne, *siehe* Barry, Maryanne Trump
Trump, Melania 15, 216ff.
Trump Organization 188, 194, 239, 257f.
Trump Plaza 180
Trump, Robert 12, 17f., 22, 36, 38ff., 43, 63ff., 72, 83, 86, 115, 131, 145ff., 153, 157, 163ff., 168, 170f., 177, 184, 192f., 205, 207f., 210, 215, 218, 220, 223ff., 231, 233ff., 240ff., 251ff.
Trump Steaks 258
Trump, Tiffany 222, 243
Trump Tower 51, 132, 178, 181, 183, 189, 215, 257f., 260
Trump University 258
Trump Village 79f., 93, 101, 119
Trump Vodka 258
Trump, William 223, 228, 231ff.
Trump's Castle 180, 182, 207
Tufts University 14, 186, 193f.
TWA (Trans World Airlines) 81f., 84, 89ff., 107, 115, 119
Twitter 29, 245, 249, 262, 266, 276

Überleben ganz oben (Art of Survival, The/Surviving at the Top) 176
University of Pennsylvania 98f., 113

Vietnamkrieg 115, 120
Virginia Beach 48f., 52

Waffenbesitz 22
Wahlen 22ff., 29, 244, 271, 267
Wahlkampf 18f., 21, 23, 153, 267ff.
Walter, John 255
Washington, George 16
Weihnachten 20, 63, 78f., 145, 209, 212
Weißes Haus 11ff., 16, 20, 31, 64, 249, 257, 268

Wharton School 98
Whistleblower 31, 265
Wirtschaftskrise 27, 269
Wise, Korey 269
Witt, Katarina 198

Zidovudin 179
Zweiter Weltkrieg 48f., 52
Zweiter Zusatzartikel 22